DRIVE

Wydawca zdecydował się zostawić oryginalny tytuł „Drive", ze względu na układ graficzny okładki i „biegacza" na niej umieszczonego, do którego są odniesienia w tekście. „Drive" w tym przypadku tłumaczyć by można jako „trzeci popęd" czy dążenie do perfekcji poprzez właściwą motywację.

BESTSELLER Z LISTY „*NEW YORK TIMESA*"

Daniel H. Pink

DRIVE

Kompletnie nowe spojrzenie na motywację

WYDAWNICTWO
Studio Emka

Tytuł oryginału:
Drive. The Surprising Truth About What Motivates Us

Przekład: *Anna Wojtaszczyk*

Opracowanie polskiej wersji okładki: *Łukasz Pawlak*

Redaktor: *Krystyna Borowiecka-Strug*

Copyright © 2009 by Daniel H. Pink
Copyright © for the Polish edition
by Studio EMKA, Warszawa 2011, 2012

Wszelkie prawa, włącznie z prawem do reprodukcji tekstów w całości lub w części, w jakiejkolwiek formie – zastrzeżone.

Wszelkich informacji udziela:
Wydawnictwo Studio EMKA
ul. Królowej Aldony 6, 03-928 Warszawa
tel./fax 22 628 08 38, 616 00 67
wydawnictwo@studioemka.com.pl
www.studioemka.com.pl

ISBN 978-83-60652-93-0

Skład i łamanie: „Enterek", Warszawa
Druk i oprawa: Drukarnia Read Me
Łódź, ul. Olechowska 83

Dla Sophii, Elizy i Saula –
zdumiewającej trójki, która mnie motywuje

SPIS TREŚCI

WSTĘP: Zagadkowe łamigłówki Harry'ego Harlowa
i Edwarda Deciego   11

Mówiąc językiem nauki, to było tak, jakby człowiek puścił stalową kulkę w dół po równi pochyłej, by zmierzyć jej prędkość, i zobaczył, że kulka, zamiast się toczyć, unosi się w powietrze. Nasuwało to myśl, że nasze zrozumienie wpływu sił grawitacji na nasze postępowanie jest niedostateczne, że w tym, co uważaliśmy za niewzruszone prawa, jest wiele luk.

Część pierwsza

Nowy system operacyjny

ROZDZIAŁ 1. Rozkwit i upadek Motywacji 2.0   23

Jednak w ciągu pierwszych dziesięciu lat tego wieku – okresie naprawdę szokująco słabych osiągnięć w biznesie, technologii i rozwoju społecznym – odkryliśmy, że ten solidny stary system operacyjny nie działa już wcale tak dobrze. Że psuje się często i nieoczekiwanie. Zmusza to ludzi do wynajdywania „objazdów", by ominąć jego wady. A przede wszystkim okazuje się on niekompatybilny z wieloma aspektami współczesnego biznesu.

Spis treści

ROZDZIAŁ 2. Siedem powodów, dla których kije i marchewki (często) nie działają... 42

Innymi słowy, w wyniku stosowania nagród może zadziałać coś w rodzaju dziwacznej behawioralnej alchemii: nagrody mogą zmienić ciekawe zajęcie w harówkę. Mogą zmienić zabawę w pracę.

ROZDZIAŁ 2A. ...oraz pewne specyficzne okoliczności, kiedy działają 67

Chociaż system operacyjny skupiający się na nagrodach i karach przeżył się i poważnie potrzebuje unowocześnienia, nie oznacza to, że cały nadaje się już tylko na złom.

ROZDZIAŁ 3. Typ I oraz Typ X 77

Jeden obraz może być wart tysiąc słów, ale czasami żaden z nich nie ma takiej mocy jak dwie litery.

Część druga

Trzy elementy

ROZDZIAŁ 4. Autonomia 91

Może czas już, by słowo „zarządzanie" znalazło się na lingwistycznym śmietniku obok „lodowni" i „automobilu". Ta era nie wymaga lepszego zarządzania. Wymaga odrodzenia samoukierunkowania.

ROZDZIAŁ 5. Mistrzostwo 116

W naszych gabinetach i klasach mamy zdecydowanie zbyt wiele podporządkowania i zdecydowanie zbyt mało zaangażowania. Dzięki pierwszemu być może przetrwasz dzień, ale noc przetrwasz tylko dzięki drugiemu.

ROZDZIAŁ 6. Cel 138

W naszej naturze leży poszukiwanie celu. Ale ta nasza natura ujawnia się teraz i wyraża na skalę, która pod względem demograficznym nie ma precedensu i do niedawna była niewyobrażalna. Konsekwencje mogłyby odmłodzić nasz biznes i zmienić nasz świat.

Część trzecia
Pakiet narzędzi dla Typu I

Typ I dla pojedynczych osób: Dziewięć strategii pobudzania twojej motywacji 159

Typ I dla organizacji: Dziewięć sposobów, które pomogą ci poprawić swoją firmę, biuro lub grupę 168

Zen wynagrodzenia: Płacenie ludziom w sposób zgodny z Typem I 176

Typ I dla rodziców i wychowawców: Dziewięć pomysłów na to, jak pomóc naszym dzieciom 180

Lista lektur dla zainteresowanych Typem I: Piętnaście niezbędnych książek 190

Spis treści

Słuchajcie guru: Sześciu myślicieli biznesu, którzy to rozumieją   200

Plan fitness dla Typu I: Cztery rady, jak się zmotywować (i utrzymać motywację) do zażywania ruchu   206

Drive: Podsumowanie   208

Drive: Słowniczek   213

Drive: Poradnik, jak zacząć dyskusję: Dwadzieścia sposobów na rozpoczęcie konwersacji, żebyś nie przestawał myśleć i rozmawiać   216

Dowiedz się więcej o sobie i o tym temacie   220

Podziękowania   221
Przypisy   223
Indeks   231

WSTĘP

Zagadkowe łamigłówki Harry'ego Harlowa i Edwarda Deciego

W połowie ubiegłego wieku dwaj młodzi naukowcy przeprowadzali eksperymenty, które powinny były zmienić świat, ale go nie zmieniły.
Harry F. Harlow, profesor psychologii na Uniwersytecie Wisconsin, założył w latach czterdziestych dwudziestego wieku jedno z pierwszych na świecie laboratoriów do badania zachowań naczelnych. Pewnego dnia w 1949 roku Harlow wraz z dwoma kolegami zgromadził osiem rezusów, żeby przeprowadzić na nich dwutygodniowy eksperyment związany z uczeniem się. Badacze skonstruowali prostą mechaniczną łamigłówkę, taką jak ta przedstawiona na obrazku na następnej stronie. Rozwiązanie jej wymagało trzech kroków: wyciągnięcia pionowej szpilki, odpięcia haczyka i podniesienia zamocowanej na zawiasach płytki. Łatwizna dla ciebie i dla mnie, dużo większe wyzwanie dla trzynastofuntowej małpy laboratoryjnej.

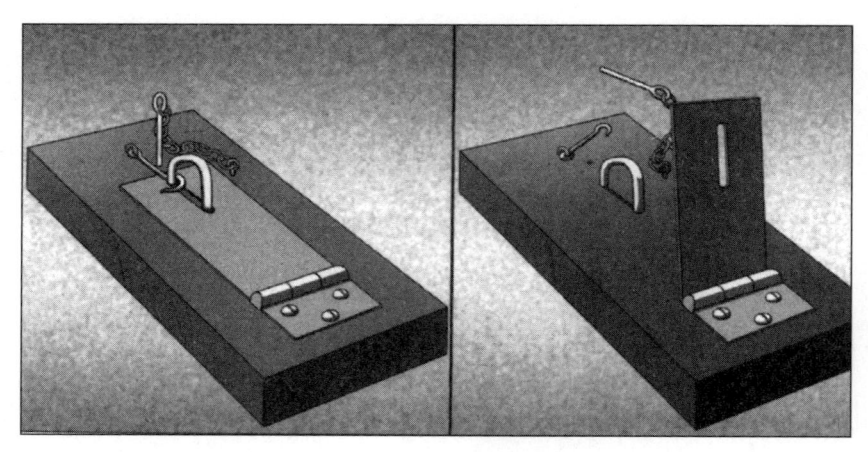

Łamigłówka Harlowa na początku (po lewej) i rozwiązana (po prawej)

Eksperymentatorzy umieścili te łamigłówki w klatkach z małpami, by zobaczyć, jak zwierzęta na nie zareagują, i by przygotować małpy do mających nastąpić pod koniec dwóch tygodni testów sprawdzających ich sprawność w rozwiązywaniu problemów. Ale prawie od razu stało się coś dziwnego. Małpy, same z siebie, bez żadnego nakłaniania z zewnątrz i niezachęcane przez eksperymentatorów, zaczęły bawić się łamigłówkami ze skupieniem, determinacją i wyglądało na to, że z przyjemnością. I bardzo prędko zaczęły dochodzić do tego, jak te urządzenia działają. Do czasu, gdy Harlow 13. i 14. dnia eksperymentu przetestował małpy, nabrały już one całkiem sporej biegłości. Rozwiązywały łamigłówkę często i szybko; w dwóch trzecich przypadków łamały „kod" w niecałe sześćdziesiąt sekund.

Otóż to było dość dziwne. Nikt nie nauczył małpek, jak usunąć szpilkę, wysunąć haczyk i podnieść płytkę. Nikt nie nagradzał ich jedzeniem, czułościami, czy choćby cichymi brawami, gdy im się udało. Takie zachowanie stało w sprzeczności z przyjętymi poglądami na to, jak zachowują się naczelne – łącznie z tymi o większym mózgu, a mniejszym owłosieniu, zwanymi ludźmi.

Naukowcy wiedzieli wtedy, że istnieją dwa główne czynniki, dwie siły napędowe wpływające na zachowanie. Pierwszym był popęd biologiczny. Ludzie oraz inne zwierzęta jadły, by nasycić głód, piły, by ugasić pragnienie, współżyły, by zaspokoić cielesne popędy. Ale nie stało się tak w tej sytuacji. „Rozwiązanie nie prowadziło do nagrody w postaci jedzenia, wody czy seksu", relacjonował Harlow.[1]

Jednak jedyna inna znana siła napędowa również nie tłumaczyła dziwnego zachowania małp. Motywacje biologiczne pochodziły z wewnątrz, natomiast ten drugi czynnik pochodził z zewnątrz – stanowiły go nagrody i kary, jakie środowisko dawało za pewne zachowania. Z pewnością odnosiło się to do ludzi, którzy świetnie reagowali na tego typu zewnętrzne wpływy. Jeśli obiecasz, że podniesiesz nam pensję, będziemy ciężej pracować. Jeśli dasz szansę na piątkę na teście, będziemy pilniej się uczyć. Jeśli zagrozisz, że ukarzesz nas za spóźnienie lub błędne wypełnienie formularza, przyjdziemy na czas i odhaczymy każdą rubrykę. Ale to również nie tłumaczyło zachowanie małp. Jak napisał Harlow, a człowiek prawie słyszy, jak drapie się on przy tym po głowie: „Zachowania uzyskane podczas tego badania każą zadać kilka interesujących pytań dotyczących teorii motywacji, jako że osiągnięto znaczące wyniki w uczeniu się i utrzymano wysokie wyniki bez uciekania się do specyficznych lub zewnętrznych bodźców".

Co jeszcze mogłoby to tłumaczyć?

By odpowiedzieć na powyższe pytanie, Harlow zaproponował nowatorską teorię – co było równoznaczne z wprowadzeniem **trzeciej** siły napędowej: „Wykonanie zadania – stwierdził – dostarczało nagrody wewnętrznej". Małpy rozwiązywały łamigłówki po prostu dlatego, że rozwiązywanie łamigłówek sprawiało im przyjemność. Cieszyło je to. Radość z wykonanego zadania była nagrodą samą w sobie.

Już ten pogląd był poglądem skrajnym, a to, co nastąpiło potem, tylko zwiększyło zamieszanie i kontrowersje. Być może ta nowo odkryta siła napędowa – Harlow w końcu nazwał ją „wewnętrzną motywacją" – rzeczywiście istniała. Ale z pewnością była podrzędna w stosunku do pozostałych dwóch sił. Jeżeli nagrodzi się małpy – rodzynkami! – za

Wstęp

rozwiązywanie łamigłówek, z pewnością będą sobie radziły jeszcze lepiej. Jednak gdy Harlow wypróbował to podejście, małpy popełniały więcej błędów i rozwiązywały łamigłówkę nie tak często. „Wprowadzenie jedzenia do niniejszego eksperymentu – napisał Harlow – doprowadziło do zakłóceń w działaniu, zjawiska nieodnotowanego nigdzie w literaturze".

A to już było **bardzo** dziwne. Mówiąc językiem nauki, to było tak, jakby człowiek puścił stalową kulkę w dół po równi pochyłej, by zmierzyć jej prędkość, i zobaczył, że kulka, zamiast się toczyć, unosi się w powietrze. Nasuwało to myśl, że nasze zrozumienie wpływu sił grawitacji na nasze postępowanie jest niedostateczne – że w tym, co uważaliśmy za niewzruszone prawa, jest wiele luk. Harlow podkreślał „siłę i upór" wewnętrznej motywacji małp do rozwiązania łamigłówek. Potem zanotował:

> Wygląda na to, że ta siła napędowa... może być równie podstawową i mocną siłą jak [inne] popędy. Co więcej, są pewne powody, by przypuszczać, że może być [ona] równie skuteczna przy ułatwianiu uczenia się.[2]

Jednak w tamtych czasach dwie dominujące siły napędowe trzymały naukowe myślenie jak w kleszczach. Tak więc Harlow podniósł alarm. Zachęcał naukowców, by „zlikwidować duże fragmenty naszego teoretycznego złomowiska" i zaproponować świeższe, bardziej aktualne wytłumaczenia zachowań człowieka.[3] Ostrzegał, że nasze wyjaśnienie tego, dlaczego zachowujemy się tak, jak się zachowujemy, było niekompletne. Twierdził, że aby w pełni zrozumieć kondycję ludzką, musimy brać pod uwagę ten trzeci popęd.

A potem właściwie dał sobie z tą całą sprawą spokój. Zamiast walczyć z establishmentem i proponować bardziej całościowe spojrzenie na motywację, Harlow porzucił tę kontrowersyjną ścieżkę badań, a sławę przyniosły mu później badania nad nauką o pozytywnych uczuciach.[4] Jego pojęcie trzeciego popędu obijało się po literaturze psychologicznej, ale pozostawało na marginesie – behawioryzmu i naszego zrozumienia samych siebie. Musiały upłynąć dwa dziesięciolecia, zanim inny naukowiec podjął wątek, który Harlow tak prowokująco porzucił na stole laboratoryjnym w Wisconsin.

Latem 1969 roku Edward Deci był doktorantem psychologii na Uniwersytecie Carnegie Mellon i rozglądał się za tematem pracy dyplomowej. Deciego, który otrzymał już magisterium z zarządzania na Uniwersytecie Wharton, intrygowała motywacja, ale podejrzewał, że naukowcy i biznesmeni błędnie ją rozumieją. Podjął więc myśl Harlowa i zabrał się za badanie tego tematu za pomocą łamigłówki.

Deci zdecydował się na kostkę Soma, popularną wtedy propozycję Parker Brothers, która dzięki YouTube wciąż jeszcze ma swoich fanów. Ta łamigłówka, pokazana poniżej, składa się z siedmiu plastikowych elementów – sześć z nich ma po cztery jednocalowe sześciany, a jeden trzy jednocalowe sześciany. Gracze mogą połączyć te siedem elementów na kilka milionów sposobów – od abstrakcyjnych kształtów do rozpoznawalnych przedmiotów.

Siedem elementów kostki Soma, rozłożone (po lewej) i potem ułożone w jedną z kilku milionów możliwych konfiguracji.

Przed badaniem Deci podzielił studentki i studentów na grupę eksperymentalną (którą będę nazywał Grupą A) i na grupę kontrolną (którą będę nazywał Grupą B). Każda z nich uczestniczyła w trzech jednogodzinnych spotkaniach odbywających się przez trzy kolejne dni.

Wstęp

Oto jaki przebieg miały te spotkania: każdy z uczestników wchodził do pokoju i siadał przy stole, na którym leżało siedem klocków kostki Soma, rysunki z trzema konfiguracjami łamigłówki oraz egzemplarze „Time'a", „The New Yorkera" i „Playboya". (Hej, to był rok 1969.) Deci siadał po drugiej stronie stołu, by wyjaśnić zasady i mierzyć czas stoperem.

Podczas pierwszego spotkania członkowie obu grup musieli tak ułożyć klocki Soma, by skopiować konfiguracje, które mieli przed sobą. Podczas drugiego robili to samo, mając inne rysunki – tyle że tym razem Deci zapowiedział Grupie A, że dostaną po 1 dolarze (równowartość prawie 6 dolarów dzisiejszych) za każdą poprawnie odtworzoną konfigurację. Tymczasem Grupa B dostała nowe obrazki, ale żadnej zapłaty. W końcu, podczas ostatniego spotkania, obydwie grupy dostały nowe obrazki i musiały je odtworzyć bez żadnego wynagrodzenia, tak jak podczas pierwszego spotkania. (Patrz tabela poniżej.)

JAK TRAKTOWANE BYŁY OBIE GRUPY

	Dzień 1	Dzień 2	Dzień 3
Grupa A	Brak nagrody	Nagroda	Brak nagrody
Grupa B	Brak nagrody	Brak nagrody	Brak nagrody

Nieoczekiwany zwrot następował w połowie każdego spotkania. Gdy uczestnik ułożył już klocki kostki Soma na wzór dwóch z trzech obrazków, Deci mu przerywał. Mówił, że zamierza dać im czwarty obrazek – ale żeby wybrać najlepszy musi wprowadzić czas, w jakim ukończyli poprzednie zadania, do komputera. A ponieważ działo się to w latach sześćdziesiątych, kiedy normą były wielkie na cały pokój systemy komputerowe, a na biurkowe pecety trzeba było jeszcze dziesięć lat poczekać, musiał w tym celu na chwilę wyjść z pokoju.

Wychodząc, mówił: „Nie będzie mnie tylko kilka minut, pod moją nieobecność możecie robić, co chcecie". Ale w rzeczywistości Deci nie wstukiwał liczb do starodawnego dalekopisu, tylko przechodził do sąsiedniego pokoju z lustrem weneckim. Potem przez dokładnie osiem minut obserwował, co robili ludzie, kiedy zostawali sami. Czy nadal dłubali przy łamigłówce, być może próbując odtworzyć trzeci obrazek? Czy może robili coś innego – przeglądali czasopisma, sprawdzali, jaka jest rozkładówka, gapili się przed siebie, zasypiali?

Jak można się było spodziewać, podczas pierwszego spotkania nie było większej różnicy pomiędzy tym, co uczestnicy z Grupy A i Grupy B, mając swobodę wyboru, robili podczas tych ośmiu minut, kiedy potajemnie byli obserwowani. Jedni i drudzy nadal bawili się łamigłówką przeciętnie od trzech i pół do czterech minut, co sugerowało, że przynajmniej w pewnym stopniu ich ona interesuje.

Drugiego dnia, kiedy uczestnicy z Grupy A otrzymywali pieniądze za każdą konfigurację, jaką udało im się ułożyć, a uczestnicy z Grupy B ich nie otrzymywali, nieopłacana grupa zachowywała się podczas czasu wolnego praktycznie tak samo jak pierwszego dnia. Natomiast opłacana grupa nagle **na serio** zainteresowała się łamigłówką Soma. Osoby z Grupy A spędzały średnio ponad pięć minut na zabawie łamigłówką, być może po to, by mieć fory przy trzecim wyzwaniu albo by przyszykować się na szansę, że zarobią na piwo, gdy wróci Deci. Intuicyjnie to ma sens, prawda? I jest zgodne z naszymi przekonaniami na temat motywacji: nagródź mnie, a będę ciężej pracował.

Jednak to, co wydarzyło się trzeciego dnia, utwierdziło Deciego w podejrzeniach, że motywacja działa w osobliwy sposób – i delikatnie podało w wątpliwość wiodące założenie dzisiejszych czasów. Tym razem Deci powiedział uczestnikom z Grupy A, że pieniędzy wystarczy tylko na zapłacenie im za jeden dzień i że w związku z tym to trzecie spotkanie nie zostanie opłacone. Potem wszystko szło tak jak wcześniej – dwie łamigłówki, a następnie Deci im przerywał.

W trakcie następnych ośmiu minut czasu wolnego osoby z w ogóle nieopłacanej Grupy B bawiły się łamigłówką nawet troszkę dłużej niż podczas poprzedniego spotkania. Może się coraz bardziej angażowali, a może był to po prostu kaprys statystyki. Natomiast osoby z Grupy A, którym wcześniej zapłacono, zareagowały inaczej. Spędzały teraz

Wstęp

znacznie **mniej** czasu na zabawie łamigłówką – nie tylko około dwie minuty mniej niż w trakcie płatnego spotkania, ale około pełnej minuty mniej niż podczas początkowego spotkania, gdy po raz pierwszy zetknęły się z łamigłówkami i zabawa nimi sprawiała im oczywistą przyjemność.

Powtarzając odkrycia Harlowa sprzed dwóch dekad, Deci ujawnił, że u człowieka motywacja wydaje się działać w oparciu o prawa, które stoją w sprzeczności z tym, o czym przekonana jest większość naukowców oraz obywateli. Czy to w ministerstwie, czy na placyku zabaw, wiedzieliśmy przecież, co skłania ludzi do działania. Nagrody – a zwłaszcza zimna, twarda gotówka – nasilały zainteresowanie i poprawiały wyniki. Natomiast to, co odkrył Deci i co potwierdził w dwóch kolejnych badaniach, jakie przeprowadził w niedługim czasie po pierwszym eksperymencie, dowodziło czegoś niemal odwrotnego. „Gdy stosuje się pieniądze jako nagrodę zewnętrzną za jakąś działalność, osoby poddawane badaniu tracą wewnętrzne zainteresowanie tą działalnością" – napisał.[5] Nagrody mogą pobudzać na krótko – tak jak dawka kofeiny może cię utrzymać na pełnych obrotach jeszcze przez kilka godzin. Ale efekt jest krótkotrwały, a co gorsze, może zmniejszyć długoterminową motywację do kontynuowania danej pracy.

Ludzie, twierdził Deci, mają „przyrodzoną skłonność do poszukiwania nowości i wyzwań, do poszerzania i wykorzystywania swoich zdolności, do badania i do uczenia się". Ale ten trzeci popęd jest bardziej kruchy niż pozostałe dwa; musi mieć odpowiednie środowisko, by przetrwać. „Ktoś, kto jest zainteresowany rozwijaniem i wzmacnianiem wewnętrznej motywacji u dzieci, pracowników, studentów etc., nie powinien skupiać się na systemach kontroli zewnętrznej, takich jak nagrody pieniężne" – pisał w kolejnym artykule.[6] I tak zaczęła się dla Deciego praca, która zajęła mu całe życie: dążenie do przemyślenia na nowo, dlaczego robimy to, co robimy; dążenie, które często skłócało go z kolegami psychologami, które spowodowało, że wyleciał ze szkoły biznesu i że podważył założenia, w oparciu o które działały wszelkiego typu organizacje.

Zagadkowe łamigłówki Harry'ego Harlowa i Edwarda Deciego

„To było kontrowersyjne – powiedział mi Deci pewnego wiosennego poranka czterdzieści lat po eksperymencie z kostką Soma. – Nikt nie podejrzewał, że nagrody mogą mieć negatywny wpływ".

TO JEST KSIĄŻKA o motywacji. Wykażę, że duża część naszych przekonań na jej temat po prostu nie jest prawdziwa – i że spostrzeżenia, jakie poczynili Harlow i Deci przed kilkoma dziesiątkami lat, były dużo bliższe prawdy. Problem w tym, że większość firm pozostaje w tyle, jeśli chodzi o nowe zrozumienie tego, co nas motywuje. Zbyt wiele organizacji – nie tylko firm, ale również rządów i instytucji charytatywnych – wciąż działa, opierając się o dotyczące potencjału człowieka oraz działania jednostki założenia, które są przestarzałe, niesprawdzone i więcej mają wspólnego z folklorem niż z nauką. Nie przestają stosować takich praktyk jak krótkoterminowe plany motywujące i zapłata za wyniki, chociaż coraz więcej jest dowodów na to, że takie środki zwykle nie działają, a częstc szkodzą. Co gorsze, takie praktyki przeniknęły do naszych szkół, gdzie zasypujemy naszych przyszłych pracowników iPodami, gotówką i kuponami na pizzę, by „bodźcować" ich do nauki. Coś się gdzieś popsuło.

Dobra wiadomość jest taka, że rozwiązanie mamy na wyciągnięcie ręki – znajdziemy je w pracach grupy naukowców behawioralnych, którzy kontynuowali pionierską działalność Harlowa i Deciego; wyniki ich cichej działalności pozwalają nam bardziej dynamicznie spojrzeć na ludzką motywację. Już zbyt długo istnieje rozdźwięk pomiędzy tym, co wie nauka, a tym, co robi biznes. Celem tej książki jest załatanie tej wyrwy.

Książka *Drive* składa się z trzech części. W części pierwszej zajmiemy się wadami naszego systemu kar i nagród oraz zaproponujemy nowy sposób myślenia o motywacji. W rozdziale 1. przyjrzymy się, jak dominujący obecnie pogląd na motywację staje się coraz bardziej nie do pogodzenia z wieloma aspektami współczesnego biznesu oraz życia. W rozdziale 2. ujawnimy siedem powodów, dla których zewnętrzne motywatory typu kij i marchewka często dają odwrotny wynik do

Wstęp

tego, jaki miały osiągnąć. (Po czym nastąpi krótkie uzupełnienie, rozdział 2a, w którym przedstawię pewne konkretne okoliczności, kiedy metoda kija i marchewki może jednak być skuteczna.) Rozdział 3. zapozna nas z zachowaniem, które nazwałem zachowaniem „Typu I", czyli takim sposobem myślenia i podejściem do biznesu, które osadzone są w prawdziwej nauce o motywacji ludzkiej i zasilane przez ten trzeci popęd – przez przyrodzoną potrzebę, by samemu kierować własnym życiem, by uczyć się i tworzyć coś nowego i by postępować lepiej wobec samego siebie i otaczającego nas świata.

W części drugiej omówimy trzy elementy zachowania Typu I oraz pokażemy, jak poszczególne osoby i organizacje wykorzystują je, by poprawić wyniki i pogłębić zadowolenie. W rozdziale 4. zajmiemy się autonomią, tym naszym pragnieniem samoukierunkowania. W rozdziale 5. przyjrzymy się mistrzostwu, naszej chęci, byśmy byli coraz lepsi w tym, co robimy. W rozdziale 6. zajmiemy się celem, naszą tęsknotą za tym, by być częścią czegoś większego niż my sami.

Część trzecia, pakiet narzędzi dla Typu I, to obszerny zbiór środków, które pomogą wam przy tworzeniu warunków, w których będzie mogło kwitnąć zachowanie Typu I. Znajdziecie tu wszystko, od dziesiątek ćwiczeń mających rozbudzić motywację u was i u innych, poprzez pytania do dyskusji na spotkaniach klubu książki, do bardzo krótkiego streszczenia *Drive*, które pomoże wam jakoś przebrnąć przez przyjęcie koktajlowe. I chociaż książka dotyczy głównie biznesu, w tej części zaproponuję kilka przemyśleń, jak zastosować te pomysły w edukacji i w naszym życiu poza pracą.

Ale zanim przejdziemy do tego wszystkiego, zacznijmy od myślowego eksperymentu, który będzie wymagał od nas cofnięcia się w czasie – do dnia, kiedy John Major był premierem Wielkiej Brytanii, Barack Obama był młodym, chudym wykładowcą prawa, połączenia internetowe były komutowane, a blackberry oznaczało tylko jeżynę.

Część pierwsza

Nowy system operacyjny

ROZDZIAŁ 1

Rozkwit i upadek Motywacji 2.0

Wyobraź sobie, że jest rok 1995. Zasiadasz do rozmowy z ekonomistką – znakomitą wykładowczynią w szkole biznesu, posiadającą doktorat z ekonomii. Mówisz do niej: „Mam tutaj kryształową kulę, która pozwala zajrzeć w przyszłość za piętnaście lat. Chciałbym sprawdzić, jaką ma pani zdolność przewidywania przyszłości".

Pani doktor jest sceptyczna, ale postanawia spełnić twoje życzenie.

„Zamierzam opisać pani dwie nowe encyklopedie – jedna właśnie się ukazała, druga ma się ukazać za kilka lat. Musi pani przewidzieć, która odniesie większy sukces w 2010 roku".

„Słucham" – mówi ekonomistka.

„Pierwszą wypuścił Microsoft. Jak pani wie, Microsoft jest już dużą, dochodową firmą. A po wprowadzeniu w tym roku na rynek Windows 95 stanie się zapewne niedługo gigantem – wyznacznikiem naszych czasów. Microsoft sfinansuje tę encyklopedię. Zapłaci profesjonalnym autorom i redaktorom, by wyprodukowali artykuły na tysiące tematów. Dobrze wynagradzani menedżerowie będą nadzorowali ten projekt, by mieć gwarancję, że zostanie on ukończony bez przekraczania budżetu i na czas. Microsoft będzie sprzedawał tę encyklopedię na CD-ROM-ach, a później w sieci.

Twórcą drugiej encyklopedii nie będzie żadna firma. Stworzą ją dziesiątki tysięcy ludzi, którzy będą pisali i redagowali artykuły dla przyjemności. Ci hobbiści nie będą potrzebowali żadnych specjalnych kwalifikacji, by w tym uczestniczyć. I nikt nie dostanie nawet dolara, euro czy jena za pisanie lub redagowanie artykułów. Uczestnicy będą musieli oferować swoją pracę – czasami dwadzieścia i trzydzieści godzin tygodniowo – za darmo. Sama encyklopedia, która będzie istniała online, również będzie darmowa – żadnych opłat dla kogoś, kto zechce z niej skorzystać".

„A teraz – mówisz do ekonomistki – niech pani, proszę, wybiegnie myślami do przodu o piętnaście lat. Według mojej kryształowej kuli w 2010 roku jedna z tych encyklopedii będzie największą i najbardziej popularną encyklopedią na świecie, a ta druga pójdzie w zapomnienie. Która z nich jest którą?".

Wątpię, czy w 1995 roku byłbyś w stanie znaleźć na Ziemi trzeźwego ekonomistę, który nie wybrałby pierwszego modelu jako tego, który odniesie sukces. Każdy inny wniosek byłby śmieszny – sprzeczny z niemal wszystkimi zasadami biznesu, jakie pani doktor wykładała swoim studentom. Równie dobrze mógłbyś zapytać zoologa, kto wygra bieg na 200 metrów, gepard czy twój szwagier. Nie ma porównania.

Pewnie, że ta niezorganizowana banda wolontariuszy mogłaby coś wyprodukować. Ale nie było szans, żeby ich produkt mógł konkurować z ofertą silnej, nastawionej na zysk firmy. Bodźce były całkiem niewłaściwe. Microsoft mógł zyskać, jeżeli jego produkt odniesie sukces; natomiast wszyscy, którzy zaangażowali się w ten drugi projekt, od samego początku wiedzieli, że na sukcesie nie zarobią. A co najważniejsze, autorzy, redaktorzy i menedżerowie Microsoftu byli opłacani. A współautorzy tego drugiego przedsięwzięcia – nie. Mało tego, prawdopodobnie ponosili pewne **koszty** za każdym razem, kiedy pracowali za darmo zamiast za pieniądze. Pytanie było tak banalne, że naszej ekonomistce nawet nie przyszłoby na myśl, żeby zadać je podczas egzaminu swoim studentom robiącym magisterium z zarządzania. Było za łatwe.

Ale ty wiesz, jak wszystko się skończyło.
31 października 2009 roku, po szesnastu latach, Microsoft wycofał z rynku MSN Encarta, swoją encyklopedię w sieci i na CD. Przez ten czas Wikipedia – ten drugi model – stała się największą i najbardziej popularną encyklopedią na świecie. Zaledwie osiem lat po powstaniu Wikipedii było w niej ponad 13 milionów artykułów w jakichś 260 językach, w tym 3 miliony tylko po angielsku.[1]

Co się stało? Konwencjonalny pogląd na ludzką motywację ma twardy orzech do zgryzienia, żeby ten wynik wyjaśnić.

ZWYCIĘSTWO KIJA I MARCHEWKI

W każdym komputerze – czy będzie to gigantyczny system z eksperymentu Deciego, iMac, na którym piszę to zdanie, czy telefon komórkowy ćwierkający ci w kieszeni – jest system operacyjny. Pod skorupą hardware'u, którego dotykasz, i pod programami, jakimi się posługujesz, znajduje się skomplikowany poziom software'u, w którym zawarte są instrukcje, protokoły i założenia, umożliwiające sprawne funkcjonowanie wszystkiego. Większość z nas nie myśli zbyt często o tych systemach operacyjnych. Zwracamy na nie uwagę dopiero wtedy, kiedy zaczynają zawodzić – gdy hardware i software, którymi powinny kierować, stają się zbyt wielkie i zbyt skomplikowane, by aktualny system mógł sobie z nimi poradzić. Bo wtedy następuje awaria naszego komputera. My składamy zażalenie. A mądrzy twórcy software'u, którzy przez cały czas majstrują przy fragmentach oprogramowania, siadają i piszą z gruntu lepszy program – nową wersję.

Społeczeństwa też mają systemy operacyjne. Prawa, zwyczaje społeczne i układy ekonomiczne, z jakimi codziennie mamy do czynienia, tkwią na wierzchu na warstwie instrukcji, protokołów i założeń dotyczących tego, jak działa świat. A spora część naszego społecznego systemu operacyjnego składa się ze zbioru założeń dotyczących zachowań ludzi.

Nowy system operacyjny

Dawno temu – mam na myśli **bardzo** dawno temu, powiedzmy pięćdziesiąt tysięcy lat temu – podstawowe założenie dotyczące zachowania człowieka było proste i prawdziwe. Staraliśmy się przeżyć. Od wędrówek po sawannach i zbierania pożywienia, do czmychania w krzaki, kiedy zbliżał się tygrys szablozębny, ten popęd sterował większością naszych zachowań. Nazwijmy ten wczesny system operacyjny Motywacja 1.0. Nie był szczególnie elegancki, nie różnił się też zbytnio od systemu, jaki miały rezusy, duże małpy człekokształtne czy wiele innych zwierząt. Ale dobrze nam służył. Dobrze działał. Dopóki nie przestał.

W miarę jak ludzie tworzyli coraz bardziej złożone społeczeństwa przez to, że natykali się na obcych i że musieli podejmować współpracę, żeby czegoś dokonać, system operacyjny oparty wyłącznie na popędzie biologicznym stawał się coraz bardziej niewystarczający. A nawet niekiedy potrzebowaliśmy metod, by ten popęd **poskromić** – by powstrzymać mnie, żebym ci nie zwinął obiadu, a ciebie, żebyś nie wykradł mi małżonki. I tak dokonaliśmy nie lada wyczynu w zakresie inżynierii kulturowej i powoli zastąpiliśmy to, co mieliśmy, wersją bardziej pasującą do tego, jak zaczęliśmy pracować i żyć.

W samym sercu tego nowego i ulepszonego systemu operacyjnego znajdowało się skorygowane i bardziej dokładne założenie: ludzie są czymś więcej niż sumą naszych biologicznych pragnień. Ten pierwszy popęd wciąż był ważny – to nie ulega kwestii – ale nie wyjaśniał w pełni tego, kim jesteśmy. Kierował nami również drugi popęd – poszukiwanie nagrody i unikanie kary w szerszym zakresie. I właśnie z tego wyłonił się nowy system operacyjny – nazwijmy go Motywacją 2.0. (Oczywiście inne zwierzęta również reagują na nagrody i kary, ale tylko ludzie okazali się zdolni do tego, by w taki sposób ukierunkować ten popęd, żeby stworzyć wszystko, od prawa kontraktowego po sklepiki spożywcze.)

Wykorzystywanie tej drugiej siły napędowej było kluczowe dla rozwoju ekonomicznego na całym świecie, szczególnie w ostatnich dwóch stuleciach. Pomyśl o rewolucji przemysłowej. Rozwój technologii –

Rozkwit i upadek Motywacji 2.0

silniki parowe, tory kolejowe, szeroko rozpowszechniona elektryczność – odegrały istotną rolę, przyczyniając się do rozrastania się przemysłu. Ale podobny wpływ wywarły mniej materialne innowacje, a szczególnie praca amerykańskiego inżyniera, Frederica Winslowa Taylora. Na początku dwudziestego wieku Taylor, który uważał, że firmy prowadzone są w nieudolny, chaotyczny sposób, stworzył coś, co nazwał „naukowym zarządzaniem". Jego wynalazek był czymś w rodzaju software'u, wykonanego fachowo w taki sposób, by działał na platformie Motywacji 2.0. Został on powszechnie i szybko przyjęty.

W swoim podejściu Taylor utrzymywał, że pracownicy są jak części skomplikowanej maszyny. Jeśli będą wykonywali odpowiednią pracę w odpowiedni sposób i w odpowiednim czasie, maszyna będzie działała gładko. Żeby to zagwarantować, wystarczy po prostu nagradzać zachowanie, o które ci chodzi, i karać za zachowanie, którego nie pochwalasz. Ludzie będą reagowali racjonalnie na te zewnętrzne siły – te zewnętrzne motywatory – i zarówno oni, jak i sam system, będą prosperować. Skłonni jesteśmy uważać, że to węgiel i ropa napędzały rozwój ekonomiczny. Ale w pewnym sensie machina handlu w równym stopniu napędzana była przez kij i marchewkę.

System operacyjny Motywacja 2.0 przetrwał bardzo długo. W rzeczy samej tak silnie wrósł w nasze życie, że większość z nas prawie nie zauważa jego istnienia. Jak daleko sięgniemy pamięcią, budowaliśmy nasze firmy i nadawaliśmy kształt swojemu życiu w oparciu o leżące u jego podstaw założenie: jeżeli chce się uzyskać lepsze wyniki, podnieść wydajność i zachęcić do doskonałości, należy nagradzać dobrych, a karać złych.

Chociaż Motywacja 2.0 była bardziej wyrafinowana i wyżej mierzyła, wciąż nie można było powiedzieć, by nas nobilitowała. W ostatecznym rozrachunku sugerowała ona, że ludzie nie różnią się zbytnio od koni – że chcąc skłonić nas, byśmy poszli w odpowiednim kierunku, należy skusić nas bardziej chrupiącą marchewką albo posłużyć się ostrzejszym kijem. To, czego temu systemowi brakowało w aspekcie oświecenia, nadrabiał on efektywnością. Działał dobrze – niezwykle dobrze. Dopóki nie przestał.

Nowy system operacyjny

W dwudziestym wieku, wraz z upływem czasu, kiedy gospodarki robiły się jeszcze bardziej skomplikowane, a ludzie w tych gospodarkach działający musieli robić użytek z nowych, bardziej zaawansowanych umiejętności, podejście zwane Motywacja 2.0 zaczęło napotykać na pewien opór. W latach pięćdziesiątych Abraham Maslow, były student Harry'ego Harlowa na Uniwersytecie Wisconsin, rozwinął dziedzinę psychologii humanistycznej i zakwestionował pogląd, że zachowanie ludzi w pełni przypomina zachowanie szczurów w tym, że dążą oni do znajdowania pozytywnych oraz unikania negatywnych bodźców. W 1960 roku wykładowca zarządzania na MIT, Douglas McGregor, zaimportował kilka pomysłów Maslowa do świata biznesu. McGregor podważył założenie, że ludzie w zasadzie są bierni – że bez zewnętrznych nagród i kar niewiele by zrobili. Twierdził, że ludzie mają inne, wyższe popędy. I że te popędy mogłyby przynieść korzyści biznesowi, gdyby menedżerowie i przywódcy biznesu je szanowali. To po części dzięki tekstom McGregora w firmach dokonał się pewien niewielki postęp. Zmniejszyły się wymagania dotyczące stroju, harmonogramy stały się bardziej elastyczne. Wiele organizacji szukało sposobów, by dać pracownikom większą niezależność i by pomóc im się rozwijać. Te udoskonalenia naprawiły niektóre słabe strony, ale sprowadzały się raczej do nieznacznej poprawy niż gruntownej modernizacji – do wersji Motywacja 2.1.

Tak więc, ogólnie rzecz biorąc, to podejście przetrwało bez szwanku, ponieważ ostatecznie można było łatwo je zrozumieć, w prosty sposób kontrolować i w nieskomplikowany egzekwować. Jednak w ciągu pierwszych dziesięciu lat tego wieku – okresie naprawdę szokująco słabych osiągnięć w biznesie, technologii i rozwoju społecznym – odkryliśmy, że ten solidny stary system operacyjny nie działa już wcale tak dobrze. Że psuje się często i nieoczekiwanie. Zmusza to ludzi do wynajdywania „objazdów", by ominąć jego wady. A przede wszystkim okazuje się on niekompatybilny z wieloma aspektami współczesnego biznesu. Jeśli dokładnie przyjrzymy się tym problemom niezgodności, uświadomimy sobie, że skromne uaktualnienia – wstawianie łat to tu, to tam – nie rozwiążą problemu. Potrzebujemy aktualizacji na szeroką skalę.

TRZY PROBLEMY NIEZGODNOŚCI

Motywacja 2.0 nadal dobrze służy pewnym celom. Tyle że jest niezwykle zawodna. Czasem działa, a często nie działa. Zrozumienie jej niedostatków pomoże nam ustalić, które fragmenty zachować, a których pozbyć się przy tworzeniu aktualizacji. Usterki te podpadają pod trzy szerokie kategorie. Nasz obecny system operacyjny stał się dużo mniej kompatybilny, a niekiedy wprost antagonistyczny do tego, jak **organizujemy** to, co robimy; do tego, jak **myślimy** o tym, co robimy; i do tego, jak **robimy** to, co robimy.

Jak organizujemy to, co robimy

Wróćmy do encyklopedycznej rozgrywki pomiędzy Microsoftem a Wikipedią. Założenia leżące u podstaw Motywacji 2.0 sugerują, że taki wynik w ogóle nie powinien być możliwy. Triumf Wikipedii wydaje się przeczyć prawom fizyki behawioralnej.

Gdyby ta encyklopedia, tworzona wyłącznie przez wolontariuszy i amatorów, była jedynym tego przykładem, moglibyśmy pominąć ją jako pewne odchylenie od normy, wyjątek potwierdzający regułę. Tak jednak nie jest. Wikipedia reprezentuje najpotężniejszy nowy model biznesowy dwudziestego pierwszego wieku: *open source* czyli otwarte oprogramowanie.

Odpal na przykład swój komputer. Kiedy wchodzisz w sieć, by sprawdzić prognozę pogody lub zamówić sobie trampki, możesz skorzystać z Firefoxa, darmowej open-source'owej przeglądarki, stworzonej niemal wyłącznie przez wolontariuszy z całego świata. Nieopłacani pracownicy, którzy oddają to, co wyprodukowali? Czegoś takiego nie da się obronić. Bodźce są zupełnie niewłaściwe. A przecież Firefox ma obecnie ponad 150 milionów użytkowników.

Albo wejdź do działu IT[*] w jakiejś dużej firmie gdziekolwiek na świecie i poproś, by cię po niej oprowadzili. Komputerowe serwery tej

---
[*] IT – Information Technology.

Nowy system operacyjny

firmy mogą spokojnie działać na Linuxie, oprogramowaniu stworzonym przez całą armię nieopłacanych programistów i dostępnym za darmo. Obecnie jeden firmowy serwer na cztery działa na Linuxie. Potem poproś któregoś z pracowników, by wyjaśnił ci, jak działa strona internetowa firmy. Pod tą stroną pomrukuje zapewne Apache, darmowe open-source'owe oprogramowanie serwera internetowego, stworzone i utrzymywane przez grupę wolontariuszy porozrzucanych po całym świecie. Udział Apache w rynku firmowych serwerów sieciowych: 52 procent. Innymi słowy firmy, które zazwyczaj uciekają się do zewnętrznych nagród przy zarządzaniu swoimi pracownikami, obsługują niektóre ze swoich najważniejszych systemów za pomocą produktów stworzonych przez osoby niezatrudnione, którym takie nagrody wydają się niepotrzebne.

I są to nie tylko dziesiątki tysięcy projektów software'owych na całym świecie. Dziś możesz trafić na: open-source'owe książki kucharskie; open-source'owe podręczniki; open-source'owe projekty samochodów, open-source'owe badania medyczne; open-source'owe streszczenia pozwów sądowych; open-source'owe zbiory fotografii; open-source'owe protezy; open-source'owe towarzystwa kredytowe; open-source'ową colę; a dla tych, którym napoje bezalkoholowe nie wystarczają, jest open-source'owe piwo.

Ten nowy sposób organizowania tego, co robimy, nie skazuje zewnętrznych nagród na niebyt. Ludzie w ruchu *open-source* nie składają ślubów ubóstwa. Dla wielu udział w tego typu projektach oznacza możliwość zyskania lepszej reputacji i podniesienia swoich umiejętności, co z kolei może zwiększyć ich zdolność zarobkową. Przedsiębiorcy uruchamiają nowe, czasem lukratywne firmy, by pomagać organizacjom we wdrażaniu i utrzymywaniu open-source'owych aplikacji.

Ale w ostatecznym rozrachunku, jak dowiodło kilku naukowców, otwarte oprogramowanie uzależnione jest od wewnętrznej motywacji z taką samą brutalnością, z jaką starsze modele biznesowe uzależnione są od zewnętrznej motywacji. Profesor zarządzania na MIT, Karim Lakhani, i konsultant z Boston Consulting Group, Bob Wolf, przeprowadzili ankietę wśród 684 twórców otwartego oprogramowania, głównie z Europy i Ameryki Północnej, pytając, dlaczego biorą udział w tych projektach. Lakhami i Wolf ujawnili całą gamę motywów, ale przekonali się, że „najmocniejszą i dominującą siłą napędową jest wewnętrzna motywacja oparta na zadowoleniu, a mianowicie to, jak kreatywny czuje się człowiek, pracując nad projektem".[2] Badacze odkryli, że lwia część programistów stwierdzała, iż często osiągają poziom optymalnego doświadczenia zwany „stanem przepływu"[*]. Podobnie trzej niemieccy ekonomiści, którzy badali projekty open-source'owe na całym świecie, odkryli, że tym, co kieruje uczestnikami, jest „zbiór przede wszystkim wewnętrznych motywów", a w szczególności „dobra zabawa... sprostanie wyzwaniu, jakim jest konkretny software'owy problem" oraz „chęć obdarowania społeczności programistów".[3] W Motywacji 2.0 niewiele jest miejsca na tego typu impulsy.

Co więcej, ludzie, przy restrukturyzacji tego, co robią, podporządkowując się nowym wytycznym organizacyjnym i opierając się na odmiennej motywacji, ograniczają się do otwartego oprogramowania. Przejdźmy od kodu software'owego do prawnego. W większości krajów rozwiniętych prawo zezwala na istnienie dwóch rodzajów organizacji biznesowych – nastawionych na zyski i nienastawionych na zyski. Te pierwsze zarabiają pieniądze, te drugie czynią dobro. A wśród tych pierwszych na czoło wybija się spółka akcyjna emitująca akcje w obrocie publicznym, której posiadaczami są akcjonariusze i którą kierują menedżerowie nadzorowani przez zarząd. Menedżerowie i członkowie zarządu mają jeden nadrzędny obowiązek: maksymalizować zyski udziałowców. Inne rodzaje organizacji kierują się tymi samymi zasadami. Na przykład w Stanach Zjednoczonych spółki, korporacje „S", korporacje „C", spółki z ograniczoną odpowiedzialnością oraz inne konfiguracje biznesowe wszystkie dążą do wspólnego celu. Celem tych, którzy nimi zarządzają –

---
[*] Stan przepływu – flow (ang.) – w polskiej literaturze funkcjonują nazwy: teoria przepływu, Momentum, superproduktywność, superkoncentracja (przyp. tłum.).

z praktycznego, legalnego, a pod pewnymi względami i moralnego punktu widzenia – jest maksymalizowanie zysków.

Pozwólcie, że wzniosę gorący, szczery i pełen wdzięczności okrzyk na cześć tych form biznesu oraz dalekowzrocznych krajów, które pozwalają swoim obywatelom je tworzyć. Bez nich nasze życie byłoby o wiele mniej kwitnące, zdrowe i szczęśliwe. Ale przez ostatnie kilka lat kilkoro ludzi na świecie zaczęło zmieniać recepturę i wymyślać nowe odmiany organizacji biznesowych.

Na przykład w kwietniu 2008 roku Vermont stał się pierwszym amerykańskim stanem, który zezwolił na powstanie nowego rodzaju biznesu o nazwie „niskodochodowa spółka z ograniczoną odpowiedzialnością". Ten twór, nazwany L3C, jest przedsiębiorstwem – ale nie w takim sensie, w jakim zazwyczaj o nich myślimy. Jak wyjaśniono w pewnym raporcie, L3C „działa jak przedsiębiorstwo *for profit*, przynoszące co najmniej umiarkowany zysk, ale jego głównym celem [jest] generowanie znaczących korzyści społecznych". Trzy inne stany poszły w ślady Vermontu.[4] Na przykład L3C w Północnej Karolinie skupuje opustoszałe fabryki mebli na terenie stanu, modernizuje je, stosując ekologiczne technologie, i po niskiej cenie wynajmuje je z powrotem producentom mebli. Jest nadzieja, że ta operacja przyniesie zyski, ale jej prawdziwym celem jest pomoc w ożywieniu regionu borykającego się z trudnościami.

W tym czasie Muhammad Yunus, laureat pokojowej nagrody Nobla, zaczął tworzyć, jak to nazwał, „przedsiębiorstwa społeczne". Są to firmy, które zbierają fundusze, wytwarzają produkty i sprzedają je na otwartym rynku, ale robiąc to podporządkowują się wyższej misji społecznej – albo, jak on to określa, „zastępują zasadę maksymalizowania zysków zasadą korzyści społecznych". Forth Sector Network w Stanach i w Dani propaguje „organizację pożytku społecznego" – hybrydę, która, jak twierdzą, przedstawia sobą nowy rodzaj organizacji zarówno samowystarczalnej pod względem ekonomicznym, jak i inspirowanej celem publicznym. Jeden przykład: Mozilla, która dała nam Firefoxa, jest organizacją „pożytku". A trzech przedsiębiorców ze Stanów wymyśliło korporacje „B", od których wymaga się, by wprowadzały takie zmiany w swoich przepisach wewnętrznych, żeby motywacją dla nich były długoterminowe wartości oraz wpływanie na społeczeństwo, a nie krótkoterminowy zysk ekonomiczny.[5]

To oczywiste, że normą nie jest jeszcze ani open-source'owa działalność, ani przedsiębiorstwa „nie tylko dla zysku", których wcześniej nie można było sobie nawet wyobrazić. I że spółki akcyjne nie wylądują przez nie na śmietniku. Ale ich pojawienie się mówi nam coś ważnego o kierunku, w jakim zmierzamy. „Istnieje na świecie wielki ruch, który nie został jeszcze uznany za ruch", wypowiedział się w „The New York Times" prawnik zajmujący się organizacjami pożytku społecznego.[6] Jednym z powodów mogłoby być to, że tradycyjne firmy nastawione są na maksymalizowanie zysków, co idealnie zgadza się z Motywacją 2.0. Natomiast nowe firmy nastawione są na maksymalizowanie celów – co nie pasuje do starego systemu operacyjnego, ponieważ świadomie łamią one jego podstawowe zasady.

Jak myślimy o tym, co robimy

Kiedy zacząłem chodzić na mój pierwszy wykład z ekonomii na początku lat osiemdziesiątych, nasza pani profesor – wspaniała wykładowczyni z prezencją sceniczną Patton – udzieliła nam ważnego wyjaśnienia, zanim narysowała pierwszą krzywą obojętności na tablicy. Ekonomia, powiedziała nam, nie jest nauką o pieniądzach. Jest to nauka o zachowaniu. W ciągu dnia każdy z nas nieustannie oblicza koszty i korzyści płynące z naszych działań, a potem podejmuje decyzję, jak działać. Ekonomiści badają raczej to, co ludzie robią, niż to, co mówią, ponieważ robimy to, co dla nas najlepsze. Działamy jak racjonalne kalkulatory, wyliczające naszą własną korzyść ekonomiczną.

Kiedy kilka lat później studiowałem prawo, ponownie pojawiła się podobna koncepcja. Zaczynająca właśnie dominować dziedzina „prawo i ekonomia" utrzymywała, że właśnie dlatego, iż jesteśmy takimi fantastycznymi „centrami obliczeniowymi" korzyści własnej, prawa i przepisy często przeszkadzają raczej niż umożliwiają otrzymanie sensownych i sprawiedliwych rezultatów. To, że przetrwałem na prawie, zawdzięczam w dużym stopniu odkryciu pewnego magicznego zwrotu i przytaczaniu go na egzaminach: „W świecie doskonałej informacji i niskich kosztów transakcyjnych strony będą negocjować, aż osiągną wynik maksymalizujący zyski".

Potem, około dziesięć lat później, wydarzenia przybrały nieoczekiwany obrót, który kazał mi zakwestionować dużą część tego, czego się z wielkim wysiłkiem i poważnie się zadłużając nauczyłem. W 2002 roku Fundacja Nobla przyznała nagrodę z ekonomii człowiekowi, który nie był nawet ekonomistą. A przyznali mu to najwyższe wyróżnienie na tym polu za to, że wykazał, że **nie działamy** zawsze jak racjonalny kalkulator wyliczający ekonomiczną korzyść własną i że strony często **nie** negocjują do osiągnięcia wyniku maksymalizującego zyski. Daniel Kahneman, amerykański psycholog, który w tamtym roku otrzymał Nagrodę Nobla z ekonomii za pracę, którą napisał z Amosem Tverskym z Izraela, przyczynił się do przeforsowania zmiany naszego sposobu myślenia o tym, co robimy. A jedną z konsekwencji tego nowego sposobu myślenia jest podważenie wielu założeń Motywacji 2.0.

Kahneman i inni naukowcy z dziedziny ekonomii behawioralnej zgadzali się z moją panią profesor, że ekonomia jest nauką o zachowaniu ekonomicznym człowieka. Ale przekonani byli, że kładziemy zbyt duży nacisk na **ekonomiczny**, a niewystarczający na **człowieka**. Hiperracjonalny osobnik o umyśle działającym jak centrum obliczeniowe po prostu nie istniał. Był wygodną fikcją.

Zagraj ze mną w grę, a spróbuję pokazać, o co mi chodzi. Przypuśćmy, że ktoś dał mi dziesięć dolarów i powiedział, żebym się nimi podzielił – w części, w całości albo wcale – z tobą. Jeśli przyjmiesz moją propozycję, obydwaj zatrzymamy pieniądze. Jeśli ją odrzucisz, żaden z nas nic nie dostanie. Gdybym zaproponował ci sześć dolarów (zatrzymując cztery dla siebie), czy przyjąłbyś je? Prawie na pewno tak. Jeśli zaproponuję ci pięć, prawdopodobnie też się zgodzisz. Ale gdybym zaproponował ci dwa dolary? Przyjąłbyś je? W eksperymencie, który powielano na całym świecie, większość ludzi odrzucała propozycję dwóch dolarów lub mniej.[7] Z punktu widzenia maksymalizowania zysku takie zachowanie nie miało sensu. Jeśli przyjmiesz proponowane przeze mnie dwa dolary, będziesz o te dwa dolary bogatszy. Jeśli je odrzucisz, nic nie dostaniesz. Twój kalkulator poznawczy wie, że dwa to więcej niż zero, ale fakt, że jesteś człowiekiem, twoje wyobrażenia o sprawiedliwej grze, twoje pragnienie zemsty albo po prostu twoja irytacja biorą nad nim górę.

W prawdziwym życiu nasze zachowanie jest dużo bardziej skomplikowane, niż dopuszcza podręcznik, i często zadaje kłam koncepcji, że jesteśmy istotami wyłącznie rozumnymi. Nie odkładamy wystarczająco dużo pieniędzy na emeryturę, mimo że takie działanie jest w oczywisty sposób dla nas korzystne z ekonomicznego punktu widzenia. Trzymamy się swoich złych inwestycji dłużej, niż powinniśmy, ponieważ dużo bardziej boli nas tracenie pieniędzy niż cieszy zyskanie dokładnie tej samej ich ilości. Daj nam wybór między dwoma odbiornikami telewizyjnymi, a wybierzemy jeden z nich; dorzuć niemający żadnego związku z nimi trzeci do wyboru, a wybierzemy inny. Krótko mówiąc, jesteśmy irracjonalni – i to w przewidywalny sposób, jak pisze ekonomista, Dan Ariely, autor książki *Potęga irracjonalności*, w której ciekawie w ogólnych zarysach omawia ekonomię behawioralną.

Kłopot z tym, co nami powoduje, jest taki, że Motywacja 2.0 zakłada, że jesteśmy tymi samymi mechanicznymi „maksymalizatorami" zysku, o jakich uczono mnie przed kilkoma dziesiątkami lat. Podstawowe założenie dotyczące bodźców zewnętrznych mówi, że zawsze zareagujemy na nie racjonalnie. Ale nawet większość ekonomistów już w to nie wierzy. Czasami te motywatory działają. Często nie działają. A nieraz na dodatek wyrządzają szkodę. Mówiąc krótko, nowy sposób, w jaki ekonomiści myślą o tym, co robimy, trudno pogodzić z Motywacją 2.0.

Co więcej, jeśli ludzie podejmują działania z różnych niemądrych, nieracjonalnych powodów, dlaczego nie moglibyśmy również działać z powodu dążenia do poszukiwania znaczenia albo do samoaktualizacji? Jeśli jesteśmy przewidywalnie irracjonalni – a z pewnością jesteśmy –

dlaczego nie moglibyśmy również być przewidywalnie transcendentni? Jeśli wydaje się wam to naciągane, pomyślcie o niektórych naszych innych cudacznych postępkach. Porzucamy lukratywne zajęcia, by podjąć niskopłatną pracę, która da nam wyraźniejsze poczucie celu. Pracujemy podczas weekendów, by nauczyć się grać na klarnecie, choć nie mamy wielkiej nadziei, byśmy dzięki tej działalności kiedyś zarobili (Motywacja 2.0) lub zyskali partnera (Motywacja 1.0). Bawimy się łamigłówkami, nawet jeśli za rozwiązanie ich nie dostajemy ani kilku rodzynek, ani dolarów.

Niektórzy naukowcy już poszerzają granice ekonomii behawioralnej tak, by pomieściły się w niej te nowe koncepcje. Najznakomitszym z nich jest Bruno Frey, ekonomista na Uniwersytecie w Zurychu. Podobnie jak ekonomiści behawioralni argumentuje on, że musimy wyjść poza koncepcję *Homo Oeconomicus* (człowiek gospodarujący, ten fikcyjny, maksymalizujący zyski robot). Ale Frey przesuwa granice w nieco innym kierunku – w stronę tego, co nazywa Homo *Oeconomicus Maturus* (dojrzały człowiek gospodarujący). Ta postać, jak twierdzi, „jest bardziej «dojrzała» w tym sensie, że wyposażona jest w bardziej wyrafinowane struktury motywacyjne". Innymi słowy, żeby w pełni zrozumieć ekonomiczne zachowanie człowieka, musimy pogodzić się z poglądem, który stoi w sprzeczności z Motywacją 2.0. Jak pisze Frey, „wewnętrzna motywacja jest **niezwykle ważna** dla każdej działalności ekonomicznej. To niewyobrażalne, by ludzi motywowały wyłącznie albo nawet głównie bodźce zewnętrzne."[8]

Jak robimy to, co robimy

Jeśli zarządzasz innymi ludźmi, obejrzyj się szybko przez ramię. Za twoimi plecami unosi się pewien duch. Ma na imię Frederic Winslow Taylor – pamiętacie go z wcześniejszego fragmentu tego rozdziału? – i nieustannie szepcze ci do ucha. „Praca – mamrocze Taylor – składa się głównie z prostych, niezbyt interesujących zadań. Jedyny sposób, by nakłonić ludzi do ich wykonywania, to odpowiednio ich motywować i starannie ich kontrolować". Z początkiem dwudziestego wieku miało sens to, co Taylor mówił. Dzisiaj, w większości miejsc na świecie, jego słowa są mniej prawdziwe. To fakt, że dla niektórych ludzi praca nadal jest czymś rutynowym, co nie stanowi wyzwania i czym kieruje ktoś inny. Ale dla zaskakująco dużej liczby osób praca stała się czymś bardziej złożonym, bardziej ciekawym, czym kierujemy bardziej my sami. A taki rodzaj pracy stanowi bezpośrednie zakwestionowanie założeń Motywacji 2.0.

Zacznijmy od złożoności. Naukowcy behawioralni często dzielą to, co robimy w pracy, czy czego uczymy się w szkole, na dwie kategorie: „algorytmiczną" i „heurystyczną". Algorytmiczne zadanie to takie, które wypełniasz, stosując się do zestawu ustalonych instrukcji i podążając jedną jedyną ścieżką aż do końca. Oznacza to, że istnieje algorytm rozwiązania tego zadania. Heurystyczne zadanie jest czymś wręcz przeciwnym. Właśnie dlatego, że nie istnieje żaden jego algorytm, musisz eksperymentować z możliwościami i wymyślać nowatorskie rozwiązania. Praca kasjerki w sklepie spożywczym jest głównie algorytmiczna. Na dobrą sprawę w kółko robi ona dokładnie to samo. Tworzenie kampanii reklamowej jest głównie heurystyczne. Musisz wymyślić coś nowego.

W dwudziestym wieku większość prac była algorytmiczna – i to nie tylko te, które polegały na przykręcaniu tej samej śrubki w tę samą stronę przez cały dzień. Nawet gdy zamienialiśmy pracę fizyczną na umysłową, wykonywane przez nas zadania często były rutynowe. Chodzi o to, że mogliśmy zredukować dużą ich część – w księgowości, prawie, programowaniu komputerów oraz innych dziedzinach – do scenariusza, specyfikacji, wzoru albo szeregu kroków, które dawały właściwą odpowiedź. Natomiast dziś, w sporej części Ameryki Północnej, Europy Zachodniej, Japonii, Korei Południowej i Australii rutynowa praca umysłowa znika. Szybko przenosi się „za morze", gdzie da się ją wykonać taniej. W Indiach, Bułgarii, na Filipinach oraz w innych krajach taki gorzej opłacany pracownik w zasadzie stosuje algorytm, znajduje właściwą odpowiedź i bezzwłocznie dostarcza ją ze swojego komputera komuś oddalonemu o sześć tysięcy mil. Ale wysyłanie pracy za granicę to tylko jedna z presji, jakim podlega opierająca się na regułach „lewopółkulowa" praca. Dokładnie tak jak woły, a następnie podnośniki widłowe zastąpiły człowieka przy prostych pracach fizycznych, tak komputery zastępują nas przy prostych pracach intelektualnych. W czasach, gdy zlecanie wykonywania prac na zewnątrz zaczyna się właśnie rozkręcać, w różnych zawodach software potrafi już wykonywać wiele opartych na regułach zadań lepiej, szybciej i taniej niż my. Oznacza to, że jeśli twój kuzyn, dyplomowany księgowy, wykonuje głównie pracę rutynową, będzie musiał stawić czoło nie tylko konkurencji ze strony zarabiających pięćset dolarów miesięcznie księgowych w Manili, ale również ze strony oprogramowań podatkowych, które każdy może sobie ściągnąć za trzydzieści dolarów. Firma konsultingowa McKinsey & Co. szacuje, że w Stanach tylko 30 procent wzrostu zatrudnienia daje praca algorytmiczna, a 70 procent daje praca heurystyczna.[9] Kluczowy powód: rutynową pracę można zlecić komuś na zewnątrz albo zautomatyzować; z pracą artystyczną, pracą wymagającą empatii, niezrutynizowaną nie da się tego zrobić.[10]

Niesie to niesłychanie szerokie implikacje dla motywacji. Badacze tacy jak Teresa Amabile z Harvard Business School odkryli, że zewnętrzne nagrody i kary – i marchewki, i kije – mogą dobrze działać przy zadaniach algorytmicznych. Ale potrafią w niszczycielski sposób wpływać na zadania heurystyczne. Tego typu ambitne zadania – rozwiązywanie nowych problemów albo tworzenie czegoś, czego światu brakowało, a on nawet o tym nie wiedział – w wysokim stopniu uzależnione są od trzeciego popędu Harlowa. Amabile nazywa go zasadą wewnętrznej motywacji kreatywności, której fragment brzmi: „wewnętrzna motywacja sprzyja kreatywności; nadzorująca motywacja zewnętrzna jest dla kreatywności szkodliwa."[11] Innymi słowy, zasady będące osią Motywacji 2.0 mogą nawet **pogarszać** wyniki heurystycznej, kreatywnej pracy, od której zależą współczesne gospodarki.

Rozkwit i upadek Motywacji 2.0

Po części dzięki temu, że praca stała się bardziej kreatywna, a mniej rutynowa, zaczęła ona również dawać więcej radości. Ten fakt też robi zamieszanie w założeniach Motywacji 2.0, który to system operacyjny opiera się na przekonaniu, że praca z natury **nie** jest przyjemna – i właśnie dlatego musimy zachęcać ludzi zewnętrznymi nagrodami i straszyć zewnętrznymi karami. Psycholog Mihaly Csikszentmihalyi, którego poznamy w Rozdziale 5., dokonał nieoczekiwanego odkrycia, iż ludzie częściej informują, że osiągali stan „optymalnego doświadczenia" podczas pracy niż w czasie wolnym. Ale jeśli praca z natury cieszy coraz większą liczbę osób, to zewnętrzne bodźce, na których zasadza się Motywacja 2.0, stają się mniej potrzebne. Co gorsze, jak zaczął odkrywać Deci czterdzieści lat temu, wprowadzanie pewnych rodzajów nagród zewnętrznych, jeżeli zadanie jest już z natury przyjemne, może często osłabiać motywację i pogarszać wyniki.

I znowu pewne podstawowe koncepcje nagle wydają się mniej niezachwiane. Weźmy osobliwy przykład Vocation Vacation [wakacje z powołaniem]. Interes robi się na tym, że ludzie płacą ciężko zarobione pieniądze... by podjąć się całkiem innej pracy. Wykorzystują swoje wakacje na to, by na próbę zostać szefem kuchni, poprowadzić sklep rowerowy, zarządzać schroniskiem dla zwierząt. Pojawienie się tego przedsięwzięcia oraz jemu podobnych sugeruje, że praca, którą ekonomiści zawsze uważali za „negatywną użyteczność" (coś, czego unikalibyśmy, chyba że w zamian otrzymalibyśmy zapłatę) staje się „pozytywną użytecznością" (czymś, do czego dążylibyśmy nawet przy braku konkretnego zysku).

Na koniec, ponieważ praca ma być ponoć nudna, Motywacja 2.0 utrzymuje, że ludzi trzeba starannie kontrolować, by się nie wymigiwali. Ta koncepcja również traci na ważności i staje się pod wieloma względami mniej prawdopodobna. Weźcie pod uwagę na przykład to, że w samej Ameryce jest 18 milionów „nonemployer businesses", jak nazywa je Biuro Spisu Ludności USA, czyli przedsiębiorstw, w których nie ma opłacanych pracowników. Ponieważ ludzie w tych firmach nie mają żadnych podwładnych, nie mają kim kierować i kogo motywować. Ale ponieważ sami nie maja szefów, nie ma kto nimi kierować i ich motywować. Muszą być samoukierunkowani.

Podobnie ma się sprawa z ludźmi, którzy formalnie rzecz biorąc nie pracują dla siebie. W Stanach Zjednoczonych 33,7 miliona osób wykonuje pracę zdalną w domu za pomocą komputera przynajmniej przez jeden dzień w miesiącu, a 14,7 miliona robi to codziennie – co usuwa pokaźną część siły roboczej z zasięgu wzroku menedżerów i zmusza tych ludzi, by sami kierowali swoją pracą.[12] A jeśli nawet wiele firm nie opowiedziało się jeszcze za zastosowaniem takich środków, na ogół stają się one bardziej „odchudzone" i mniej zhierarchizowane. Starając się zredukować koszty, „okrawają" przerośnięty środek. A to oznacza, że menedżerowie nadzorują więcej ludzi, a przez to mniej dokładnie każdemu się przyglądają.

W miarę jak organizacja ulega spłaszczeniu, firmom coraz bardziej potrzeba pracowników, którzy sami siebie motywują. Zmusza to wiele organizacji, by upodobniły się do... hmm, Wikipedii. Nikt nie „zarządza" Wikipedianami. Nikt nie siedzi i nie zastanawia się, jakby ich tu „zmotywować". I dlatego Wikipedia działa. Rutynowe, nie za bardzo ciekawe zajęcia wymagają kierowania; nierutynowa, bardziej interesująca praca zależy od samoukierunkowania. Jeden z przywódców biznesu, który chciał pozostać anonimowy, powiedział to wyraźnie. Gdy przeprowadza rozmowy kwalifikacyjne, mówi potencjalnym pracownikom: „Jeśli potrzebujecie mnie, żebym was motywował, to ja prawdopodobnie nie chcę was zatrudnić".

PODSUMOWUJĄC, Motywacja 2.0 ma trzy problemy z kompatybilnością. Nie pasuje do sposobu, w jaki wiele nowych modeli biznesowych organizuje to, co robimy – ponieważ jesteśmy wewnętrznie motywowanymi „maksymalizatorami" celu, a nie zewnętrznie motywowanymi „maksymalizatorami" zysku. Nie zgadza się ze sposobem myślenia ekonomistów dwudziestego pierwszego wieku o tym, co robimy – ponieważ ekonomiści w końcu zaczynają sobie uświadamiać, że jesteśmy w pełni rozwiniętymi ludźmi, a nie nakierowanymi na jeden cel robotami. A co być może najważniejsze, trudno jest pogodzić ją z dużą częścią naprawdę wykonywanej przez nas pracy – ponieważ dla rosnącej liczby osób praca często jest twórcza, ciekawa i kierują nią sami, a nie nieubłaganie rutynowa, nudna i kierowana przez innych. W sumie wszystkie te problemy z kompatybilnością ostrzegają nas, że coś się zepsuło w naszym motywacyjnym systemie operacyjnym.

Ale jeżeli mamy zrozumieć dokładnie, co się zepsuło, i zrobić istotny krok naprzód przy tworzeniu nowego systemu, musimy się tym defektom przyjrzeć.

ROZDZIAŁ 2

Siedem powodów, dla których kije i marchewki (często) nie działają...

Jeżeli na ciało nie działa żadna siła lub siły działające się równoważą, to pozostaje ono w spoczynku lub porusza się ruchem jednostajnym po linii prostej.

To pierwsza zasada dynamiki Newtona. Podobnie jak inne zasady Newtona jest elegancka i prosta – co częściowo stanowi o jej sile. Nawet ludzie tacy jak ja, którzy ledwo liznęli fizykę w szkole średniej, potrafią ją zrozumieć i wykorzystać do interpretowania świata.

Podobnie ma się sprawa z Motywacją 2.0. U jej podstaw leżą dwie eleganckie i proste koncepcje:

Nagradzanie jakiejś działalności powoduje, że będzie jej więcej.
Karanie za jakąś działalność powoduje, że będzie jej mniej.

I tak jak zasady Newtona mogą pomóc nam zrozumieć nasze środowisko fizyczne lub wytyczyć tor rzuconej piłki, tak zasady Motywacji 2.0 mogą pomóc nam zrozumieć nasze środowisko społeczne i przewidzieć „trajektorię" zachowania człowieka.

Jednak na poziomie subatomowym fizyka newtonowska zaczyna mieć problemy. W świecie hadronów, kwarków i kota Schrödingera – robi się jakoś dziwnie. Chłodny racjonalizm Isaaca Newtona ustępuje przed niesamowitą nieprzewidywalnością Lewisa Carrolla. Pod tym względem Motywacja 2.0 również jest podobna. Gdy nagrody i kary zetkną się z trzecim popędem, kontrolę wydaje się przejmować coś w rodzaju behawioralnej mechaniki kwantowej i zaczynają się dziać osobliwe rzeczy.

Oczywiście przy każdej dyskusji na temat motywacji w pracy należy wychodzić od prostego z życia wziętego faktu: ludzie muszą na życie zarabiać. Pensje, wypłaty za zlecenia, jakieś bonusy i parę dodatkowych świadczeń nazywam „wynagrodzeniem podstawowym". Jeśli czyjeś wynagrodzenie podstawowe nie jest wystarczające albo sprawiedliwe, taka osoba skupiać się będzie na niesprawiedliwości swojego położenia i niepokoju z nim związanym. A wtedy nie będziesz mieć do czynienia ani z przewidywalnością związaną z zewnętrzną motywacją, ani z dziwacznością związaną z motywacją wewnętrzną. W ogóle motywacji będzie bardzo mało.

Ale kiedy przekroczysz już ten próg, to stosując kij i marchewkę możesz osiągnąć cel wręcz **odwrotny** do zamierzonego. Mechanizmy zaprojektowane po to, by zwiększyć motywację, mogą ją przytłumiać. Taktyki nakierowane na pobudzenie kreatywności mogą ją redukować. Programy mające propagować dobre uczynki mogą doprowadzić do ich zanikania. A zamiast powstrzymywać od negatywnych zachowań, nagrody i kary mogą je wyzwalać – i prowadzić do oszustw, uzależnień i niebezpiecznie krótkowzrocznego myślenia.

Dziwne to. I nie we wszystkich okolicznościach się sprawdza (o czym będzie więcej w dalszym tekście książki). Ale, jak udowadnia eksperyment z łamigłówką Soma Edwarda Deciego, wiele praktyk, których skuteczność przyjmujemy za pewnik, daje niezgodne z intuicją wyniki: mogą nam dać mniej tego, czego chcemy, i więcej tego, czego nie chcemy. To właśnie są wady Motywacji 2.0. I wychodzą one na wierzch niezależnie od tego, czy obiecujemy rupie w Indiach, naliczamy szekle w Izraelu, pobieramy krew w Szwecji czy malujemy portrety w Chicago.

MNIEJ TEGO, CZEGO CHCEMY

Jedna z najbardziej pamiętnych scen, jakie ma do zaproponowania amerykańska literatura, udziela nam ważnej lekcji z motywowania ludzi. W rozdziale drugim *Przygód Tomka Sawyera* Marka Twaina bohatera czeka nudne zadanie w postaci bielenia płotu ciotki Polly, mającego powierzchnię 810 stóp kwadratowych. Nie da się powiedzieć, żeby to zadanie sprawiało mu ogromną przyjemność. „Życie wydawało mu się okropnym jarzmem",[1] pisze Twain.

Ale kiedy Tomek prawie już traci nadzieję, spływa na niego „wielkie, olśniewające natchnienie". I gdy wolnym krokiem mija go jego przyjaciel Ben i pokpiwa sobie z ciężkiego losu Toma, ten udaje zaskoczonego. Chlapanie płotu farbą to nie żadna ponura mordęga, mówi. To fantastyczny przywilej – źródło, hm, wewnętrznej motywacji. Zadanie jest tak urzekające, że gdy Ben prosi, by mógł spróbować parę razy sam machnąć pędzlem, Tom odmawia. I nie ustępuje, dopóki Ben nie odda mu jabłka w zamian za tę możliwość.

Wkrótce pojawia się więcej chłopców, każdy z nich wpada w pułapkę Toma i koniec końców malują za niego płot – kilkakrotnie. Z tego epizodu Twain wyprowadza kluczową zasadę motywacji, a mianowicie „że pracą jest to, co ktoś MUSI robić, a przyjemnością to, czego robić nie musi". I dalej pisze:

> „Wielu bogatych panów w Anglii tłucze się codziennie powozem zaprzęgniętym w czwórkę koni dwadzieścia lub trzydzieści mil na upale – bo ta przyjemność kosztuje ich dużo pieniędzy; ale niechby im kto kazał robić to samo za wynagrodzeniem, poczęliby to uważać za pracę i woleliby z niej zrezygnować".

Innymi słowy, w wyniku stosowania nagród może zadziałać coś w rodzaju dziwacznej behawioralnej alchemii: nagrody mogą zamienić ciekawe zajęcie w harówkę. Mogą zamienić zabawę w pracę.

A zmniejszając wewnętrzną motywację, mogą sprawić, że wydajność, kreatywność, a nawet uczciwe zachowanie powywracają się jak kostki domina. Nazwijmy to Efektem Sawyera.* Przykłady intrygujących eksperymentów z całego świata ujawniają istnienie czterech dziedzin, w których ten efekt się uaktywnia – i po raz kolejny dowodzi niezgodności tego, co wie nauka, z tym, co robi biznes.

Wewnętrzna motywacja

Naukowcy behawioralni, tacy jak Deci, już prawie czterdzieści lat temu zaczęli odkrywać Efekt Sawyera, choć nie używali tej nazwy. Niezgodne z intuicją konsekwencje zewnętrznych bodźców określali oni mianem: „ukryte koszty nagród". I taki nawet tytuł nosiła pierwsza książka na ten temat – praca naukowa z 1978 roku pod redakcją psychologów Marka Leppera i Davida Greene'a.

Jedno z pierwszych badań Leppera i Greene'a (które przeprowadzili razem z trzecim kolegą, Robertem Nisbettem) jest dziełem klasycznym w tej dziedzinie i należy do najczęściej cytowanych artykułów w literaturze motywacyjnej. Ci trzej badacze przez kilka dni obserwowali grupę przedszkolaków i wyłowili te dzieci, które najchętniej spędzały „wolny czas przeznaczony na zabawę" na rysowaniu. Potem zaprojektowali eksperyment, by sprawdzić, jaki wpływ będzie miało nagradzanie tych dzieci za działalność, która wyraźnie je cieszyła.

Naukowcy podzielili dzieci na trzy grupy. Pierwszą była grupa „oczekująca nagrody". Pokazali każdemu z tych dzieci dyplom „dobrego zawodnika" – ozdobiony niebieską wstążką i z wypisanym imieniem dziecka – i zapytali, czy chcą rysować, by tę nagrodę dostać. Dru-

---

* Oto dwustronna definicja Efektu Sawyera: praktyki, które mogą albo zmienić zabawę w pracę, albo pracę w zabawę.

ga grupa to dzieci „nie oczekujące nagrody". Naukowcy po prostu zapytali je, czy mają ochotę rysować. Jeśli się na to zdecydowały, po ukończeniu rysunków naukowcy dawali każdemu dyplom „dobrego zawodnika". Trzecią była grupa „bez nagrody". Naukowcy zapytali te dzieci, czy chcą coś narysować, ale ani nie obiecywali im dyplomu na początku, ani nie dawali im go na końcu.

Po dwóch tygodniach od eksperymentu podczas czasu wolnego na zabawę nauczycielki rozłożyły w przedszkolu kartki papieru i pisaki, a naukowcy potajemnie obserwowali dzieci. Dzieci, które wcześniej były w grupie „nie oczekującej nagrody" oraz tej „bez nagrody", rysowały równie dużo i z taką samą przyjemnością jak przed eksperymentem. Natomiast dzieci z pierwszej grupy – te, które spodziewały się nagrody i ją dostały – były dużo mniej zainteresowane i spędziły dużo mniej czasu na rysowaniu.[2] Zadziałał Efekt Sawyera. Mimo upływu dwóch tygodni nęcące nagrody – tak częste w szkołach i przedszkolach – nadal zmieniały zabawę w pracę.

Postawmy sprawę jasno, to nie tyle same nagrody tłumiły zainteresowanie dzieci. Pamiętacie: gdy dzieci nie oczekiwały nagrody, otrzymanie jej miało niewielki wpływ na ich wewnętrzną motywację. Tylko nagrody **warunkowe** – jeśli to zrobisz, dostaniesz tamto – miały negatywny wpływ. Dlaczego? Nagrody typu „jeśli – to" wymagają od ludzi, by zrezygnowali z części swojej autonomii. Jak ci dżentelmeni, którzy jeździli powozami za pieniądze, zamiast dla przyjemności; nie kontrolowali już swojego życia w pełni. A to może zrobić dziurę w dnie wiadra z motywacją i z działalności wycieknie związana z nią przyjemność.

Lepper i Greene otrzymywali powtarzalne wyniki kilkakrotnie w kolejnych eksperymentach z dziećmi. Z upływem czasu inni naukowcy otrzymali podobne wyniki u dorosłych. Setki razy przekonywali się, że zewnętrzne nagrody – a konkretnie nagrody warunkowe, oczekiwane, typu „jeśli – to" – tłumią trzeci popęd.

Te spostrzeżenia okazały się tak kontrowersyjne – w końcu kwestionowały standardowe praktyki większości firm i szkół – że w 1999 roku Deci z dwoma kolegami ponownie przeanalizował dotyczące tego tematu badania z okresu prawie trzydziestu lat, by potwierdzić ich wyniki. Ustalił, że „staranna analiza oddziaływania nagród, jakie zaobserwowano podczas 128 eksperymentów, prowadzi do wniosku, że materialne nagrody wywierają zwykle istotny negatywny wpływ na wewnętrzną motywację. Kiedy instytucje – na przykład rodziny, szkoły, przedsiębiorstwa i drużyny sportowe – skupiają się na tym, co krótkoterminowe, i decydują się na kontrolowanie zachowania ludzi", wyrządzają na dłuższą metę znaczne szkody.[3]

Spróbuj zachęcić dzieciaka do nauki matematyki, płacąc mu za każdą stronę rozwiązanych ćwiczeń – a z pewnością stanie się bardziej pilny na krótką metę, na dłuższą zaś straci zainteresowanie matematyką. Weź specjalistkę od wzornictwa przemysłowego, która kocha swoją pracę, i spróbuj sprawić, by pracowała lepiej, uzależniając jej płacę od jakiegoś wystrzałowego produktu; z pewnością na krótką metę będzie pracowała jak szalona, ale na dłuższą metę będzie mniej zainteresowana swoją pracą. Jak napisano w jednym z wiodących podręczników nauki behawioralnej: „Ludzie stosują nagrody, spodziewając się, iż przyniesie im to korzyść w postaci zwiększenia motywacji drugiego człowieka i jego lepszego postępowania, ale robiąc to, często mimowolnie obciążają siebie ukrytymi kosztami, związanymi z podkopaniem wewnętrznej motywacji tego człowieka do działania".[4]

Jest to jedno z najbardziej solidnych odkryć w naukach społecznych – i również jedno z najczęściej ignorowanych. Pomimo pracy kilku zdolnych i zapalonych propagatorów – w szczególności Alfiego Kohna, który w swojej proroczej książce z 1993 roku *Ukarani przez nagrody* zamieszcza druzgocące oskarżenie zewnętrznych bodźców, obstajemy przy próbach motywowania ludzi w ten właśnie sposób. Może boimy się zapomnieć o Motywacji 2.0, pomimo jej oczywistych minusów. Może nie jesteśmy w stanie poukładać sobie w głowie osobliwej mechaniki kwantowej wewnętrznej motywacji.

Albo może istnieje jakiś lepszy powód. Nawet jeśli nagrody typu „jeśli – to" uaktywniają Efekt Sawyera i duszą trzeci popęd, może naprawdę sprawiają one, że ludzie działają lepiej. Jeśli tak by się sprawy miały, może nie są takie złe. Zadajmy więc sobie pytanie: czy zewnętrzne nagrody pobudzają motywację? Czterech ekonomistów udało się do Indii, by to sprawdzić.

Wysokie wyniki

Jednym z problemów przy eksperymentach laboratoryjnych, w których sprawdza się wpływ zewnętrznych motywatorów takich jak gotówka, jest ich koszt. Jeśli zamierzasz płacić ludziom, żeby coś zrobili, musisz zapłacić im sensowną ilość pieniędzy. A w Stanach Zjednoczonych oraz w Europie, gdzie standard życia jest wysoki, taka sensowna ilość pieniędzy pomnożona przez dziesiątki uczestników może nabić tak wysoki rachunek, że naukowcy behawioralni nie będą w stanie go zapłacić.

Między innymi po to, by ominąć ten problem, czterech ekonomistów – łącznie z Danem Ariely, o którym wspominałem w poprzednim rozdziale – otworzyło interes w Madurai w Indiach, by tam oceniać wpływ zewnętrznych bodźców na wyniki. Ponieważ koszty życia na terenach wiejskich w Indiach są dużo niższe niż w Północnej Ameryce, naukowcy mogli zaproponować wysokie nagrody, nie rujnując się.

Zatrudnili osiemdziesięciu siedmiu uczestników i poprosili ich, by zagrali w kilka gier – rzucali na przykład piłkami tenisowymi do celu, rozszyfrowywali anagramy, zapamiętywali ciąg cyfr – które wymagały umiejętności motorycznych, kreatywności albo koncentracji. By sprawdzić siłę bodźców, badacze proponowali trzy rodzaje nagród za osiągnięcie pewnego poziomu wyników.

Jedna trzecia uczestników mogła zdobyć niewielką nagrodę – 4 rupie (w tamtych czasach była to równowartość około 50 centów amerykańskich, tyle mniej więcej wynosił dzienny zarobek w Madurai) za osiągnięcie docelowych wyników. Jedna trzecia mogła zdobyć średnią nagrodę – 40 rupii (około 5 dolarów lub dwutygodniowy zarobek).

A jedna trzecia mogła zdobyć bardzo wysoką nagrodę – 400 rupii (około 50 dolarów lub prawie pięciomiesięczny zarobek).
Co się stało? Czy wysokość nagrody pozwalała przewidzieć jakość wyników?
Tak. Ale nie w ten sposób, jakiego byś oczekiwał. Jak się okazało, ci, którym zaoferowano średnią premię, wcale nie wypełniali swoich zadań lepiej niż ci, którym zaproponowano niską premię. A ludzie w najsilniej bodźcowanej, po 400 rupii, grupie? Tym szło najgorzej. Prawie pod każdym względem pozostawali w tyle zarówno za uczestnikami dostającymi małe, jak i średnie nagrody. Relacjonując te wyniki Bankowi Rezerw Federalnych w Bostonie, badacze napisali: „W ośmiu zadaniach na dziewięć, jakimi zajmowaliśmy się w tych trzech eksperymentach, silniejsze bodźce prowadziły do **gorszych** wyników".[5]

Wróćmy jeszcze na moment do tego wniosku. Czterech ekonomistów – dwóch z MIT, jeden z Carnegie Mellon i jeden z Uniwersytetu w Chicago – podejmuje badania dla Systemu Rezerwy Federalnej, jednego z najpotężniejszych aktorów w światowej gospodarce. Ale wyniki ich badań, zamiast potwierdzić prostą zasadę biznesową – wyższe nagrody prowadzą do lepszych wyników – wydają się ją obalać. A do takich niezgodnych z intuicją wniosków dochodzą nie tylko amerykańscy naukowcy. W 2009 roku naukowcy z London School of Economics – Alma Mater jedenastu laureatów nagrody Nobla z ekonomii – przeanalizowali pięćdziesiąt jeden badań planów płacenia za wydajność w firmach. Ich wniosek jest następujący: „Przekonaliśmy się, że bodźce finansowe... mogą prowadzić do negatywnego wpływu na całkowitą wydajność"[6]. Po obu stronach Atlantyku rozbieżność pomiędzy tym, czego uczy nauka, a tym, co robi biznes, jest ogromna.

„Wiele istniejących instytucji stosuje bardzo silne bodźce przy dokładnie tego typu zadaniach, jakie wykorzystaliśmy tutaj", pisał Ariely i jego koledzy. „Nasze wyniki podważają [to] założenie. Nasz eksperyment sugeruje... że nie można zakładać, iż wprowadzenie albo zwiększanie bodźców zawsze poprawi wydajność". A nawet w wielu przypadkach bodźce warunkowe – będące kamieniem węgielnym metod, jakimi przedsiębiorstwa starają się motywować pracowników – mogą być „propozycją przynoszącą straty".

Oczywiście, pomimo wykazujących opieszałość pisarzy, niewielu z nas spędza godziny pracy na rzucaniu tenisowymi piłkami albo rozwiązywaniu anagramów. A co z bardziej kreatywnymi zadaniami, bardziej zbliżonymi do tego, co faktycznie robimy w pracy?

Kreatywność

Rzadko jakieś doświadczenie przydaje się bardziej przy przeprowadzaniu szybkiego testu na sprawność rozwiązywania problemów niż „problem świecy". Wymyślony w latach trzydziestych dwudziestego wieku przez psychologa Karla Dunckera problem świecy wykorzystywany jest przy wielu różnych eksperymentach w naukach behawioralnych. Zapraszam, przekonaj się, jak ci pójdzie.

Siedzisz przy stole pod drewnianą ścianą, eksperymentator wręcza ci materiały przedstawione poniżej: świeczkę, trochę pluskiewek i kartonik z zapałkami.

Przedstawienie problemu świeczki.

Masz za zadanie przymocować świeczkę do ściany w taki sposób, by wosk nie kapał na stół. Zastanów się przez chwilę, jak byś rozwiązał ten problem. Wiele osób zaczyna od próby przytwierdzenia świecy do ściany za pomocą pluskiewek. Ale to nie działa. Niektórzy zapalają zapałkę, nadtapiają świeczkę z boku i próbują przykleić ją do ściany. Tak również się nie da. Ale po pięciu lub dziesięciu minutach większość ludzi wpada na rozwiązanie, które możecie zobaczyć poniżej.

Rozwiązanie problemu świeczki.

Kluczem jest pokonanie czegoś, co nosi nazwę „fiksacji funkcjonalnej". Patrzysz na pudełko i widzisz tylko jedną jego funkcję – pojemnik na pluskiewki. Ale jak się ponownie zastanowisz, to w końcu zrozumiesz, że pudełko może pełnić inną funkcję – podstawki pod świecę. Żeby wrócić do słownictwa z poprzedniego rozdziału: rozwiązanie nie jest algorytmiczne (podążanie wyznaczoną ścieżką), ale heurystyczne (zejście z tej ścieżki, by odkryć nowatorską strategię).

A co dzieje się, kiedy stawiasz ludzi przed wyzwaniem koncepcyjnym takim jak to i proponujesz im nagrodę za szybkie jego rozwiązanie? Sam Glucksberg, psycholog pracujący obecnie na Uniwersytecie Princeton, sprawdził to kilkadziesiąt lat temu, ustalając, jak szybko dwie grupy uczestników rozwiążą problem świecy. Pierwszej grupie powiedział, że mierzy czas tylko po to, by ustalić normy czasowe dla rozwiązywania tego typu zagadki. Drugiej grupie zaproponował bodźce. Jeśli czas, jaki osiągnął uczestnik, znalazł się wśród 25 procent najlepszych wyników, uczestnik taki otrzymywał 5 dolarów. Dla tego, który rozwiązał zagadkę w najkrótszym czasie ze wszystkich, nagroda miała wynosić 20 dolarów. Jeśli wprowadzić korektę na inflację, będą to przyzwoite pieniądze za kilka minut wysiłku – niezły motywator.

O ile szybciej bodźcowana grupa wymyśliła rozwiązanie? Średnio zajęło im to około trzy i pół minuty **dłużej**.[7] Tak, trzy i pół minuty dłużej. (Kiedy przytaczam te wyniki grupie biznesmenów, reakcją prawie zawsze jest głośne, zbolałe, mimowolne westchnienie.) Przecząc wprost podstawowym zasadom Motywacji 2.0, bodziec zaprojektowany tak, by pomagał klarowniej myśleć i potęgował kreatywność, w ostatecznym rozrachunku przyćmiewał myślenie i kreatywność przytłumiał. Dlaczego? Nagrody, z samej swojej natury, zawężają nasze pole widzenia. To pomaga, jeśli do rozwiązania prowadzi wyraźna ścieżka. Wtedy pomagają nam patrzeć przed siebie i pędzić szybciej. Ale motywatory typu „jeśli – to" są beznadziejne, gdy chodzi o zadania takie jak problem świecy. Jak dowodzi ten eksperyment, nagrody zawężały ludziom pole widzenia i zakładały im klapki na oczy, uniemożliwiając szersze spojrzenie, dzięki któremu mogliby zobaczyć nowe zastosowania dla starych przedmiotów.

Wydaje się, że coś podobnego dzieje się w przypadku zadań, których rozwiązywanie polega nie tyle na rozgryzieniu istniejącego problemu, ile na wielokrotnym wynajdywaniu czegoś nowego. Teresa Amabile, profesor na Harvard Business School i jedna z wiodących badaczek kreatywności na świecie, często badała wpływ nagród warunkowych na proces twórczy. Do jednego z badań ona i dwóch jej kolegów zwerbowali dwudziestu trzech zawodowych malarzy ze Stanów Zjednoczonych, którzy tworzyli prace zarówno na zamówienie, jak i bez zamówienia. Poprosili ich, by losowo wybrali dziesięć prac wykonanych na zamówienie i dziesięć nie na zamówienie. Potem Amabile i jej zespół przekazali te dzieła zespołowi znakomitych artystów i kustoszy, którzy nie wiedzieli nic o przeprowadzanym badaniu, i poprosili ekspertów, by ocenili te dzieła pod względem kreatywności i umiejętności technicznych.

„Nasze wyniki były całkiem zaskakujące", napisali badacze. „Prace wykonywane na zamówienie zostały ocenione jako znacząco mniej kreatywne niż prace wykonywane nie na zamówienie, chociaż zgodnie z oceną nie różniły się od siebie pod względem jakości technicznej. Co więcej, malarze stwierdzali, że czuli się wyraźnie bardziej skrępowani, kiedy wykonywali prace na zamówienie, niż kiedy wykonywali prace bez zamówienia". Jeden z malarzy, z którym badacze przeprowadzili rozmowę, opisał Efekt Sawyera w działaniu:

Nie zawsze, ale często, kiedy robisz obraz dla kogoś, malowanie staje się bardziej „pracą" niż przyjemnością. Kiedy pracuję dla siebie, odczuwam czystą radość tworzenia i mogę pracować przez całą noc i nawet tego nie zauważyć. Przy obrazie na zamówienie człowiek musi się pilnować – uważać, by robił to, czego chce klient.[8]

Inne badanie z udziałem artystów, które obejmowało dłuższy okres czasu, dowodzi, że przejmowanie się zewnętrznymi nagrodami może nawet utrudnić osiągnięcie ewentualnego sukcesu. Na początku lat sześćdziesiątych badacze przeprowadzili ankietę wśród studentów drugiego i trzeciego roku School of the Art Institute w Chicago na temat ich podejścia do pracy oraz tego, czy motywowani są bardziej wewnętrznie czy zewnętrznie. Wykorzystując te dane jako punkt odniesienia, inny naukowiec przeprowadził kolejne badanie tych studentów na początku lat osiemdziesiątych, by sprawdzić, jak rozwijała się ich kariera. Oto jeden z najtrudniejszych do zaakceptowania wniosków, szczególnie dla mężczyzn: „Im mniej dowodów na zewnętrzną motywację w trakcie nauki w szkole artystycznej, tym większe sukcesy w profesjonalnej sztuce zarówno kilka lat po ukończeniu szkoły, jak i dwadzieścia lat później". Malarze i rzeźbiarze, którzy byli wewnętrznie zmotywowani, ci, dla których radość z dokonywania odkryć i wyzwanie, jakim jest tworzenie, stanowiły nagrodę samą w sobie, byli w stanie przetrwać ciężkie czasy – oraz brak wynagrodzenia i uznania – które nieuchronnie towarzyszą karierom artystów. A to prowadziło do kolejnego paradoksu ze świata trzeciego popędu, tej Krainy Czarów Alicji Lewisa Carrolla. „Ci artyści, którzy zajmowali się malarstwem i rzeźbą bardziej dla przyjemności, jaką niosła sama ta działalność, niż dla zewnętrznych nagród, tworzyli dzieła sztuki, które zostały przez społeczeństwo uznane za lepsze", stwierdzono w badaniu. „To ci, którzy mają najsłabszą motywację, by gonić za zewnętrznymi nagrodami, w końcu je otrzymują".[9]

Powyższe wyniki dotyczą oczywiście nie wszystkich zadań. Amabile i inni przekonali się, że zewnętrzne motywatory mogą skutecznie działać przy zadaniach algorytmicznych – tych, które polegają na postępowaniu zgodnie z istniejącą formułą do jej logicznego zakończenia. Ale dla przedsięwzięć angażujących bardziej prawą półkulę mózgu – tych, które wymagają elastycznego rozwiązywania problemów, pomysłowości czy koncepcyjnego rozumienia – warunkowe nagrody mogą być niebezpieczne. Osoby nagradzane często mają większe trudności, by zobaczyć coś, co jest na obrzeżach, i wymyślić oryginalne rozwiązanie. To również jest jedno z najbardziej niepodważalnych odkryć w naukach społecznych – szczególnie że Amabile i inni dopracowali je przez lata.[10] Dla artystów, naukowców, wynalazców, uczniów oraz dla reszty z nas wewnętrzna motywacja – popęd, by robić coś dlatego, że to jest ciekawe, ambitne i absorbujące – jest niezbędna dla osiągania wysokich poziomów kreatywności. Natomiast motywatory typu „jeśli – to", które są standardem dla większości biznesów, często raczej hamują kreatywne myślenie, zamiast je pobudzać. Im dalej gospodarka przesuwa się w kierunku bardziej „prawopółkulowej", koncepcyjnej pracy – gdy coraz więcej z nas ma do czynienia z naszymi własnymi wersjami problemu świecy – tym bardziej niepokojąca może być rozbieżność pomiędzy tym, co wie nauka, a tym, co robi biznes.

Dobre zachowanie

Filozofowie i lekarze od dawna debatowali nad tym, czy dawcom krwi powinno się płacić. Niektórzy twierdzą, że krew, podobnie jak ludzkie tkanki i organy, jest czymś wyjątkowym, więc nie powinniśmy móc jej kupować i sprzedawać jak baryłkę ropy lub skrzynkę łożysk kulkowych. Inni argumentują, że powinniśmy tę przesadną delikatność odłożyć ad acta, ponieważ płacenie za tę substancję zapewni nam wystarczającą jej podaż.

Jednak w 1970 roku brytyjski socjolog Richard Titmuss, który prowadził badania nad oddawaniem krwi w Wielkiej Brytanii, wystąpił z bardziej odważnym przypuszczeniem. Płacenie za krew jest nie tylko niemoralne, stwierdził. Jest również nieskuteczne. Gdyby Wielka Brytania zdecydowała się płacić obywatelom za oddawanie krwi, **zmniejszyłoby** to krajowe zapasy. Bez dwóch zdań był to zwariowany pogląd. Ekonomiści podśmiewali się z niego. A Titmuss nigdy go nie sprawdził w praktyce; miał tylko takie filozoficzne przeczucie.[11]

Ale ćwierć wieku później dwóch szwedzkich ekonomistów postanowiło sprawdzić, czy Titmuss miał rację. Prowadząc ciekawe doświadczenie w terenie, odwiedzili regionalną stację krwiodawstwa w Göteborgu i znaleźli 153 kobiety zainteresowane oddawaniem krwi. Potem – jak mają chyba w zwyczaju badacze motywacji – podzielili je na trzy grupy.[12] Eksperymentatorzy powiedzieli kobietom w pierwszej grupie, że oddają krew na ochotnika. Te uczestniczki mogły oddać krew, ale nie otrzymają za to żadnej zapłaty. Drugiej grupie zaproponowali inny układ. Jeśli jej uczestniczki oddadzą krew, każda dostanie 50 szwedzkich koron (około 7 dolarów). Trzecia grupa otrzymała inną wersję drugiej oferty: zapłatę wynoszącą 50 koron, z opcją, by natychmiast przekazać te pieniądze na organizację charytatywną zajmującą się rakiem u dzieci.

W pierwszej grupie 52 procent kobiet zdecydowało się na oddanie krwi. Najwyraźniej były to altruistyczne obywatelki, gotowe spełnić dobry uczynek na rzecz współobywateli Szwedów nawet przy braku rekompensaty.

A druga grupa? Motywacja 2.0 sugerowałaby, że chęć tej grupy do oddawania krwi mogłaby być nieco silniejsza. Przecież pojawiły się, co wskazywało na motywację wewnętrzną. Otrzymanie na dodatek kilku koron mogłoby wzmocnić ten impuls. Ale – jak może już zgadliście – stało się inaczej. W tej grupie tylko 30 procent kobiet zdecydowało się oddać krew. Zamiast zwiększyć liczbę dawczyń, propozycja zapłaty **zmniejszyła** ich liczbę prawie o połowę.

Tymczasem trzecia grupa, która miała możliwość przekazania zapłaty bezpośrednio na cel dobroczynny, zareagowała bardzo podobnie jak grupa pierwsza. Pięćdziesiąt trzy procent kobiet zostało dawczyniami krwi.*

Przeczucie Titmussa mimo wszystko mogło być słuszne. Wprowadzenie dodatkowego bodźca finansowego nie poskutkowało pomnożeniem pożądanych zachowań. Doprowadziło do zmniejszenia ich ilości. Powód: skaziło altruistyczny postępek i „wyparło" wewnętrzne pragnienie, by zrobić coś dobrego.[13] A przy oddawaniu krwi chodzi o dobry uczynek. W broszurkach Amerykańskiego Czerwonego Krzyża możemy przeczytać, że daje to „uczucie, którego za pieniądze kupić się nie da". To dlatego oddawanie krwi na ochotnika niezmiennie rośnie podczas klęsk żywiołowych oraz innych katastrof.[14] Ale gdyby rządy miały płacić ludziom za pomaganie sąsiadom podczas takich kryzysów, wolontariusze mogliby oddawać mniej krwi.

Skoro już to zostało powiedziane, zwróćmy teraz uwagę, że w szwedzkim przykładzie sama nagroda nie była z natury destruktywna. Opcja, by od razu przekazać otrzymane 50 koron, a nie schować je do kieszeni, wydawała się neutralizować wpływ zapłaty. To również jest niezwykle ważne. Nie jest tak, że wszystkie nagrody są zawsze złe. Kiedy na przykład włoski rząd zaczął płacić dawcom krwi za czas, na który zwalniali się z pracy, ilość oddawanej krwi wzrosła.[15] Prawo usunęło przeszkodę z drogi do altruizmu. Tak więc, chociaż znaleźliby się zwolennicy teorii, że na-

---

* W tym eksperymencie wyniki dla 119 mężczyzn były nieco inne. Zapłata nie wywarła żadnego statystycznie znaczącego wpływu, ani pozytywnego, ani negatywnego, na decyzję o oddaniu krwi.

grody z zasady są złe, którzy chcieliby was do tego przekonać, doświadczenia ich poglądu nie potwierdzają. Prawda jest taka, że łączenie nagród z interesującymi ze swej natury kreatywnymi czy szlachetnymi zadaniami – wykorzystywanie ich bez zrozumienia szczególnej nauki, jaką jest motywacja – to bardzo niebezpieczna gra. Kiedy w tych sytuacjach wykorzystuje się nagrody typu „jeśli – to", przynoszą one więcej szkody niż pożytku. Przez to, że zaniedbują elementy prawdziwej motywacji – autonomię, mistrzostwo i cel – ograniczają to, co każdy z nas może osiągnąć.

WIĘCEJ TEGO, CZEGO NIE CHCEMY

W postawionym na głowie świecie trzeciego popędu nagrody często mogą generować mniej tego, do generowania czego miały zachęcać. Ale to jeszcze nie wszystko. Jeśli w sposób niewłaściwy zastosować motywatory zewnętrzne, mogą one prowadzić do jeszcze jednego niezamierzonego skutku: mogą dać nam więcej tego, czego nie chcemy. Tu znowu praktyki biznesu nie dogoniły jeszcze tego, co wie nauka. A nauka ujawnia, że kij i marchewka mogą sprzyjać złemu zachowaniu, stwarzać uzależnienia i zachęcać do krótkoterminowego myślenia kosztem długoterminowej perspektywy.

Nieetyczne zachowanie

Co może być bardziej wartościowe niż posiadanie celu? Od najmłodszych lat nauczyciele, trenerzy i rodzice radzą nam, byśmy stawiali sobie cele i usilnie pracowali nad ich realizacją – i mają ku temu dobre powody. Cele działają. Literatura naukowa dowodzi, że cele – pomagając nam ignorować to, co nas rozprasza – mogą nas skłonić, byśmy się bardziej starali, dłużej pracowali i więcej osiągali.

Jednak ostatnio grupa naukowców z Harvard Business School, Kellogg School of Management, Uniwersytetu Northwestern, Eller College of Management, Uniwersytetu Arizony oraz Wharton School Uniwersytetu Pensylwanii zakwestionowała efektywność tej ogólnej recepty na postępowanie. „Zamiast proponować wyznaczanie celów jak jakąś «maść bez recepty» na podnoszenie wyników, powinno się je przepisywać selektywnie i opatrywać nalepką ostrzegawczą oraz uważnie monitorować", napisali.[16] Cele, które ludzie sobie sami stawiają i które mają prowadzić do osiągania mistrzostwa, zazwyczaj są zdrowe. Ale cele narzucane przez innych – wysokość sprzedaży, zyski kwartalne, standaryzowane wyniki testów i tak dalej – mogą czasem mieć niebezpieczne skutki uboczne.

Jak wszystkie motywatory zewnętrzne, cele zawężają nasze pole widzenia. To jeden z powodów, dla których mogą skutecznie działać: skupiają umysł. Ale, jak widzieliśmy, zawężone skupienie pociąga za sobą koszty. Przy złożonych i koncepcyjnych zadaniach proponowanie nagrody może zakładać klapki na „panoramiczne" myślenie, które konieczne jest, by wymyślić jakieś nowatorskie rozwiązanie. Podobnie, gdy zewnętrzny cel jest czymś nadrzędnym – szczególnie cel krótkoterminowy, mierzalny, którego osiągnięcie przynosi duże zyski – jego obecność może ograniczać to, jak postrzegamy nasze zachowanie w szerszym wymiarze. Jak pisze kadra profesorska szkoły biznesu, „Istnieją solidne dowody, że wyznaczanie celów może nie tylko motywować do podejmowania konstruktywnego wysiłku, ale również skłaniać do nieetycznego zachowania".

Naukowcy zaznaczają, że przykładów na to jest mnóstwo. Sears narzuca swoim pracownikom warsztatów samochodowych kwoty sprzedaży, a pracownicy w reakcji na to zawyżają cenę klientom i dokonują niepotrzebnych napraw. Enron ustala jako cel wysokie przychody – i niewykluczone, że pośpiech, by osiągnąć je za wszelką cenę, katalizuje upadek firmy. Fordowi tak zależy na wyprodukowaniu samochodu o konkretnym ciężarze, w konkretnej cenie i konkretnym terminie, że pomija testy bezpieczeństwa i wypuszcza niebezpiecznego Forda Pinto.

Problem w tym, że jeżeli uzna się nagrodę zewnętrzną za jedyny ważny cel, to znajdą się ludzie, którzy wybiorą najszybszą drogę do tego celu, nawet jeśli będzie to oznaczało zejście na drogę występku.

Siedem powodów, dla których kije i marchewki (często) nie działają...

I rzeczywiście, większość skandali i niewłaściwych postępków, które są chyba endemiczne dla współczesnego życia, wiąże się z chodzeniem na skróty. Kierownicy tak żonglują swoimi kwartalnymi dochodami, by zgarnąć jakąś premię za wyniki. Wychowawcy w szkołach średnich tak preparują wykazy ocen swoich uczniów z ostatnich klas, by ci dostali się na studia.[17] Sportowcy wstrzykują sobie sterydy, by zająć lepsze miejsce w rankingu i uruchomić lukratywne premie za wyniki.

Porównaj to podejście z postępowaniem wynikającym z wewnętrznej motywacji. Kiedy nagrodą jest sama działalność – pogłębienie wiedzy, zachwycenie klientów, dawanie z siebie wszystkiego – wtedy nie ma chodzenia na skróty. Jedyną drogą do celu jest droga uczciwości. W pewnym sensie działanie nieetyczne jest niemal niemożliwe, ponieważ osobą stawianą przeze mnie w niekorzystnej sytuacji jestem ja sam.

Oczywiście nie wszystkie cele są równe. I – pozwólcie, że to podkreślę – cele i zewnętrzne nagrody nie są z natury demoralizujące. Ale cele są bardziej toksyczne, niż skłonna jest przyznać Motywacja 2.0. Profesorowie ze szkół biznesu sugerują nawet, że powinno się je wyposażać w naklejki ostrzegawcze: *Cele mogą systematycznie przysparzać organizacjom problemów wynikających z zawężonego pola widzenia, nieetycznego postępowania, większej skłonności do podejmowania ryzyka, mniejszej skłonności do współpracy oraz zmniejszonej motywacji wewnętrznej. Bądź ostrożny przy stosowaniu celów w swojej organizacji.*

Jeśli marchewki-jako-cele czasami zachęcają do niegodnego zachowania, to kije-jako-kary powinny od takiego zachowania powstrzymać, prawda? Nie tak szybko. Trzeci popęd jest mniej mechanistyczny i bardziej zaskakujący, jak to odkryło dwóch izraelskich ekonomistów w kilku dziennych centrach opieki nad dziećmi.

W 2000 roku ekonomiści Uri Gneezy i Aldo Rustichini prowadzili przez dwadzieścia tygodni badania grupy dzieci w ośrodkach opieki nad dziećmi w Hajfie w Izraelu.[18] Ośrodki otwierano o 7:30, a zamykano o 16:00. Rodzice mieli obowiązek odbierać dzieci przed zamknięciem, bo inaczej nauczyciel musiał zostawać po godzinach.

Przez pierwsze cztery tygodnie eksperymentu ekonomiści odnotowywali, ilu rodziców spóźnia się w każdym tygodniu. Potem, przed piątym tygodniem, za pozwoleniem ośrodków opieki wywiesili ogłoszenie następującej treści:

OGŁOSZENIE:
GRZYWNA ZA SPÓŹNIANIE SIĘ

Jak wszyscy państwo wiecie, dzienne centrum opieki nad dziećmi zamykane jest oficjalnie o godzinie 16:00 każdego dnia. Ponieważ niektórzy rodzice się spóźniają, postanowiliśmy (za zgodą władz prywatnych ośrodków opieki dziennej w Izraelu) obciążyć grzywną rodziców, którzy za późno przychodzą odebrać swoje dzieci.

Od następnej niedzieli począwszy, naliczana będzie grzywna wysokości NS 10* za każdym razem, gdy dziecko zostanie odebrane po 16:10. Ta grzywna rozliczana będzie miesięcznie, należy ją uiścić razem z comiesięczną opłatą.

Z poważaniem
kierownictwo ośrodka opieki dziennej

Teoria, na podstawie której wprowadzano tę grzywnę, była prosta, twierdzili Gneezy i Rustichini: „Kiedy obciąży się jakieś postępowanie negatywnymi konsekwencjami, doprowadzi to do zredukowania tej konkretnej reakcji". Innymi słowy, uderz w rodziców grzywną, a przestaną się spóźniać.

Ale stało się inaczej. „Po wprowadzeniu grzywny zaobserwowaliśmy stały **wzrost** liczby spóźniających się rodziców" – napisali ekonomiści. „Tempo zmian w końcu spadło, a liczba spóźnialskich ustaliła się na wyższym poziomie, **przekraczającym niemal dwukrotnie** po-

---

[*] Grzywna naliczana była od dziecka, tak więc rodzic z dwójką dzieci musiałby zapłacić dwadzieścia izraelskich szekli (NS 20) za każdy przypadek spóźnienia się. Gdy ten eksperyment był przeprowadzany, dziesięć szekli odpowiadało mniej więcej trzem dolarom amerykańskim.

ziom początkowy".[19] Autorzy piszą językiem przypominającym drapiącego się po głowie Harry'ego Harlowa, że istniejąca literatura nie tłumaczy takiego wyniku. Oraz że „możliwość, by postępowanie, za które karano, się nasiliło, nie była nawet brana pod uwagę".
Wyskoczyła nam tu kolejna usterka w Motywacji 2.0. Jednym z powodów, dla których większość rodziców pojawiała się punktualnie, było to, iż utrzymywali jakieś stosunki z nauczycielami – którzy w końcu troszczyli się o ich najdroższych synków i córeczki – i chcieli być w stosunku do nich w porządku. Rodzice odczuwali wewnętrzną potrzebę, by skrupulatnie przestrzegać punktualności. Jednak zagrożenie grzywną – podobnie jak obiecane korony w eksperymencie z krwią – odepchnęło ten trzeci popęd na bok. Grzywna przesunęła decyzję rodziców z częściowo moralnego obowiązku (postępuj fair w stosunku do nauczycieli swoich dzieci) na pole czystej transakcji (mogę kupić dodatkowy czas). Na jedno i drugie jednocześnie nie było miejsca. Kary nie propagowały dobrego zachowania; one je wyparły.

Uzależnienie

Niektórzy naukowcy przekonani są, że motywatory typu „jeśli – to" oraz inne zewnętrzne nagrody przypominają leki na receptę, które potencjalnie mogą mieć niebezpieczne skutki uboczne, natomiast inni uważają, że są one raczej jak nielegalne narkotyki, które sprzyjają głębszemu i bardziej szkodliwemu uzależnieniu. Zdaniem tych ostatnich nagrody pieniężne oraz błyszczące trofea na początku mogą dostarczyć rozkosznego dreszczyku przyjemności, ale to uczucie szybko zanika – i po to, by je podtrzymywać, biorca potrzebuje coraz większych i coraz częstszych dawek.
Żeby zademonstrować ten efekt, rosyjski ekonomista Anton Suvorov skonstruował złożony model ekonometryczny w oparciu o tak zwaną „teorię przełożonego-agenta". Pomyśl o przełożonym jako o *motywującym* – pracodawcy, nauczycielu, rodzicu. Pomyśl o agencie jako o *motywowanym* – pracowniku, uczniu, dziecku. W zasadzie przełożony stara się

skłonić agenta, by ten zrobił to, czego chce przełożony, natomiast agent utrzymuje równowagę pomiędzy interesem własnym a tym, co proponuje przełożony. Za pomocą całego zestawu skomplikowanych równań, które sprawdzają przeróżne układy pomiędzy przełożonym a agentem, Suvorov doszedł do wniosków intuicyjnie zrozumiałych dla rodziców, którzy starali się nakłonić swoje dzieci, by wyrzuciły śmieci.

Proponując nagrodę, przełożony sygnalizuje agentowi, że zadanie jest czymś niepożądanym. (Gdyby było czymś pożądanym, agent nie potrzebowałby zachęty.) Ale ten początkowy sygnał i nagroda, jaka się z nim wiąże, zmusza przełożonego do wstąpienia na drogę, z której trudno zejść. Jeśli zaproponuje zbyt małą nagrodę, agent się nie podporządkuje. Ale jeśli zaproponuje nagrodę na tyle atrakcyjną, by agent wykonał zadanie za pierwszym razem, to „będzie skazany na to, by dać ją znowu za drugim razem". Nie ma odwrotu. Zapłać synowi za wyniesienie śmieci, a praktycznie masz to jak w banku, że dzieciak już nigdy nie zrobi tego za darmo. Co więcej, kiedy początkowy miły szmerek finansowy przycichnie, prawdopodobnie będziesz musiał podnieść zapłatę, by agent nadal się podporządkowywał.

Jak wyjaśnia Suvorov, „Nagrody uzależniają w tym sensie, że gdy raz się taką warunkową nagrodę zaproponuje, powoduje ona, że agent będzie się jej spodziewał za każdym razem, kiedy staje przed podobnym zadaniem, co z kolei zmusza przełożonego do ciągłego stosowania nagród. A wkrótce obecnie istniejąca nagroda może nie wystarczyć. Szybko przestanie być odbierana jak premia, a stanie się czymś w rodzaju status quo – i zmusi przełożonego, by oferował większe nagrody, żeby osiągnąć ten sam efekt".[20]

Ten uzależniający wzorzec nie jest jedynie szkolną teorią. Brian Knutson, wówczas neurobiolog z National Institute on Alcohol Abuse and Alcoholism, wykazał to samo w eksperymencie, w którym wykorzystał technikę skanowania mózgu znaną jako funkcjonalny rezonans magnetyczny (fMRI). Umieszczał zdrowych wolontariuszy w gigantycznym skanerze, by obserwować, jak ich mózgi reagują podczas gry wiążącej się z perspektywą wygrywania albo tracenia pieniędzy. Gdy

Siedem powodów, dla których kije i marchewki (często) nie działają...

uczestnicy wiedzieli, że mają szansę wygrać gotówkę, zachodziła aktywacja części mózgu o nazwie jądro półleżące. Chodzi o to, że kiedy uczestnicy oczekiwali nagrody (ale nie wtedy, gdy spodziewali się ją utracić), do tej części mózgu napływał zastrzyk mózgowej substancji chemicznej o nazwie dopamina. Knutson, który teraz jest na Uniwersytecie Stanforda, uzyskał podobne wyniki w późniejszych badaniach, podczas których ludzie oczekiwali nagród. Reakcja ta jest interesująca z naszego punktu widzenia dlatego, że ten sam podstawowy proces fizjologiczny – nagły przypływ tej konkretnej substancji chemicznej do tej konkretnej części mózgu – zachodzi podczas uzależnienia. Mechanizm działania większości uzależniających narkotyków polega na wysyłaniu zastrzyku dopaminy do jądra półleżącego. Odczuwamy to jako ogromną przyjemność, która potem zanika i pojawia się zapotrzebowanie na kolejną dawkę. Innymi słowy, jeśli będziemy obserwować, jak reagują mózgi ludzi, kiedy obiecujemy im finansowe nagrody i kiedy podajemy im kokainę, nikotynę czy amfetaminę, reakcje te będą wyglądały niepokojąco podobnie.[21] Być może z tego powodu płacenie ludziom za rzucenie palenia często jest skuteczne na krótką metę. Zastępuje jedno (niebezpieczne) uzależnienie innym (bardziej łagodnym).

Uzależniające właściwości nagród mogą również wypaczać podejmowanie decyzji. Knutson odkrył, że aktywacja w jądrze półleżącym zapowiada „zarówno dokonywanie ryzykownych wyborów, jak i popełnianie błędów prowadzących do ryzyka". Jeśli podniecisz ludzi perspektywą nagrody, to zamiast podejmować lepsze decyzje, na co ma nadzieję Motywacja 2.0, mogą w rzeczywistości podejmować decyzje gorsze. Jak pisze Knutson, „Może to tłumaczyć, dlaczego w kasynach otacza się gości obiektami kojarzącymi się z nagrodą (np. niedrogim jedzeniem, darmowym alkoholem, prezentami-niespodziankami i potencjalnymi głównymi wygranymi) – oczekiwanie na nagrody uaktywnia [jądro półleżące], co może prowadzić do zwiększenia prawdopodobieństwa, iż ludzie przełączą się z unikania ryzyka na dążenie do ryzyka".[22]

Mówiąc krótko, chociaż ta kusząca marchewka nie w każdych okolicznościach jest zła, w pewnych przypadkach działa podobnie do cracku i może wywoływać zachowanie podobne do tego, jakie widuje się przy grze w kości albo przy ruletce – a nie to dokładnie chcemy osiągnąć, kiedy „motywujemy" kolegów z naszego zespołu albo współpracowników.

Krótkoterminowe myślenie

Przypomnijmy sobie jeszcze raz problem świecy. Motywowani uczestnicy radzili sobie gorzej niż ich odpowiednicy, ponieważ byli tak skupieni na nagrodzie, że nie dostrzegali nowatorskiego rozwiązania na obrzeżach. Nagrody, jak widzieliśmy, mogą ograniczać **szerokość** zakresu naszego myślenia. Ale zewnętrzne motywatory – a zwłaszcza te materialne, „jeśli – to", mogą również redukować **głębokość** naszego myślenia. Mogą skupiać nasze spojrzenie raczej na tym, co jest bezpośrednio przed nami, a nie na tym, co jest dalej.

Istnieje wiele przypadków, kiedy skoncentrowane spojrzenie ma sens. Jeśli w budynku, w którym pracujesz, wybuchnie pożar, chcesz natychmiast znaleźć wyjście, a nie zastanawiać się, jak od nowa napisać regulamin podziału na strefy. Ale w mniej dramatycznych okolicznościach fiksacja na punkcie najbliższej nagrody może z czasem popsuć wyniki. Cechą wspólną dla naszych wcześniejszych przykładów – nieetycznych działań i uzależniających zachowań – jest krótkoterminowość. Uzależnieni chcą szybko dać sobie w żyłę, bez względu na ewentualną szkodę. Oszuści chcą szybkiej wygranej – niezależnie od długotrwałych konsekwencji.

Nawet gdy zachowanie nie degeneruje się do skrótów czy uzależnień, krótkoterminowy urok nagród może na dłuższą metę być szkodliwy. Zastanów się nad spółkami akcyjnymi emitującymi akcje w obrocie publicznym. Niejedna taka firma istnieje od dziesiątków lat i ma nadzieję istnieć przez kolejne dziesiątki lat. Ale duża część codziennej działalności ich dyrektorów i kierowników średniego szczebla nastawiona jest na jeden cel: na wyniki w najbliższych trzech miesiącach. W tych firmach obsesją są zyski kwartalne. Dyrektorzy przeznaczają pokaźne środki na to, by zagwarantować sobie, że zyski okażą się dokładnie takie jak trzeba. I poświęcają sporo czasu i namysłu na doradzanie analitykom giełdowym, by rynek wiedział, czego ma się spodziewać, i dzięki temu korzystnie reagował. To laserowe skupienie się na wąskim, krótkoterminowym wycinku korporacyjnej działalności jest zrozumiałe. Jest racjonalną reakcją na rynki giełdowe, które nagradzają lub karzą maleńkie zmiany w tych liczbach, co z kolei wpływa na wynagrodzenie dyrekcji.

Ale firmy płacą wygórowaną cenę za to, że nie wybiegają wzrokiem poza następny kwartał. Kilku badaczy odkryło, że firmy, które spędzają najwięcej czasu na doradzaniu w sprawach kwartalnych zarobków, mają znacząco **niższe** długoterminowe tempo wzrostu niż firmy, które w tej sprawie doradzają rzadziej. (Jeden z powodów: firmy z obsesją na punkcie dochodów zazwyczaj mniej inwestują w badania i rozwój.)[23] Taka postawa pozwala osiągać krótkoterminowe cele, ale za dwa-trzy lata będzie stanowić zagrożenie dla zdrowia firmy. Jak ujęli to badacze, przestrzegając przed celami, które wymknęły się spod kontroli: „Sama obecność celów może prowadzić do tego, że pracownicy skupią się krótkowzrocznie na krótkoterminowych zyskach i stracą z oczu ich potencjalnie druzgocące długoterminowe wpływy na organizację".[24]

Być może nigdzie nie widać tego tak wyraźnie jak w kryzysie ekonomicznym, który ogarnął światową gospodarkę w 2008 i 2009 roku. Każdy gracz w systemie skupiał się tylko na krótkoterminowej nagrodzie – kupujący, który chciał mieć dom, makler hipoteczny, który chciał mieć prowizję, giełdziarz z Wall Street, który chciał mieć nowe papiery wartościowe do sprzedania, polityk, który chciał mieć prężnie rozwijającą się gospodarkę podczas reelekcji – i ignorował długoterminowe wpływy, jakie wywierały jego działania na niego oraz na innych. Gdy muzyka przestała grać, cały system niemalże się załamał. Taka jest natura baniek spekulacyjnych: to, co wydaje się irracjonalną euforią, okazuje się w końcu fatalnym przypadkiem zewnętrznie motywowanej krótkowzroczności.

Natomiast elementy prawdziwej motywacji, którymi później się zajmiemy, z samej swojej natury są zaprzeczeniem krótkowzrocznych poglądów. Weźmy mistrzostwo. Jako cel jest ono z natury długoterminowe, ponieważ pełne mistrzostwo jest w pewnym sensie nieosiągalne. Na przykład nawet Roger Federer nigdy tak do końca nie będzie „mistrzem" tenisa, to znaczy nie opanuje go w pełni. A wprowadzenie nagrody typu „jeśli – to" po to, by pomóc mistrzostwo osiągać, daje zwykle skutek odwrotny do zamierzonego. Dlatego uczniowie, którym płaci się za rozwiązywanie zadań, zazwyczaj wybierają zadania prostsze, a przez to uczą się mniej.[25] Krótkoterminowa nagroda wypiera długoterminowe uczenie się.

W środowiskach, w których zewnętrzne nagrody są najważniejsze, wielu ludzi pracuje tylko do momentu, w którym już należy im się nagroda – i ani odrobinę dłużej. Tak więc jeśli uczniowie dostają nagrodę za przeczytanie trzech książek, wielu z nich nie sięgnie po czwartą, nie mówiąc już o tym, by weszło im w krew czytanie przez całe życie – podobnie dyrektorzy walczący o kwartalne wyniki często palcem nie kiwną, by zwiększyć zyski o grosz, nie mówiąc już o tym, by zastanowili się nad długoterminowym zdrowiem swojej firmy. Cały szereg badań dowodzi, że płacenie ludziom, by ćwiczyli, przestali palić lub brali lekarstwa, daje na początku wspaniałe wyniki – ale kiedy usunie się bodźce, zdrowe zachowanie znika. Jeśli jednak nie towarzyszą temu działaniu nagrody warunkowe albo jeśli stosuje się bodźce odpowiednio zręcznie, wyniki się poprawiają, a zrozumienie pogłębia. Znakomitości i krótkowzroczności nie da się ze sobą pogodzić. Znaczące osiągnięcia zależą od tego, czy podniesie się wzrok i czy będzie się sięgać spojrzeniem aż po horyzont.

MARCHEWKA I KIJ: *siedem fatalnych wad*

1. Mogą zgasić wewnętrzną motywację.
2. Mogą obniżać wyniki.
3. Mogą zmiażdżyć kreatywność.
4. Mogą wyprzeć dobre zachowanie.
5. Mogą zachęcać do oszukiwania, korzystania ze skrótów i do nieetycznego zachowania.
6. Mogą uzależniać.
7. Mogą sprzyjać myśleniu krótkowzrocznemu.

ROZDZIAŁ 2A

...oraz pewne specyficzne okoliczności, kiedy działają

Kije i marchewki nie są wyłącznie złe. Gdyby były, Motywacja 2.0 nie miałaby się tak świetnie przez tak długi czas ani nie osiągnęłaby tak wiele. Chociaż system operacyjny skupiający się na nagrodach i karach przeżył się i poważnie potrzebuje unowocześnienia, nie oznacza to, że nadaje się już cały na złom. Pozbycie się go byłoby nawet sprzeczne z wynikami badań. Naukowcy badający ludzką motywację ujawnili nie tylko wiele drobnych usterek w tym tradycyjnym podejściu, ale również fakt, że w wąskim zakresie przypadków kije i marchewki dobrze spełniają swoje zadanie.

Punktem wyjścia jest oczywiście dopilnowanie, by wynagrodzenie podstawowe – wypłaty, pensje, bonusy i tak dalej – było wystarczające i sprawiedliwe. Jeśli brak zdrowych podstaw, motywacja w ogóle jest trudna, a często niemożliwa.

Ale kiedy tego już dopilnujemy, są okoliczności, w których można uciekać się do motywatorów zewnętrznych. Żeby zrozumieć, co to za okoliczności, powróćmy do problemu świecy. W swoich badaniach Sam Glucksberg odkrył, że uczestnikom, którym zaproponowano nagrodę pieniężną, więcej czasu zajmowało rozwiązanie tego problemu niż tym, którzy działali w środowisku wolnym od nagrody. Jak pamiętacie, powód był taki, że perspektywa nagrody zawężała pole, na którym skupiali się uczestnicy, i ograniczała ich zdolność dostrzeżenia pomysłowego, nieoczywistego rozwiązania.

W tym samym doświadczeniu Glucksberg przedstawił oddzielnej grupie uczestników nieco inną wersję tego problemu. Znowu powiedział połowie z nich, że mierzy czas, w jakim wykonują zadanie, by zebrać dane – a drugiej połowie, że ci z nich, którzy będą mieli najlepszy czas, mogą wygrać gotówkę. Ale odrobinę akcesoria pozmieniał. Zamiast dać uczestnikom pudełko pełne pluskiewek, wysypał je na biurko tak, jak to pokazano poniżej.

Problem świecy inaczej przedstawiony.

Czy potrafisz zgadnąć, co się stało?

Tym razem uczestnicy walczący o nagrodę rozwiązali zadanie **szybciej** niż ci z drugiej grupy. Dlaczego? Wysypując pluskiewki i pokazując puste pudełko, Glucksberg w gruncie rzeczy ujawnił rozwiązanie. Zmienił ambitne, „prawopółkulowe" zadanie w zadanie rutynowe, „lewopółkulowe". Skoro uczestnicy musieli tylko pędzić wyraźnie wytyczoną ścieżką, czekająca na nich na linii mety marchewka zachęcała ich, by biegli szybciej.

...oraz pewne specyficzne okoliczności, kiedy działają

Eksperyment Glucksberga podsuwa nam pierwsze pytanie, jakie powinniśmy zadać, gdy zastanawiamy się nad motywatorami zewnętrznymi: **Czy zadanie, którym się zajmujemy, jest rutynowe?** To znaczy, czy wykonanie tego zadania wymaga postępowania według zalecanych reguł, aż do wyraźnie określonego końca?

Przy rutynowych zadaniach, które nie są zbyt interesujące i nie wymagają kreatywnego myślenia, nagrody mogą działać jak mała wspomagająca dawka motywacji, nie wywołując szkodliwych skutków ubocznych. W pewien sposób to po prostu ma sens. Jak wyjaśniają Edward Deci, Richard Ryan i Richard Koestner, „Przy nudnych zadaniach nagrody nie osłabiają wewnętrznej motywacji człowieka, ponieważ tej wewnętrznej motywacji jest mało albo jej wcale nie ma".[1] Podobnie, kiedy Dan Ariely i jego koledzy przeprowadzali razem z grupą studentów MIT badania nad wynikami w Madurai w Indiach, przekonali się, że gdy zadanie wymagało „choćby elementarnej sprawności poznawczej", większa nagroda „prowadziła do gorszych wyników". Ale „dopóki zadanie wiązało się tylko ze sprawnością mechaniczną, premie działały tak, jak oczekiwano: im wyższa zapłata, tym lepsze wyniki".[2]

Jest to niesłychanie ważne. Chociaż osią co bardziej zaawansowanych gospodarek rzadziej są teraz działania algorytmiczne, oparte na regułach, część naszych codziennych zajęć – szczególnie w pracy – nadal nie jest nadmiernie interesująca. Musimy wypełniać raporty z testowania oprogramowania i odpowiadać na nudne maile oraz wykonywać wszelkiego typu żmudne prace, które niekoniecznie wzbudzają w nas entuzjazm. Co więcej, dla niektórych dużą część tego, co robią **całymi dniami**, stanowią takie rutynowe, raczej mało porywające zadania. Jeżeli tak się rzeczy mają, najlepiej postarać się aktywować pozytywną stronę Efektu Sawyera i spróbować zamienić pracę w zabawę – żeby zadanie urozmaicić, żeby bardziej przypominało jakąś grę albo żeby wykorzystać je jako pomoc przy opanowywaniu innych umiejętności. Niestety, nie zawsze jest to możliwe. Co oznacza, że czasami nawet nagrody typu „jeśli – to" są pewną opcją.

Zastosujmy w praktyce to spostrzeżenie na temat nagród i rutyny. Przypuśćmy, że jesteś menedżerem małej firmy non profit. Twój zespół projektowy stworzył wspaniały plakat promujący następną dużą akcję twojej grupy. A teraz musisz rozesłać ten plakat do dwudziestu tysięcy członków swojej organizacji. Ponieważ koszty przekazania tej pracy profesjonalnej firmie wysyłkowej są dla twojego budżetu zbyt wygórowane, decydujesz się przygotować wysyłkę w ramach firmy. Problem w tym, że plakaty przyszły z drukarni dużo później, niż się spodziewałeś, a trzeba je wysłać w najbliższy weekend.

W jaki sposób najlepiej poprosić twój dziesięcioosobowy zespół i może jeszcze kilka innych osób, by wzięły udział w ogromnym przedsięwzięciu, jakim jest wysyłanie plakatów w ten weekend? Zadanie samo w sobie jest kwintesencją rutyny: biorący w nim udział ludzie muszą zwijać plakaty, wsuwać je w tuby, zamykać te tuby i naklejać etykietki z adresem oraz odpowiednią opłatę pocztową. Cztery etapy – a żaden nie jest szczególnie interesujący.

Jedną z możliwości, jaką ma menedżer, jest zastosowanie przymusu. Jeśli jesteś szefem, możesz zmusić pracowników, by spędzili sobotę i niedzielę na tej ogłupiającej robocie. Niewykluczone, że się podporządkują, ale może na tym znacząco ucierpieć ich morale i długoterminowe zaangażowanie. Drugą możliwością jest prośba, by zgłosili się na ochotnika. Ale spójrzmy prawdzie w oczy: większość ludzi potrafi wymyślić dużo lepszy sposób na spędzanie weekendu.

Tak więc w tym wypadku nagroda typu „jeśli – to" może okazać się skuteczna. Mógłbyś na przykład przyrzec im wielką imprezę dla całego biura, jeśli wszyscy przyłączą się do roboty. Mógłbyś zaproponować bon towarowy każdemu, kto weźmie w niej udział. Albo mógłbyś posunąć się dalej i płacić ludziom niewielką sumę za każdy plakat, który zwiną, zapakują i wyślą – w nadziei, że pieniądze za pracę akordową zwiększą ich wydajność.

A chociaż takie materialne, warunkowe nagrody często mogą podkopywać wewnętrzną motywację i kreatywność, tutaj wady te mają mniejsze znaczenie. Wysyłanie plakatów ani nie budzi głębokiej pasji,

...oraz pewne specyficzne okoliczności, kiedy działają

ani nie wymaga głębokich przemyśleń. W tym wypadku marchewki nie zaszkodzą, mogą natomiast pomóc. A zwiększysz szanse na sukces, jeśli uzupełnisz nagradzanie za pakowanie plakatów o trzy ważne elementy:

- **Przedstaw ludziom racjonalne uzasadnienie, dlaczego to zadanie jest konieczne.** Zajęcie, które z natury nie jest interesujące, może nabrać znaczenia, a tym samym stać się bardziej absorbujące, jeśli jest częścią większego celu. Wyjaśnij, dlaczego ten plakat jest tak ważny i dlaczego wysłanie go właśnie teraz jest sprawą kluczową dla misji twojej firmy.
- **Przyznaj, że zadanie jest nudne.** To, oczywiście, będzie przejaw empatii. A twój gest pomoże ludziom zrozumieć, dlaczego jest to ten rzadki przypadek, kiedy nagrody typu „jeśli – to" mają w działaniu twojej firmy swój udział.
- **Pozwól ludziom wykonywać robotę po swojemu.** Myśl o autonomii, a nie o kontrolowaniu. Poinformuj, jaki wynik jest ci potrzebny. Ale zamiast dokładnie precyzować, w jaki sposób do niego dojść – jak należy zwijać każdy plakat i jak przylepiać etykietkę z adresem – daj im swobodę przy wykonywaniu tego zadania.

Tak powinno się podchodzić do rutynowych zadań. A co z innymi rodzajami działalności?

Przy zadaniach wymagających czegoś więcej niż wdrapywanie się szczebel po szczeblu po drabinie instrukcji, nagrody są bardziej ryzykowne. Najlepszym sposobem, żeby uniknąć siedmiu fatalnych wad motywatorów zewnętrznych, jest całkowite unikanie tych motywatorów albo istotne ich bagatelizowanie, przy równoczesnym kładzeniu nacisku na elementy głębszej motywacji – autonomię, mistrzostwo i cel – o których będziemy mówić później w tej książce. Ale w miejscu pracy rygorystyczne przestrzeganie tego podejścia zderza się z faktem z życia: nawet ci ludzie, którzy mają świetną, kreatywną i twórczą pracę, mimo wszystko chcą, by im płacić. I tu Teresa Amabile rzuca nieco światła na taki sposób stosowania nagród, który pozwala liczyć się z realiami życia, ale ogranicza ukryte koszty motywatorów zewnętrznych.

Przypomnijcie sobie badanie, w którym Amabile i dwaj jej koledzy porównywali jakość obrazów namalowanych na zamówienie i nie na zamówienie przez grupę malarzy. Zespół ekspertów, ślepy na to, co naukowcy badali, konsekwentnie oceniał jako bardziej kreatywne te obrazy, które nie były robione na zamówienie. Jednym z powodów, jak twierdziło kilku malarzy, było to, że prace na zamówienie „krępowały" twórców – że przekonywali się oni, iż pracują nad osiągnięciem celu, którego nie aprobowali, w sposób będący poza ich kontrolą. Jednakże podczas tego samego badania Amabile odkryła również, że gdy malarze uznawali zlecenie za „coś, co pozwalało rozwijać umiejętności" – to znaczy, „pozwalało malarzowi zrobić coś ciekawego i ekscytującego"[3] – ocena takiego dzieła pod względem kreatywności z powrotem wystrzelała w górę. To samo odnosiło się do zleceń, które zdaniem malarzy niosły ze sobą przydatne informacje i były powiązane z ich umiejętnościami.

Jest to kluczowe spostrzeżenie wynikające z badań. Nauka dowodzi, że włączenie nagród do nierutynowych, bardziej kreatywnych scenariuszy, bez uruchamiania całej lawiny szkodliwych efektów, jest możliwe – choć trudne.

Załóżmy, że po dziewięciu miesiącach znaleźliśmy się znowu w twojej firmie non profit. Wysyłka poszła bezbłędnie. Plakat okazał się sukcesem. Akcja cieszyła się ogromnym powodzeniem. Masz w planach kolejną jeszcze w tym roku. Zdecydowałeś się na datę i wybrałeś miejsce. Teraz potrzebny jest ci inspirujący plakat, który poruszy wyobraźnię i przyciągnie tłumy.

Co powinieneś zrobić?

Oto czego **nie powinieneś** robić: nie powinieneś proponować grupie projektantów nagrody typu „jeśli – to". Nie wchodź do ich pokoi i nie oznajmiaj: „Jeśli wymyślicie plakat, który wstrząśnie światem albo wywinduje zainteresowanie powyżej zeszłorocznego, dostaniecie dziesięcioprocentową premię". Chociaż takie podejście motywacyjne jest czymś powszechnym w firmach na całym świecie, stanowi ono re-

...oraz pewne specyficzne okoliczności, kiedy działają

ceptę na pogarszanie wyników. Tworzenie plakatu nie jest zajęciem rutynowym. Wymaga koncepcyjnego, przełomowego, artystycznego myślenia. A jak się już dowiedzieliśmy, nagrody typu „jeśli – to" są idealnym sposobem, żeby takiemu myśleniu położyć kres.

Najlepsza dla ciebie byłaby taka sytuacja, gdyby działało już u ciebie autentycznie motywujące środowisko. Wynagrodzenie podstawowe musi być wystarczające. To znaczy adekwatne i sprawiedliwe – zwłaszcza w porównaniu z wynagrodzeniem ludzi wykonujących podobną pracę w podobnych firmach. W twojej firmie non profit musi się przyjemnie pracować. Ludzie w twoim zespole muszą być niezależni, muszą mieć wiele możliwości dążenia do osiągnięcia mistrzostwa, a ich codzienne obowiązki muszą być powiązane z jakimś wyższym celem. Jeśli te warunki są spełnione, najlepszą strategią będzie wywołanie poczucia, że sprawa jest pilna i znacząca – a następnie zejście talentowi z drogi.

Jednak wciąż jeszcze masz możliwość, by odrobinę poprawić wyniki – bardziej na przyszłość niż na bieżąco – poprzez umiejętne stosowanie nagród. Tyle że musisz być ostrożny. Twoje wysiłki spalą na panewce, jeśli nagrody, jakie będziesz oferować, nie spełnią jednego istotnego wymogu. A twoja działalność motywacyjna będzie miała bardziej solidne podstawy, jeśli zastosujesz się do dwóch dodatkowych zasad.

Warunek zasadniczy: **Zewnętrzna nagroda powinna być nieoczekiwana i proponowana dopiero wtedy, kiedy zadanie zostanie wykonane.**

Jeśli robisz ludziom nadzieję na nagrodę na początku jakiejś pracy – i proponujesz ją warunkowo – ludzie nieuchronnie skupią się na otrzymaniu nagrody, zamiast zabrać się do rozwiązywania problemu. Natomiast poruszenie tematu nagród, kiedy już zadanie zostanie wykonane, jest mniej ryzykowne.

Innymi słowy, tam gdzie nagrody typu „jeśli – to" są błędem, przerzuć się na nagrody typu „teraz, gdy" – jak w zdaniu: „Teraz, gdy ukończyliście plakat i wyszedł wam tak dobrze, chciałbym to uczcić, zabierając was na lunch".

Jak wyjaśniają Deci i jego współpracownicy: „Jeśli materialne nagrody przyznawane są ludziom nieoczekiwanie, kiedy wykonają już oni jakieś zadanie, mniejsza jest szansa, iż potraktują je oni jak powód, by to zadanie wykonać, a tym samym z mniejszym prawdopodobieństwem będą one wpływać ujemnie na wewnętrzną motywację".[4]

Pewne badania doprowadziły Amabile do podobnego wniosku: „Najwyższe poziomy kreatywności osiągali ludzie, którzy otrzymywali nagrody jako rodzaj premii".[5] Tak więc, jeżeli plakat okaże się wspaniały, możesz grupie projektantów kupić zgrzewkę piwa albo nawet wręczyć im premię pieniężną, nie przygaszając ich kreatywności. Zespół nie oczekiwał niczego ekstra i otrzymanie czegoś ekstra nie było uzależnione od konkretnego wyniku. Okazujesz im po prostu, że doceniasz ich doskonałą robotę. Nie zapominaj jednak o jednym niesłychanie ważnym zastrzeżeniu: wielokrotnie stosowane premie typu „teraz, gdy" mogą szybko zmienić się w oczekiwane uprawnienia typu „jeśli – to" – co w ostatecznym rozrachunku może poważnie pogorszyć efektywność działania.

Jeśli na tym etapie ograniczasz już nagrody za nierutynową, kreatywną pracę do ich odmiany „teraz, gdy", wypłynąłeś na mniej niebezpieczne wody. Ale będzie ci szło jeszcze lepiej, jeśli zastosujesz się do dwóch wskazówek:

Po pierwsze, **zastanów się nad niematerialnymi nagrodami**. Pochwała i pozytywna reakcja są dużo mniej destrukcyjne niż pieniądze i „trofea". Deci podczas swoich początkowych doświadczeń oraz późniejszej analizy innych badań odkrył nawet, że „pozytywna reakcja może wpływać potęgująco na motywację wewnętrzną".[6] Tak więc, kiedy zespół projektowy wyprodukuje wyśmienity plakat, może powinieneś po prostu wejść do ich pokoju i powiedzieć: „No, no, naprawdę odwaliliście kawał dobrej roboty przy tym plakacie. Wpłynie znacząco na skłonienie ludzi, żeby wzięli udział w naszej akcji. Dziękuję". Nie brzmi to imponująco, ale może być niesłychanie skuteczne.

Po drugie, **dostarczaj użytecznych informacji**. Amabile przekonała się, że chociaż kontrolujące motywatory zewnętrzne mogą dać kreatywności w łeb, „motywatory dające dostęp do informacji albo pozwalające rozwijać umiejętności mogą jej sprzyjać".[7] W miejscu pracy ludzie łakną informacji o tym, jak sobie radzą, ale tylko wtedy, gdy informacja ta nie jest cichą próbą manipulowania ich zachowaniem. Tak więc nie mów zespołowi projektantów: „Plakat był perfekcyjny. Wykonaliście go dokładnie tak, jak prosiłem". Przekaż natomiast ludziom znaczącą informację o ich pracy. Im bardziej twoja reakcja będzie skupiała się na szczegółach („świetne wykorzystanie koloru") – i im bardziej będzie dotyczyła starań i strategii, a nie osiągnięcia konkretnego wyniku, tym bardziej może być efektywna.

Krótko mówiąc, jeżeli za kreatywne, twórcze, heurystyczne zadania oferujesz nagrody typu „jeśli – to", stoisz na niepewnym gruncie. Byłoby dla ciebie lepiej, gdybyś stosował nagrody typu „teraz, gdy". A już najlepiej wyjdziesz na tym, jeżeli w twoich nagrodach typu „teraz, gdy" będą pochwały, pozytywne reakcje i użyteczne informacje.

(Podejście to zostało przedstawione w postaci diagramu na następnej stronie.)

Nowy system operacyjny

Kiedy stosować nagrody: prosty diagram

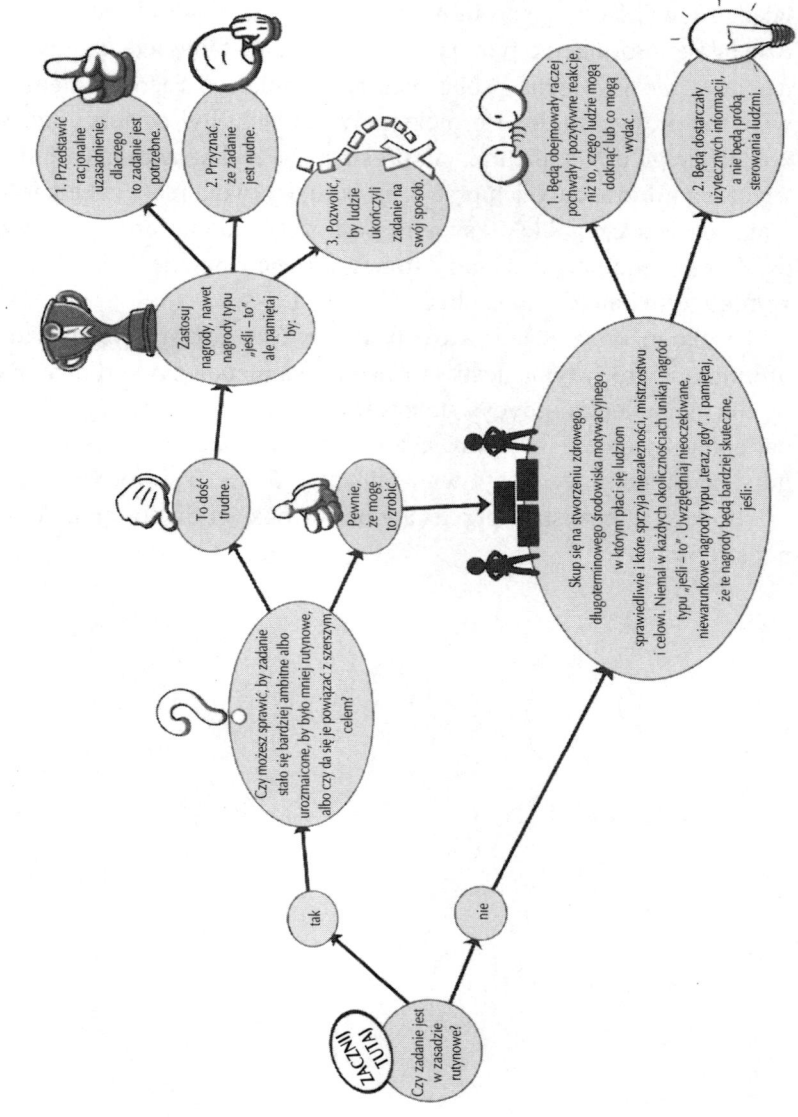

ZACZNIJ TUTAJ → Czy zadanie jest w zasadzie rutynowe?

- **tak** → Czy możesz sprawić, by zadanie stało się bardziej ambitne albo urozmaicone, by było mniej rutynowe, albo czy da się je powiązać z szerszym celem?
  - To dość trudne.
  - Pewnie, że mogę to zrobić. →

- **nie** → Skup się na stworzeniu zdrowego, długoterminowego środowiska motywacyjnego, w którym płaci się ludziom sprawiedliwie i które sprzyja niezależności, mistrzostwu i celowi. Niemal w każdych okolicznościach unikaj nagród typu „jeśli – to". Uwzględniaj nieoczekiwane, niewarunkowe nagrody typu „teraz, gdy", i pamiętaj, że te nagrody będą bardziej skuteczne, jeśli:

Zastosuj nagrody, nawet nagrody typu „jeśli – to", ale pamiętaj by:
1. Przedstawić racjonalne uzasadnienie, dlaczego to zadanie jest potrzebne.
2. Przyznać, że zadanie jest nudne.
3. Pozwolić, by ludzie ukończyli zadanie na swój sposób.

1. Będą obejmowały raczej pochwały i pozytywne reakcje, niż to, czego ludzie mogą dokonać lub co mogą wydać.
2. Będą dostarczały użytecznych informacji, a nie będą próbą sterowania ludźmi.

ROZDZIAŁ 3

Typ I oraz Typ X

Rochester w stanie Nowy Jork raczej słabo się nadaje na epicentrum społecznego trzęsienia ziemi. Firmy, które zbudowały to stateczne miasto zaledwie o sześćdziesiąt dwie mile od granicy kanadyjskiej, były tytanami gospodarki przemysłowej. Eastman Kodak robił film. Western Union dostarczał telegramy. Xerox produkował kserokopiarki. Wszyscy oni sterowali swoimi przedsiębiorstwami, stosując się do zasad Motywacji 2.0: jeśli zaproponujesz ludziom stałe zatrudnienie i starannie wyliczone nagrody, będą robić to, czego chcą dyrektorzy i udziałowcy, i wszyscy będą prosperować.

Ale od początku lat siedemdziesiątych na kampusie Uniwersytetu Rochester zanosiło się na rewolucję motywacyjną. Zaczęła się w 1971 roku, gdy na kampus przybył Edward Deci, świeżo po swoich eksperymentach z łamigłówką Soma, by objąć dwie posady – na wydziale psychologii i w szkole biznesu. Nasiliła się w 1973 roku, kiedy szkoła biznesu bezceremonialnie wyrzuciła Deciego za jego heretyckie odkrycia na temat nagród, a wydział psychologii zatrudnił go na pełny etat. Nabrała rozpędu w 1975 roku, kiedy Deci opublikował książkę pod tytułem *Wewnętrzna motywacja*. I wybuchła na dobre w 1977 roku, kiedy na studiach podyplomowych pojawił się student nazwiskiem Richard Ryan.

Ryan, który był studentem filozofii, o włos uniknął poboru do wojska. Ponieważ gryzło go nieco poczucie winy, pracował z weteranami wojny w Wietnamie, cierpiącymi na stres pourazowy. Na Uniwersytet Rochester przyszedł, by zostać lepszym klinicystą. Pewnego dnia na seminarium profesor poruszył temat wewnętrznej motywacji, a potem z pianą na ustach ją potępił. „Uznałem, że jeśli coś budzi taki sprzeciw, to musi być ciekawe" – powiedział mi Ryan. Wziął egzemplarz książki Deciego, która go zafrapowała, i zaprosił jej autora na lunch. I tak rozpoczęła się wspaniała współpraca naukowa, która trwa do dziś.

Kiedy niedawno spotkałem się z nimi w klockowatym Meliora Hall Uniwersytetu Rochester, stanowili przykład zarówno kontrastu, jak i podobieństwa. Deci jest wysoki i chudy, z bladą cerą i rzadkimi, rozwichrzonymi włosami. Mówi cichym, kojącym głosem, w czym przypomina mi zmarłego prezentera dziecięcej telewizji, pana Rogersa. Ryan, który ma proste, siwe włosy z przedziałkiem pośrodku, jest bardziej rumiany i bardziej spięty. Obstaje przy swoim umiejętnie, jak jakiś adwokat. Natomiast Deci czeka cierpliwie, byś sam doszedł do jego punktu widzenia, a potem się z tobą zgadza i chwali twoje spostrzeżenia. Deci bardziej przypomina stację z muzyką klasyczną na panelu FM; Ryan to bardziej telewizja kablowa. A przecież rozmawiają, posługując się tajemniczymi akademickimi skrótami, a ich myśli gładko ze sobą współdziałają. To połączenie okazało się tak potężne, że znaleźli się w gronie najbardziej wpływowych naukowców behawioralnych swojego pokolenia.

Deci i Ryan stworzyli razem teorię, którą nazywają „teorią samookreślenia", SDT.

Osią wielu teorii behawioryzmu jest jakaś konkretna ludzka **skłonność**: żywo reagujemy na pozytywne i negatywne bodźce albo na szybkie „kalkulatory" wyliczające nasze własne korzyści, albo na gruzłowate wory naszych psychoseksualnych konfliktów. Natomiast teoria samookreślenia wychodzi od pojęcia uniwersalnych ludzkich **potrzeb**. Utrzymuje, że mamy trzy wrodzone **potrzeby** psychologiczne – po-

trzebę kompetencji, potrzebę autonomii i potrzebę związku z innymi. Kiedy te potrzeby są zaspokajane, jesteśmy zmotywowani, produktywni i szczęśliwi. Kiedy ich zaspokajanie zostanie zablokowane, nasza motywacja, produktywność i szczęście gwałtownie się pogarszają.[1]
„Jeśli istnieje w naszej naturze coś [fundamentalnego], to tym czymś jest zdolność do interesowania się. Niektóre czynniki to interesowanie się ułatwiają. Niektóre je podkopują" – wyjaśniał Ryan podczas jednej z naszych rozmów. Inaczej rzecz ujmując, każdy z nas ma ten trzeci popęd. Jest on częścią bycia człowiekiem. Ale to, czy ten aspekt naszej natury ujawni się w naszym życiu, zależy od tego, czy warunki wokół nas będą mu sprzyjały.

A główne mechanizmy Motywacji 2.0 bardziej go tłumią, niż wspierają. „To jest naprawdę ważna sprawa w zarządzaniu" – mówi Ryan. Gdy ludzie nie mają wyników, firmy zazwyczaj uciekają się do nagród albo kar. „Nie odrabiacie natomiast trudnej lekcji, jaką jest postawienie diagnozy, w czym jest problem. Próbujecie prześlizgnąć się nad problemem przy pomocy marchewki i kija" – wyjaśnia. Nie oznacza to, że teoria samookreślenia jednoznacznie przeciwstawia się nagrodom. „Nie ulega kwestii, że są one konieczne w pracy oraz innych miejscach – mówi Deci. – Ale im mniej będą istotne, tym lepiej. Gdy ludzie stosują nagrody, by innych motywować, wtedy najsilniej demotywują". Deci i Ryan twierdzą, że zamiast je stosować, powinniśmy skupiać nasze wysiłki na tworzeniu środowisk, w których nasze wrodzone psychologiczne potrzeby będą mogły rozkwitać.

Przez ostatnie trzydzieści lat dzięki swojej działalności naukowej i wychowawczej Deci i Ryan stworzyli sieć składającą się z kilkudziesięciu zajmujących się teorią samookreślenia naukowców, którzy prowadzą badania w Stanach Zjednoczonych, Kanadzie, Izraelu, Singapurze i w całej Europie Zachodniej. Ci naukowcy badają samookreślenie i wewnętrzną motywację w doświadczeniach prowadzonych w laboratoriach i w terenie; doświadczenia te obejmują niemal wszystkie dziedziny – biznes, edukację, medycynę, sport, gimnastykę, indywidualne wyniki, ruch na rzecz ochrony środowiska, związki z innymi ludźmi, zdrowie fizyczne i psychiczne. Napisali setki prac naukowych, z których większość prowadzi do tych samych wniosków. Ludzie mają wrodzony wewnętrzny popęd, który każe im szukać autonomii, samookreślenia i powiązań z innymi ludźmi. A kiedy nic tego popędu nie krępuje, ludzie osiągają więcej i wiodą bogatsze życie.

Teoria samookreślenia jest ważną częścią szerszych zmian zachodzących w nowym myśleniu o kondycji ludzkiej. Ten nowy sposób myślenia to cała plejada poglądów, a na pierwsze miejsce wśród nich wysuwa się być może nurt psychologii pozytywnej, który przestawił kierunek badań naukowych w psychologii z chorób i dysfunkcji, na czym się wcześniej skupiała, na dobre samopoczucie i efektywne funkcjonowanie. Psychologia pozytywna pod przywództwem Martina Seligmana z Uniwersytetu Pensylwanii kształtuje zastępy nowych naukowców i wywiera głęboki wpływ na to, jak naukowcy, ekonomiści, terapeuci i zwykli ludzie myślą o zachowaniu człowieka. Jedną z najbardziej wpływowych postaci w dziedzinie pozytywnej psychologii jest Mihaly Csikszentmihalyi, o którym wspominałem wcześniej. Pierwsza książka Csikszentmihalyia o teorii przepływu i pierwsza książka Seligmana o jego teoriach (w której autor twierdzi, że bezradność jest zachowaniem raczej wyuczonym, a nie wrodzonym) pojawiły się w tym samym roku co książka Deciego o motywacji wewnętrznej. W 1975 roku wyraźnie zanosiło się na coś wielkiego. Tyle że trzeba nam było pokolenia, by zacząć się z tym czymś liczyć.

Do szerokiej gamy nowych myślicieli zalicza się Carol Dweck z Uniwersytetu Stanforda i Amabile z Harwardu. Jest tam kilku ekonomistów – najbardziej znani są Roland Bénabou z Uniwersytetu Princeton i Bruno Frey z Uniwersytetu w Zurychu – którzy stosują niektóre z tych koncepcji w swojej ponurej nauce. Zalicza się też do nich kilku naukowców, którzy nie badają motywacji per se – a w szczególności Howarda Gardnera z Uniwersytetu Harvarda i Roberta Sternberga z Uniwersytetu Tufts: zmienili oni nasze spojrzenie na inteligencję i kreatywność i zaproponowali mądrzejsze spojrzenie na potencjał człowieka.

Ta grupa naukowców – nie działając wspólnie, nie działając z rozmysłem i być może nie wiedząc nawet, że to robią – kładzie fundament pod nowy, bardziej skuteczny system operacyjny. Być może wreszcie nasze czasy doganiają ich osiągnięcia.

POTĘGA ALFABETU

Nie ulega kwestii, że słowa mają znaczenie, ale tak samo jest z literami. Dobry przykład: Mayer Friedman. Prawdopodobnie nigdy o nim nie słyszeliście, ale prawie na pewno znacie spuściznę po nim. Friedman, który zmarł w 2001 roku w dojrzałym wieku dziewięćdziesięciu lat, był kardiologiem, który przez dziesiątki lat prowadził tętniący życiem gabinet w San Francisco. Pod koniec lat pięćdziesiątych razem ze swoim kolegą, lekarzem Rayem Rosenmanem, zaczęli zwracać uwagę na to, że pacjenci podatni na choroby serca są do siebie pod pewnymi względami podobni. Nie tylko to, co ci pacjenci jedli, i nie tylko geny, które odziedziczyli, miały wpływ na ich podatność na choroby wieńcowe. Na tę podatność oddziaływał również ich sposób życia. Jak zauważył Friedman, pacjentów charakteryzował:

> pewien konkretny zespół cech osobowości, obejmujący nadmierną skłonność do rywalizacji, agresywność, niecierpliwość i nękające poczucie braku czasu. Wyglądało na to, że osoby pasujące do tego wzorca angażują się w chroniczną, nieustanną i często bezowocną walkę – z samymi sobą, z innymi, z okolicznościami, z czasem, a niekiedy z samym życiem.[2]

Było zdecydowanie bardziej prawdopodobne, że choroby serca rozwiną się u tych właśnie ludzi, a nie u innych pacjentów – nawet jeżeli jedni i drudzy mieli podobne cechy fizyczne, podobny reżim ćwiczeń, dietę i historię rodziny. Szukając dogodnego i łatwego do zapamiętania sposobu na przedstawienie tego spostrzeżenia kolegom lekarzom i szerszym kręgom odbiorców, Friedman i Roseman znaleźli natchnienie w alfabecie. Nadali temu wzorcowi zachowania nazwę „Typ A". Zachowanie Typu A stało w kontraście do – ma się rozumieć – zachowania Typu B. W przeciwieństwie do swoich grających na klaksonach, stukających stopą w podłogę odpowiedników, którzy cierpią na „chorobę pośpiechu", ludzi przejawiających zachowanie Typu B życie rzadko nęka czy też wywołuje u nich agresję tym, czego od nich żąda. Podczas swoich badań Friedman i Rosenman odkryli, że ludzie Typu B byli równie inteligentni i często równie ambitni jak ludzie Typu A. Ale inaczej ze swojej ambicji korzystali. Pisząc o osobie Typu B (i posługując się powszechnie wówczas używanym językiem koncentrującym się na mężczyznach), kardiolodzy wyjaśniali: „Jego również może cechować znaczna «siła napędowa», ale charakter tej siły jest taki, że raczej go stabilizuje, dodaje mu pewności i poczucia bezpieczeństwa, a nie popędza, irytuje i doprowadza do furii, jak w przypadku mężczyzny Typu A".[3] Dlatego kluczem do zredukowania ilości zgonów z powodu chorób serca i poprawienia zdrowia publicznego było pomaganie ludziom Typu A, by nauczyli się odrobinę przypominać ludzi Typu B.

Minęło prawie pięćdziesiąt lat, a nazewnictwo się utrzymało. Te dwie litery pomagają nam zrozumieć skomplikowany układ zachowań i wytyczają nam drogę do lepszego i bardziej efektywnego sposobu życia.

Mniej więcej w tym samym czasie, kiedy Friedman i Rosenman dokonywali swojego odkrycia, inny Amerykanin poszerzał granice nauki na własnym polu. Douglas McGregor był profesorem zarządzania na MIT i przyszedł na to stanowisko z interesującym bagażem doświadczeń. Zrobił doktorat z psychologii (a nie z ekonomi czy inżynierii). I w odróżnieniu od większości swoich kolegów rzeczywiście kiedyś kierował instytucją. Od 1948 do 1954 roku był rektorem Antioch College.

Opierając się na swoim rozumieniu psychiki człowieka oraz na własnych doświadczeniach na stanowisku kierowniczym, McGregor zaczął zastanawiać się nad zwyczajami we współczesnym zarządzaniu.

Uznał, że problem przywództwa w firmach nie tyle polega na realizacji tego przywództwa, co na związanych z nim założeniach. Zaczynając od przemówienia w 1957 roku, a potem w przełomowej książce *The Human Side of Enterprise* z 1960 roku, McGregor dowodził, że ludzie kierujący firmami działają, przyjmując błędne założenia co do zachowania człowieka.

Większość przywódców przekonana była, że ludzie w ich organizacjach z zasady nie lubią pracy i gdyby tylko mogli, to by jej unikali. Te anonimowe sługusy bały się wziąć na siebie odpowiedzialność, marzyły o bezpieczeństwie i rozpaczliwie potrzebowały tego, by nimi kierowano. W związku z tym „większość ludzi trzeba zmuszać, kontrolować, kierować nimi i grozić im karą, by skłonić ich, żeby włożyli wystarczająco wiele wysiłku w osiąganie celów organizacji". Natomiast McGregor stwierdził, iż istnieje alternatywny pogląd na pracowników, który pozwala bardziej precyzyjnie oszacować kondycję ludzką i stanowi lepszy punkt wyjścia do kierowania firmą. Z tego punktu widzenia zainteresowanie pracą było „równie naturalne jak zabawa albo odpoczynek", kreatywność i pomysłowość były szeroko rozpowszechnione w społeczeństwie, a w odpowiednich warunkach ludzie nie tylko godzili się na odpowiedzialność, ale nawet do niej dążyli.[4]

Przy przedstawianiu tak odmiennych poglądów McGregor wykorzystał drugi koniec alfabetu. Pierwszy pogląd nazwał Teorią X, a drugi Teorią Y. Jeśli twoim punktem wyjścia jest Teoria X, twierdził, twoje techniki zarządzania będą nieuchronnie prowadziły do ograniczonych wyników albo nawet całkowicie zawiodą. Jeśli wierzysz w „przeciętność mas", jak to ujmował, to przeciętność będzie stanowiła maksimum tego, co zdołasz osiągnąć. Ale jeśli twoim punktem wyjścia jest Teoria Y, otwierają się przed tobą ogromne możliwości – nie tylko przed potencjałem jednostki, ale również przed wynikami firmy. Jeżeli w związku z tym chcemy, żeby firmy działały lepiej, powinniśmy przejść w sposobie myślenia o zarządzaniu z Teorii X na Teorię Y.

Nowy system operacyjny

I znowu ta nomenklatura się przyjęła, a podejście McGregora szybko weszło do podstaw nauczania zarządzania.* Jeden obraz może być wart tysiąc słów, ale czasami żaden z nich nie ma takiej mocy jak dwie litery.

Tak więc podsadzony przez Meyera Friedmana na ramiona Douglasa McGregora chciałbym przedstawić mój własny alfabetyczny sposób myślenia o motywacji człowieka.

TYP I ORAZ TYP X

System operacyjny oparty na Motywacji 2.0 zależał od tego i propagował to, co nazywam zachowaniem Typu X. Zachowanie Typu X „napędzane" jest bardziej zewnętrznymi pragnieniami niż wewnętrznymi. Mniej troszczy się o inherentne zadowolenie z jakiejś działalności, a bardziej o zewnętrzne nagrody, do których ta działalność prowadzi. System operacyjny oparty na Motywacji 3.0 – uaktualnienie, jakie jest potrzebne, by system sprostał nowym realiom tworzonym przez sposób, w jaki organizujemy to, co robimy, sposób, w jaki myślimy o tym, co robimy, i sposób, w jaki robimy to, co robimy – zależy od zachowania, które nazywam zachowaniem Typu I. Zachowanie Typu I „napędzają" bardziej wewnętrzne pragnienia niż te zewnętrzne. Mniej troszczy się o nagrody zewnętrzne, do których jakaś działalność prowadzi, a bardziej o inherentne zadowolenie z samego działania. Osią zachowania Typu X jest drugi popęd. Osią zachowania Typu I jest trzeci popęd.

Jeśli chcemy wzmocnić nasze organizacje, wyjść poza dekadę niespełnionych oczekiwań i zająć się niesprecyzowanym poczuciem, że

---

* Niestety jego wpływ był większy na salach wykładowych niż na salach konferencyjnych. Wiele firm rzeczywiście przesunęło się w swoich praktykach w kierunku Teorii Y. Ale jeszcze dziś, jeżeli porozmawiać z wieloma menedżerami – na osobności – często będą opowiadać się za tymi samymi założeniami Teorii X, które McGregor wyłożył w 1960 roku.

Typ I oraz Typ X

coś jest nie tak z naszymi firmami, naszym życiem i naszym światem, musimy przejść od Typu X do Typu I. (Wykorzystuję te dwie litery w dużej mierze po to, by zasygnalizować, które jest „zewnętrzne" [extrinsic], a które „wewnętrzne" [intrinsic], ale również po to, by oddać hołd Douglasowi McGregorowi.)

    Z pewnością, żeby ograniczyć zachowanie człowieka do dwóch kategorii, trzeba zrezygnować z pewnej ilości niuansów. I nikt nie przejawia bez wyjątku wyłącznie zachowań Typu X lub Typu I w każdej minucie każdego dnia. Obserwujemy natomiast pewne, często bardzo wyraźne, tendencje.

    Prawdopodobnie wiesz, o co mi chodzi. Pomyśl o sobie. Czy to, co daje ci energię – co powoduje, że wstajesz rano i masz napęd przez cały dzień – pochodzi z wewnątrz czy z zewnątrz? A co z twoim współmałżonkiem, twoim partnerem, twoimi dziećmi? Co z mężczyznami i kobietami z twojego otoczenia w pracy? Jeśli jesteś podobny do większości osób, z którymi rozmawiałem, natychmiast wyczujesz, do jakiej kategorii ktoś należy.*

    Nie chcę przez to powiedzieć, że ludzie Typu X zawsze lekceważą wewnętrzne zadowolenie z tego, co robią, ani że ludzie Typu I opierają się zewnętrznym „smakołykom" wszelkiego rodzaju. Ale dla Typu X głównym motywatorem są zewnętrzne nagrody; głębsze zadowolenie, jeżeli się pojawi, jest mile widziane, ale drugorzędne. Dla Typu I głównym motywatorem jest wolność, wyzwanie i cel przedsięwzięcia; wszelkie inne zyski są mile widziane, ale głównie jako premia.

---

* Możesz wypróbować to nawet w stosunku do osób, których nie znasz. Sprawdź, czy się zgadzasz. Jeff Skilling z Enrona był Typem X; Warren Buffet z Berkshire Hathaway jest Typem I;. Antonio Salieri był Typem X; Wolfgang Amadeusz Mozart był Typem I. Bardzo bogaty Donald Trump jest Typem X; jeszcze bogatsza Oprah Winfrey jest Typem I. Były dyrektor naczelny GE, Jack Welch, jest Typem X; założyciel Interface Global, Ray Anderson, jest Typem I. Simon Cowel jest Typem X; Bruce Springsteen jest Typem I. Żeby zapoznać się z bardziej zróżnicowanym podejściem, sprawdź pakiet narzędzi dla Typu I na końcu książki; pozwoli ci on za darmo dowiedzieć się online, do której kategorii należysz.

Jeszcze kilka rozróżnień, o których należy pamiętać, zanim pójdziemy dalej:

Zachowanie Typu I jest nabyte, a nie wrodzone. Te wzorce behawioralne nie należą do cech stałych. To są skłonności, które rodzą się z okoliczności, doświadczenia i kontekstu. Zachowanie Typu I, ponieważ wyrasta po części z uniwersalnych potrzeb człowieka, nie zależy od wieku, płci czy narodowości. Nauka pokazuje, że kiedy ludzie przyswoją sobie podstawowe praktyki i postawy – i mogą realizować je w sprzyjających warunkach – ich motywacja i ich ostateczna wydajność gwałtownie rosną. Każdy Typ X może stać się Typem I.

Na dłuższą metę Typ I prawie zawsze przewyższa Typ X w działaniu. Wewnętrznie zmotywowany człowiek zazwyczaj osiąga więcej niż jego odpowiednik dążący do nagrody. Niestety, na krótką metę nie zawsze się to sprawdza. To prawda, że głębokie skupienie się na zewnętrznych nagrodach może przynieść szybkie korzyści. Problem w tym, że takie podejście trudno jest utrzymać przez dłuższy czas. I nie pomaga ono w osiąganiu mistrzostwa, które na dłuższą metę jest źródłem osiągnięć. Są dowody, że ludzie odnoszący największe sukcesy często nie dążą bezpośrednio do sukcesu w konwencjonalnym rozumieniu tego słowa. Pracują ciężko i mimo trudności nie ustają w wysiłkach ze względu na wewnętrzne pragnienie kontrolowania własnego życia, poznawania świata i dążenia do czegoś, co przetrwa.

Zachowanie Typu I nie pogardza pieniędzmi ani uznaniem. Zarówno ludziom Typu X, jak i Typu I, zależy na pieniądzach. Jeśli to, co otrzymuje pracowniczka, jest poniżej wynagrodzenia podstawowego, które opisywałem w Rozdziale 2. – jeśli firma nie płaci jej adekwatnie, albo jeśli jej płaca nie jest porównywalna z płacą innych, wykonujących podobne zadania – motywacja takiej osoby rozsypie się niezależnie od tego, czy skłania się ona w stronę X czy w stronę I. Jednak z chwilą, gdy wynagrodzenie osiągnie ten podstawowy poziom, pieniądze zaczną odgrywać inną rolę przy zachowaniu Typu I niż przy zachowaniu Typu X. Typ I nie odrzuca podwyżek ani nie rezygnuje z realizowania czeków z wypłatą. Ale jednym z powodów, dla których sprawiedliwa i adekwatna zapłata ma taką wagę, jest to, że kwestia pieniędzy przestaje być przez cały czas aktualna i ludzie mogą się skupić na samej pracy. W przeciwieństwie do tego dla wielu ludzi Typu X pieniądze zawsze będą kwestią **aktualną**. To dla nich robią to, co robią. Z uznaniem sprawa ma się podobnie. Typ I lubi, by wyrażano mu uznanie za jego osiągnięcia – ponieważ uznanie jest formą sprzężenia zwrotnego. Ale dla niego, w odróżnieniu od Typu X, uznanie nie jest celem samym w sobie.

Zachowanie Typu I jest „surowcem" odnawialnym. Wyobraź sobie, że zachowanie Typu X jest jak węgiel, a zachowanie Typu I jak słońce. Przez większość współczesnej historii węgiel stanowił najtańszy, najprostszy i najbardziej wydajny surowiec. Ale węgiel ma dwie wady. Po pierwsze, wytwarza takie paskudne zjawiska jak zanieczyszczenie powietrza i efekt cieplarniany. Po drugie, jest wyczerpywalny; wydobywanie go staje się z roku na rok coraz trudniejsze i coraz droższe. Podobnie jest z zachowaniem Typu X. Nacisk kładziony na nagrody i kary powoduje, że system „bluzga" skutkami ubocznymi (wyliczonymi w Rozdziale 2.). A motywatory typu „jeśli – to" zawsze stają się coraz droższe. Natomiast zachowanie Typu I, którego osią jest wewnętrzna motywacja, wykorzystuje zasoby, które łatwo uzupełnić i które przynoszą niewiele szkód. Jest ono motywacyjnym odpowiednikiem czystej energii: niedrogie, bezpieczne w użyciu i bez końca odnawialne.

Zachowanie Typu I sprzyja lepszemu samopoczuciu fizycznemu i psychicznemu. Zgodnie z całym szeregiem badań przeprowadzonych przez naukowców zajmujących się SDT, ludzie zorientowani na autonomię i wewnętrzną motywację mają większe poczucie własnej wartości, lepsze kontakty interpersonalne i lepsze ogólne samopoczucie niż ci, którzy są motywowani zewnętrznie. W przeciwieństwie do nich zdrowie psychiczne ludzi, których najważniejsze aspiracje mają uzasadnienie Typu X, takie jak pieniądze, sława czy uroda, jest na ogół gorsze. Istnieje nawet związek pomiędzy Typem X i Typem A. Deci odkrył, że ludzie zorientowani na kontrolę i zewnętrzne nagrody wykazują większe skrępowanie w miejscach publicznych, postępują bardziej defensywnie i z większym prawdopodobieństwem przejawiają zachowania Typu A.[5]

W ostatecznym rozrachunku zachowanie Typu I zależy od trzech substancji odżywczych: autonomii, mistrzostwa i celu. Zachowanie Typu I jest samokierujące. Poświęcone jest stawaniu się coraz lepszym w czymś, co ma znaczenie. I wiąże dążenie do doskonałości z wyższym celem.

Niektórzy mogą odrzucać tego typu koncepcje jako sentymentalne i idealistyczne, ale nauka mówi co innego. Nauka potwierdza, że zachowanie tego typu jest istotnym aspektem bycia człowiekiem i że teraz, przy szybko zmieniającej się gospodarce, jest również kluczowe, jeśli chce się osiągnąć jakiś sukces – zawodowy, osobisty czy organizacyjny.

Tak więc mamy wybór. Możemy kurczowo trzymać się poglądu na ludzką motywację, który mocniej osadzony jest w starych nawykach niż we współczesnej nauce. Albo możemy posłuchać wyników badań, przeciągnąć nasz biznes i osobiste praktyki w dwudziesty pierwszy wiek i stworzyć nowy system operacyjny, który pomoże nam, naszym firmom i naszemu światu działać trochę lepiej.

To nie będzie łatwe. Nie stanie się to z dnia na dzień. Więc bierzmy się do roboty.

Część druga

Trzy elementy

ROZDZIAŁ 4

Autonomia

Spoglądam w przyszłość – autonomia działa. Działa zrywami przez całą dobę w Sydney w Australii. Działa w „partyzanckich" projektach własnych w Mountain View w Kalifornii. I działa, kiedy tylko jej się spodoba, w Charlottesville w Wirginii. Przyczyną, **dla której** działa, jest to **jak** działa. Na obrzeżach gospodarki – powoli, ale nieubłaganie – staroświeckie wyobrażenia o zarządzaniu ustępują miejsca nowomodnemu podkreślaniu samoukierunkowania.

I właśnie dlatego parę minut po dwunastej w południe w deszczowy piątek w Charlottesville tylko jedna trzecia pracowników dyrektora Jeffa Gunthera jest obecna w pracy. Ale Gunther – przedsiębiorca, menedżer, kapitalista – ani się tym nie martwi, ani nie irytuje. A nawet jest spokojny i skupiony jak jakiś mnich. Może dlatego, że sam pojawił się w biurze dopiero gdzieś przed godziną. Albo dlatego, że wie, iż jego załoga się nie miga. Pracują, tyle że na własnych warunkach.

Na początku roku Gunther zapoczątkował w Meddius, jednej z trzech firm, które prowadzi, pewien eksperyment w dziedzinie autonomii. Zamienił firmę, która tworzy komputerowy software i hardwa-

Trzy elementy

re, mający pomagać szpitalom w zintegrowaniu ich systemów informacji, w ROWE* – środowisko pracy zorientowane tylko na wyniki. Strategia zarządzania ROWE to pomysł Cali Ressler i Jody Thompson, dwóch byłych kierowniczek działu zasobów ludzkich w amerykańskiej sieci handlowej Best Buy. Zasady ROWE umiejętnie łączą zdroworozsądkowy pragmatyzm Bena Franklina z szokującym radykalizmem Saula Alinsky'ego. W zakładach, w których stosuje się ROWE, ludzie nie mają wyznaczonych godzin pracy. Przychodzą wtedy, kiedy chcą. Nie muszą pojawiać się w biurze o konkretnej godzinie, ani w ogóle się pojawiać. Muszą tylko zrobić to, co mają zrobić. Jak to robią, kiedy to robią i gdzie to robią, to już ich sprawa.

Ten pomysł spodobał się Guntherowi, który ma trzydzieści parę lat. „Zarządzanie nie polega na tym by przechadzać się i sprawdzać, czy ludzie siedzą w swoich pokojach" – powiedział mi. Polega na stwarzaniu ludziom takich warunków, żeby jak najlepiej pracowali. Dlatego zawsze starał się trzymać pracowników na długiej smyczy. Ale kiedy Meddius się rozrastał, a Gunther zaczął poszukiwać nowej powierzchni biurowej, zaczął się też zastanawiać, czy utalentowani, dorośli pracownicy, wykonujący skomplikowaną pracę, potrzebują w ogóle jakiejś smyczy. Tak więc podczas świątecznego przyjęcia w firmie w grudniu 2008 roku ogłosił: przez pierwsze dziewięćdziesiąt dni nowego roku całe liczące dwadzieścia dwie osoby przedsiębiorstwo wypróbuje pewien eksperyment. Zostanie firmą typu ROWE.

„Na początku ludzie nie byli do tego przekonani" – mówi Gunther. Biuro zapełniało się około dziewiątej rano i pustoszało we wczesnych godzinach wieczornych, tak jak dawniej. Kilku pracowników wyszło ze środowisk o bardzo rygorystycznym nadzorze i nie było przyzwyczajonych do takiej swobody. (W poprzedniej firmie jednego z pracowników personel musiał przychodzić do pracy do ósmej rano. Jeśli ktoś się spóźnił nawet kilka minut, musiał napisać usprawiedliwienie, które wszyscy inni mogli przeczytać.) Jednak po kilku tygodniach

---

* ROWE – results-only work environment.

większość ludzi się w tym systemie odnalazła. Wzrosła produktywność. Zmniejszył się stres. I chociaż dwóch pracowników borykało się z problemem wolności i ostatecznie odeszło, po zakończeniu okresu próbnego Gunther zdecydował się wprowadzić ROWE na stałe.

„Niektórzy ludzie (spoza firmy) sądzili, że oszalałem" – mówi. Pytali: skąd będziesz wiedział, co robią twoi pracownicy, skoro ich nie ma na miejscu?". Ale zdaniem Gunthera w tym nowym środowisku pracownicy mieli lepsze osiągnięcia. Jeden z powodów: skupiali się na samej pracy, a nie na tym, czy ktoś nie nazwie ich obibokami, bo wyszli o trzeciej, żeby zobaczyć, jak córka gra w nogę. A ponieważ większość jego pracowników stanowią programiści, projektanci oraz inni ludzie wykonujący prace o wysokim poziomie kreatywności, było to bardzo ważne. „Dla nich ważny w tym wszystkim jest kunszt. I potrzebują dużo autonomii".

Ludzie nadal mieli konkretne cele, które musieli osiągnąć: na przykład ukończyć projekt w terminie lub nabić konkretną ilość sprzedaży. I jeśli potrzebowali pomocy, Gunther pomocą służył. Ale postanowił nie łączyć tych celów z wynagrodzeniem. „Takie postępowanie generuje kulturę, w której chodzi tylko o pieniądze, a za mało o pracę". Przekonany jest, że pieniądze są tylko „motywatorem progowym". Ludzie muszą być dobrze opłacani, by móc troszczyć się o swoje rodziny, stwierdza. Ale kiedy firma spełnia już ten podstawowy warunek, dolary i centy przestają w znaczący sposób wpływać na wyniki i motywację. Gunther jest nawet zdania, że ludzie pracujący w środowisku ROWE dużo mniej chętnie przechodzą do innej pracy, nawet gdyby tam ich pensja miała wzrosnąć o 10 000 albo nawet o 20 000 dolarów. Uważają, że swoboda, jaką dysponują, pozwalająca im naprawdę dobrze pracować, jest dla nich bardziej cenna niż podwyżka, i że trudno ją czymś zrekompensować – a ich współmałżonkowie, partnerzy i rodziny należą do najbardziej zagorzałych zwolenników strategii ROWE.

„W miarę, jak będzie pojawiało się więcej właścicieli firm w moim wieku, więcej przedsiębiorstw będzie przechodziło na ten system. Pokolenie mojego ojca widzi w ludziach zasoby ludzkie. To bale, których potrzebujesz, żeby wybudować swój dom – mówi. – Dla mnie to jest partnerstwo pomiędzy mną a pracownikami. Nie są zasobami. Są partnerami". A partnerzy, jak wszyscy z nas, czują potrzebę, by kierować własnym życiem.

GRACZE CZY PIONKI?

Zapominamy czasem, że „zarządzanie" nie jest wytworem natury. Nie jest jak drzewo czy rzeka. Przypomina raczej telewizor czy rower. Jest czymś, co wynaleźli ludzie. Jak zauważył guru zarządzania strategicznego, Gary Hamel, zarządzanie to technologia. I podobnie jak Motywacja 2.0, jest to technologia, która zaczęła zgrzytać. Chociaż niektóre firmy naoliwiły trochę swoje mechanizmy, a jeszcze więcej firm nieszczerze to oliwienie wychwalało, w zasadzie zarządzanie nie zmieniło się zbytnio przez ostatnie sto lat. Jego najważniejszą zasadą etyczną pozostaje kontrola; najważniejszymi narzędziami – motywatory zewnętrzne. Powoduje to, że wyraźnie nie jest zgrane z nierutynowymi, „prawopółkulowymi" umiejętnościami, od których teraz zależy wiele światowych gospodarek. Ale czy jego najbardziej rażąca słabość nie sięga przypadkiem jeszcze głębiej? Czy zarządzanie, w swojej obecnej postaci, nie jest niezsynchronizowane z samą naturą człowieka?

Idea zarządzania (to znaczy zarządzania ludźmi, a nie, powiedzmy, siecią dostawczą) opiera się na pewnych założeniach co do podstawowej natury tych, którymi zarządza. Zakłada, że po to, byśmy podjęli działanie lub zrobili krok do przodu, potrzebujemy zachęty – że pod nieobecność nagrody i kary nie ruszylibyśmy się z miejsca, zadowoleni i bierni. Zakłada również, że jak już ludzie się ruszą, trzeba nimi kierować – że bez stanowczego i solidnego przewodnika by pobłądzili.

Ale czy rzeczywiście taka jest nasza podstawowa natura? Albo, żeby zastosować kolejną komputerową metaforę, czy są to nasze „ustawienia domyślne"? Czy kiedy przychodzimy na ten świat, jesteśmy zaprogramowani na pasywność i obojętność? Czy może zaprogramowani jesteśmy na aktywność i zaangażowanie?

Autonomia

Przekonany jestem, że na to drugie – że w naszą podstawową naturę wpisana jest ciekawość i samoukierunkowanie. I mówię tak nie dlatego, żebym był naiwnym idealistą, ale dlatego, że przebywałem w towarzystwie małych dzieci i dlatego, że mamy z żoną trójkę własnych. Czy zdarzyło wam się kiedykolwiek widzieć sześciomiesięczne lub roczne dziecko, które **nie** jest ciekawe i **nie** działa w oparciu o samoukierunkowanie? Bo mnie nie. Tacy jesteśmy na samym początku. A jeśli w wieku czternastu lub czterdziestu trzech lat jesteśmy pasywni i obojętni, to nie dlatego, że tacy jesteśmy z natury. Tylko dlatego, że coś poprzestawiało nasze ustawienia domyślne.

Rolę tego czegoś mogło spokojnie pełnić zarządzanie – nie tylko to, jak szefowie traktują nas w pracy, ale też fakt, że te szerszej pojmowane zasady etyczne przyssały się jak pijawki do szkół, rodzin i wielu innych aspektów naszego życia. Być może zarządzanie nie jest **reakcją** na rzekomo naturalny dla nas stan pasywnej obojętności. Być może zarządzanie jest jedną z sił, która przełącza nasze ustawienia domyślne i **generuje** ten stan.

Trzeba pamiętać, że te zmiany nie są tak podstępne, jak mogłoby się wydawać. Częściowe ukrywanie swojej natury w imię ekonomicznego przetrwania może nie być złym posunięciem. Moi przodkowie tak postępowali, twoi również. I są momenty, nawet teraz, kiedy nie mamy innego wyboru.

Jednak dzisiejsze osiągnięcia gospodarcze, nie wspominając już o osobistym spełnieniu, częściej zależą od czegoś zupełnie innego. Zależą nie od tego, byśmy ukrywali naszą naturę, ale od tego, byśmy pozwalali jej się ujawniać. Wymaga to opierania się pokusie kontrolowania ludzi oraz dokładania wszelkich starań, by na nowo obudzić głęboko zakorzenione w nich poczucie autonomii. Ta wrodzona zdolność do kierowania samym sobą leży w samym sercu Motywacji 3.0 i zachowania Typu I.

Fakt, że natura ludzka jest z zasady autonomiczna, stanowi oś teorii samookreślenia (SDT)*. Jak już wyjaśniłem w poprzednim rozdziale,

---

* SDT – self-determination theory (ang.).

> *Najwyższą swobodą dla grup twórczych jest swoboda eksperymentowania z nowymi pomysłami. Niektórzy sceptycy upierają się, że innowacje są drogie. Na dłuższą metę innowacje są tanie. Przeciętność jest drogą, a autonomia stanowić może antidotum.*
>
> TOM KELLEY
> Dyrektor naczelny IDEO

Deci i Ryan wymieniają autonomię jako jedną z trzech podstawowych ludzkich potrzeb. A z nich trzech to ona jest najważniejsza – jest słońcem, wokół którego krążą planety SDT. W latach osiemdziesiątych, w miarę jak ich praca postępowała do przodu, Deci i Ryan odchodzili od klasyfikowania zachowania na zewnętrznie albo wewnętrznie motywowane, i przechodzili do klasyfikowania go na kontrolowane albo autonomiczne. „Autonomiczna motywacja wymaga postępowania z pełną świadomością woli i wyboru – piszą – podczas gdy kontrolowana motywacja wiąże się z postępowaniem, przy którym doświadcza się nakierowującej na konkretne cele presji i żądań, których źródłem są siły postrzegane przez jednostkę jako zewnętrzne".[1]

Autonomia, tak jak widzą ją Deci i Ryan, różni się od niezależności. Nie jest surowym indywidualizmem amerykańskiego kowboja, nakazującym „bierz się za to sam, nie licz na nikogo". Oznacza, że działasz, mając wybór – co znaczy, że możemy być równocześnie autonomiczni i z przyjemnością współzależni od innych. I podczas gdy pojęcie niezależności niesie ze sobą narodowy i polityczny wydźwięk, autonomia wydaje się być raczej koncepcją ogólnoludzką niż zachodnią. Naukowcy odkryli sprzężenie pomiędzy autonomią a ogólnie dobrym samopoczuciem nie tylko w Ameryce Północnej i Zachodniej Europie, ale też w Rosji, Turcji i Korei Południowej. Nawet w krajach niezachodnich o wysokim wskaźniku ubóstwa, takich jak Bangladesz, badania socjologów wykazały, że ludzie dążą do autonomii i że poprawia ona ich życie.[2]

Poczucie autonomii wywiera potężny wpływ na wydajność i nastawienie jednostki. Zgodnie z wynikami całego szeregu badań naukowców behawioralnych, autonomiczna motywacja sprzyja lepszemu rozumieniu pojęciowemu, lepszym ocenom, wzmożonej wytrwałości w szkole i w sporcie, wyższej produktywności, rzadszemu wypaleniu i wyższemu poziomowi zdrowia psychicznego.[3] Te efekty przenoszą się na miejsce pracy. W 2004 roku Deci i Ryan razem z Paulem Baardem z Uniwersytetu Fordmana przeprowadzili badanie wśród pracowników pewnego amerykańskiego banku inwestycyjnego. Ci trzej badacze przekonali się, że z pracy bardziej zadowoleni byli ci pracownicy, których szefowie zapewniali „wspieranie autonomii". Tacy szefowie patrzyli na sprawy z punktu widzenia pracownika, udzielali znaczących informacji i opinii, dawali szeroki wybór tego, co robić i jak to robić, oraz zachęcali pracowników, by podejmowali nowe zadania. Wynikający z tego wzrost zadowolenia z pracy prowadził z kolei do lepszych w niej wyników. Co więcej, korzyści, jakie autonomia przynosi jednostkom, przekładają się na ich firmę. Na przykład naukowcy z Uniwersytetu Cornella zbadali 320 małych biznesów, z których połowa dawała pracownikom autonomię, a druga połowa bazowała na odgórnych poleceniach. Firmy, które dawały autonomię, rozwijały się cztery razy szybciej niż firmy nastawione na kontrolę, i miały o jedną trzecią większe obroty.[4]

Mimo to zbyt wiele firm nadal pozostaje rozpaczliwie daleko w tyle za nauką. W dwudziestym pierwszym wieku większość poglądów na temat zarządzania przyjmuje założenie, że w ostatecznym rozrachunku ludzie są pionkami, a nie graczami. By podać tylko jeden przykład, brytyjski ekonomista Francis Green zwraca uwagę, że brak prawa do podejmowania decyzji w pracy najlepiej wyjaśnia zmniejszającą się wydajność i zadowolenie z pracy w Wielkiej Brytanii.[5] Zarządzanie wciąż w dużej mierze obraca się wokół nadzoru, nagród typu „jeśli – to" oraz innych form kontroli. Odnosi się to nawet do bardziej życzliwego i łagodnego podejścia Motywacji 2.1, która szepcze słodko o takich sprawach jak „upełnomocnienie"* oraz „elastyczność".

---

* Upełnomocnienie (ang. empowerment) – koncepcja zarządzania zasobami ludzkimi prowadząca do wzmocnienia i usamodzielnienia pracowników (przyp. tłum.).

Zastanówcie się nad samym pojęciem „upełnomocnienie". Zakłada ono, że firma ma „pełną moc" i łaskawie nakłada niewielkie jej porcyjki do misek podstawianych przez wdzięcznych pracowników. Ale to nie jest autonomia. To tylko odrobinę bardziej cywilizowana forma kontroli. Albo rozważcie, jak kierownictwo rozumie „elastyczny czas pracy". Ressler i Thompson nazywają to „oszukańcza grą" i mają rację. Elastyczność tylko odsuwa dalej płoty i czasami otwiera furtki. Ona również jest czymś niewiele lepszym niż kontrola prowadzona z ukrycia. Same te słowa są odbiciem założeń niezgodnych zarówno z charakterem naszych czasów, jak i z naturą kondycji ludzkiej. Mówiąc krótko: zarządzanie nie jest rozwiązaniem, lecz problemem.

Może czas już, by słowo „zarządzanie" znalazło się na lingwistycznym śmietniku obok „lodowni" i „automobilu". Ta era nie wymaga lepszego zarządzania. Wymaga odrodzenia samoukierunkowania.

CZTERY ZASADNICZE ELEMENTY

W 2002 roku Scott Farquhar i Mike Cannon-Brookes, dwa australijskie żółtodzioby świeżo po studiach, pożyczyli 10000 dolarów ze swoich kart kredytowych, by założyć firmę produkującą oprogramowanie. Obdarzyli swoje przedsięwzięcie zuchwałą nazwą – Atlassian, na cześć tytana Atlasa, który dźwigał świat na swoich barkach. I zabrali się do tworzenia firmy, która miała konkurować z niektórymi znanymi markami w dziedzinie inżynierskiego oprogramowania. Wtedy ich przedsięwzięcie wydawało się szalone. Dziś wydaje się natchnione. Dzięki połączeniu wspaniałych kodów komputerowych i mądrych praktyk biznesowych, Atlassian zgarnia około 35 milionów dolarów rocznie i zatrudnia prawie dwieście osób w swoich biurach w Sydney, Amsterdamie i San Francisco.

Ale, jak każdy dobry przedsiębiorca, Cannon-Brookes wędruje przez życie pod chmurą wiecznego niezadowolenia. Widział, jak odnoszące sukces firmy pogrążają się w marazmie, i chciał, by jego firma

Autonomia

uniknęła takiego losu. Aby więc wykrzesać jeszcze więcej kreatywności ze swojego zespołu i mieć pewność, że programiści firmy Atlassian dobrze się w pracy bawią, postanowił zachęcać ich, by spędzali jeden dzień na pracy nad dowolnym wybranym przez siebie problemem, nawet jeśli nie wchodził on w zakres ich normalnych obowiązków.

W ten niekonwencjonalny „wolny" dzień zrodziło się kilka pomysłów na nowe produkty oraz wiele udoskonaleń i łatek korekcyjnych dla produktów już istniejących. I dlatego Cannon-Brookes postanowił, że ten zwyczaj wejdzie na stałe do kultury firmy Atlassian. Teraz, raz na kwartał, firma przeznacza cały dzień na to, by inżynierowie mogli pracować nad wybranym przez siebie problemem software'owym – tyle że obecnie, po to „by oderwali się od codzienności", **musi** to być coś, co nie wchodzi w zakres ich normalnych obowiązków.

Ten dzień zaczyna się o czternastej we czwartek. Inżynierowie, łącznie z samym Cannon-Brooksem, siadają, żeby zaklepać jakiś nowy kod albo wykombinować jakąś wytworną sztuczkę – jak chcą i z kim chcą. Wielu pracuje przez całą noc. Potem o szesnastej w piątek prezentują wyniki pozostałym pracownikom firmy podczas szalonego spotkania całego zespołu zaopatrzonego w obfite zapasy zimnego piwa i ciasta czekoladowego. Atlassian nazywa te dwudziestoczterogodzinne wybuchy wolności i kreatywności „Dniami FedEx" – ponieważ ludzie muszą „doręczyć przesyłkę" w ciągu jednej doby. I Atlassianie ją dostarczają. Przez lata ten dziwny eksperyment przyniósł szereg software'owych ulepszeń, które inaczej mogłyby się nigdy nie pojawić. Jeden z inżynierów mówi: „Część najfajniejszych rzeczy, jakie mamy dzisiaj w naszym produkcie, pochodzi z Dni FedEx".

To nie jest plan „zapłać za wydajność", osadzony w mechanistycznych założeniach Motywacji 2.0. To plan osadzony w autonomii, dobrze dostrojony do przeplatających się wątków Motywacji 3.0. „Zawsze staliśmy na stanowisku, że pieniądze są czymś, na czym można stracić" – powiedział mi Cannon-Brookes. „Jeśli za mało płacisz, możesz stracić ludzi. Ale poza tym pieniądze nie są motywatorem. Znaczenie mają inne kwestie". A pewna niewielka liczba patrzących

99

Trzy elementy

w przyszłość przedsiębiorstw odkrywa, że jedną z tych kwestii jest autonomia – w szczególności autonomia w czterech aspektach pracy: w tym, co ludzie robią, kiedy to robią, jak to robią i z kim to robią. Jak dowodzi doświadczenie firmy Atlassian, zachowanie Typu I pojawia się wtedy, gdy ludzie dysponują autonomią w zadaniu, czasie, technice i zespole.

Zadanie

Cannon-Brookes nadal był niezadowolony. Dni FedEx działały wspaniale, ale nieodłączną ich częścią była pewna słabość. „Tworzysz coś w dwadzieścia cztery godziny, ale nie dają ci już czasu, żebyś nad tym popracował" – mówi. Postanowił więc razem ze swoim współzałożycielem, Farquharem, że podwoją poparcie dla autonomii pracowników. Wiosną 2008 roku ogłosili, że przez następne sześć miesięcy programiści Atlassian mogą spędzać 20 procent czasu – a nie tylko jeden intensywny dzień – pracując nad dowolnym wybranym przez siebie projektem. Jak wyjaśnił to pracownikom Cannon-Brookes we wpisie na blogu:

> Początkujący inżynier musi być wszystkim – on (lub ona) jest pełnoetatowym programistą oraz niepełnoetatowym menedżerem produktu/guru obsługującym klienta/ekspertem od wewnętrznych systemów. W miarę jak firma się rozrasta, inżynier spędza coraz mniej czasu na tworzeniu tego, na czym jemu osobiście zależy. Mamy nadzieję, że te 20% uzupełni czas, który inżynierowie już poświęcili – na to, na co chcieli – i będą oni mogli go wykorzystać na pracę nad innowacjami, dodatkowymi elementami, wtyczkami programowymi, poprawkami lub dodatkami do produktu, które uważają za najważniejsze.[6]

Ta praktyka ma mocne tradycje i jest dobrze znanym zjawiskiem we współczesnych czasach. Pionierem jej była amerykańska firma 3M.

Autonomia

W latach trzydziestych i czterdziestych prezesem tej firmy był William McKnight, człowiek równie skromny w sposobie bycia, jak wizjonerski w sposobie myślenia. McKnight miał proste i w tamtych czasach wywrotowe credo: „Zatrudnij dobrych ludzi i zostaw ich w spokoju". Na długo przed tym, zanim gadanie menedżerów o „upełnomocnieniu" weszło w modę, on opowiedział się energicznie po stronie autonomii. „Ci mężczyźni i te kobiety, którym przekazujemy pewną władzę i obowiązki, jeśli są dobrymi ludźmi, będą chcieli wykonywać swoją pracę po swojemu" – napisał w 1948 roku.[7] McKnight zachęcał nawet pracowników, by angażowali się w coś, co nazywał „eksperymentalnym gryzmoleniem".

> *Jako przedsiębiorca obdarzony zostałem 100% autonomią w sprawach dotyczących zadania, czasu, techniki i zespołu. Sęk w tym, że jeśli zachowam tę autonomię, poniosę porażkę. Porażkę przy ekspedycji. Porażkę przy wyróżnianiu się. Porażkę przy koncentracji. Nieuchronnie skończę bez produktu albo z produktem, który rynek odrzuci. Najwyższą sztuką jest wyznaczanie sobie własnych granic. To autonomia, którą cenię najwyżej. Tę wolność, by samemu wyznaczać swoje granice.*
> SETH GODIN, autor *Plemion*, *Wielkiego Muuu* i najpopularniejszego bloga marketingowego na świecie

Ten przedziwny korporacyjny heretyk, w którego mózgu wykluwały się te nieortodoksyjne pomysły, wprowadził nową strategię: personel techniczny 3M mógł spędzać do 15 procent swojego czasu nad projektami, jakie sam sobie wybrał. Inicjatywa ta wydawała się tak sprzeczna z obowiązującymi według Motywacji 2.0 obyczajami, tak z pozoru zakazana, że w firmie nazwano ją „strategią przemytniczą". A mimo to działała. Ogrodzone murem ogrody autonomii szybko zamieniły się w żyzne pola, z których można było zbierać plon nowości – a do nich należały na przykład kartki samoprzylepne. Naukowiec Art Fry wymyślił te wszechobecne samoprzylepne karteczki nie podczas wykonywania swoich normalnych obowiązków, ale podczas tego piętnastoprocentowego czasu. Dziś karteczki samoprzylepne to ogromny biznes: 3M oferuje ponad sześćset tego typu produktów w ponad stu krajach. (A ich kulturalny wpływ może być jeszcze większy. Pomyśl tylko: gdyby nie dawne dążenie McKnighta do autonomii, żylibyśmy w świecie, w którym nie byłoby małych żółtych kwadracików poprzyklejanych do naszych monitorów komputerowych. Naprawdę zimno się człowiekowi robi na tę myśl.) Według byłego dyrektora do spraw badań i rozwoju w 3M, większość wynalazków, na których do dziś firma bazuje, zrodziła się w trakcie stosowania strategii przemytniczej i eksperymentalnego gryzmolenia.[8]

Innowacja McKnighta wykorzystywana jest nadal w 3M. Ale tylko zaskakująco niewielka liczba innych firm poszła w tym kierunku, chociaż strategia ta daje wyniki poparte dowodami. Najlepiej znaną firmą, która ją sobie przyswoiła, jest Google – od dawna zachęca inżynierów, by spędzali jeden dzień w tygodniu nad projektami własnymi. Niektórzy Googlerzy wykorzystują swoje „20 procent czasu" na skorygowanie istniejącego produktu, ale większość wykorzystuje go, by stworzyć coś zupełnie nowego. Co oczywiste, Google nie zrzeka się praw własności intelektualnej do tego, co zostało stworzone podczas tych 20 procent – i to jest mądre. W ciągu typowego roku ponad połowa nowych propozycji Google'a rodzi się podczas tego okresu czystej autonomii. Na przykład naukowiec Krishna Bharat, sfrustrowany tym, jak trudno znaleźć wiadomości bieżące online, stworzył podczas swoich 20 procent czasu Google News. Stronę tę odwiedzają teraz miliony ludzi dziennie. Gmail, obecnie jeden z najpopularniejszych programów e-mailowych, został stworzony przez byłego inżyniera Google'a, Paula Bucheita, jako jego „dwudziestoprocentowy" projekt. Wiele innych produktów Google'a ma podobną historię stworzenia – wśród nich Orkut (internetowy serwis społecznościowy Google'a), Google Talk (jego komunikator internetowy), Google Sky (który umożliwia użytkownikom z zamiłowaniem do astronomii przeglądanie zdjęć z kosmosu) i Google Translate (jego program tłumaczeniowy dla telefonów komórkowych). Jak powiedział w wywiadzie telewizyjnym Alec Proudfoot, który w swoim „dwudziestoprocentowym" projekcie dążył do podniesienia wydajności samochodów hybrydowych: „Prawie wszystkie dobre pomysły w Google'u wypłynęły podczas dwudziestoprocentowego czasu".[9]

Wracając do Atlassian, wyglądało na to, że eksperyment z 20 procentami czasu działa. Podczas okresu próbnego, który, jak się okazało, trwał rok, programiści wprowadzili na rynek czterdzieści osiem nowych projektów. Tak więc w 2009 roku Cannon-Brookes zdecydował, że wprowadzi tę dawkę autonomii zadaniowej na stałe jako jeden z warunków pracy w Atlassian. Nie wszystkim ta decyzja odpowiadała. Jak pokazały zgrubne obliczenia Cannon-Brookesa, żeby siedemdziesięciu inżynierów spędzało w ten sposób dwadzieścia procent swojego czasu przez okres sześciu miesięcy, trzeba było zainwestować 1 milion dolarów. Dyrektor finansowy firmy był przerażony. Niektórzy menedżerowie projektów – chociaż Atlassian jest tak postępowy w swoim sposobie myślenia, firma nadal używa tego słowa na „m" – nie byli zadowoleni, ponieważ oznaczało to dla nich konieczność rezygnacji z części nadzoru nad pracownikami. Gdy kilku z nich chciało sprawdzać, jak pracownicy wykorzystują czas, by mieć pewność, że nie nadużywają tego przywileju, Cannon-Brokes powiedział: nie. „To był nadmiar kontroli. Chciałem wspierać naszych inżynierów i przyjąć na wiarę, że będą robili dobrą robotę". Poza tym, jak mówi: „Ludzie są bardziej wydajni przez te 20 procent czasu niż podczas normalnej pracy. Stwierdzają: «Nie będę [przekleństwo] zajmował się niczym takim jak czytanie wiadomości czy siedzenie na Facebooku»".

Jeżeli obecnie jakiś guru finansowy, któremu kroplisty pot spływa z zielonego daszka na czole, zgłasza zastrzeżenia co do kosztu, Cannon-Brookes ma gotową odpowiedź: „Pokazuję mu długą listę produktów, jakie od nas wyszły. Pokazuję, że mamy zerową fluktuację kadr w dziale inżynierii. I pokażuję mu, że mamy silnie zmotywowanych inżynierów, którzy ciągle starają się udoskonalać i poprawiać nasz produkt".

Autonomia przy wykonywaniu zadań jest jednym z istotnych aspektów zgodnego z Motywacją 3.0 podejścia do pracy. I nie jest ono zarezerwowane wyłącznie dla firm technologicznych. Na przykład w szpitalu Uniwersytetu Georgetown w Waszyngtonie D.C. wiele pielęgniarek może swobodnie prowadzić własne projekty badawcze, które z kolei zmieniają programy i strategie szpitalne.[10] Autonomia może działać w wielu dziedzinach, i może być obiecującym źródłem innowacji, a nawet reform instytucjonalnych.

Inicjatywy takie jak Dni FedEx i usankcjonowanie czasu na projekty własne nie zawsze łatwo jest zrealizować, kiedy pochłania nas codzienna obsługa klientów, ekspedycja produktów i rozwiązywanie problemów. Ale potrzeba ich wprowadzenia staje się nagląca w gospodarce, która wymaga braku rutyny, kreatywności oraz umiejętności koncepcyjnych – z czym zgodzi się każdy malarz czy projektant. Od dawna autonomia przy wykonywaniu pracy była dla nich kluczowa, żeby mogli tworzyć. A dobrzy przywódcy (w przeciwieństwie do kompetentnych „menedżerów") doskonale to rozumieją.

Dobry przykład: George Nelson był przez kilka dziesięcioleci dyrektorem kreatywnym w firmie Herman Miller, symbolu amerykańskiego wytwórcy mebli. Sformułował kiedyś pięć prostych zasad, które jego zdaniem prowadziły do wspaniałego projektowania. Jedna z tych reguł mogłaby służyć jako wezwanie do walki o zasady etyczne zachowania Typu I w odniesieniu do autonomii przy wykonywaniu pracy: „Ty decydujesz, co będziesz tworzył".

Czas

Zastanawiałeś się kiedykolwiek, dlaczego prawnicy jako grupa są tacy nieszczęśliwi? Niektórzy badacze z dziedziny nauk społecznych się nad tym zastanawiali i zaproponowali trzy wyjaśnienia. Jedno związane jest z pesymizmem. Bycie pesymistą to niemal zawsze recepta na niski poziom tego, co psycholodzy nazywają „subiektywnie dobrym samopoczuciem". Pesymizm jest również szkodliwy w większości zawodów. Ale, jak napisał Martin Seligman: „Istnieje jeden rażący wyjątek: pesymiści radzą sobie lepiej w prawie". Innymi słowy, nastawienie, które powoduje, że jesteś mniej szczęśliwy jako człowiek, powoduje również, że jesteś bardziej skuteczny jako prawnik.[11] Drugi powód: większość innych przedsięwzięć to gry o sumie dodatniej. Jeśli sprzedam ci coś, czego chcesz i z czego się ucieszysz, i ty, i ja wyjdziemy na tym dobrze. A w przeciwieństwie do nich prawo często (choć nie zawsze) jest grą o sumie zerowej: ponieważ ktoś wygrywa, ktoś inny musi przegrać.

Jeżeli mam odnieść sukces, nic nie jest ważniejsze od tego, żebym miał pod kontrolą mój rozkład zajęć. Najbardziej kreatywny jestem pomiędzy piątą a dziewiątą rano. Gdybym miał szefa lub współpracowników, w ten czy inny sposób zrujnowaliby najlepsze dla mnie godziny.
SCOTT ADAMS
twórca Dilberta

Jednak trzeci powód może proponować najlepsze wyjaśnienie ze wszystkich i pomóc nam zrozumieć, dlaczego tak niewielu prawników służy za przykład zachowania Typu I. Prawnicy często stają przed wielkimi wymaganiami, ale mają stosunkowo mało „swobody decyzyjnej". Naukowcy behawioralni używają tego terminu, by opisać opcje, jakie ktoś ma, oraz to, co jako opcje postrzega. W pewnym sensie jest to inny sposób opisania autonomii, a prawnicy są ponurzy i drażliwi, ponieważ nie za wiele jej mają. Ta deprywacja zaczyna się wcześnie. Badania dwóch amerykańskich szkół prawniczych prowadzone w 2007 roku pokazały, że w ciągu trzyletniego okresu spędzonego na studiach ogólne samopoczucie studentów gwałtownie się pogarszało – w dużej mierze dlatego, że blokowana była ich potrzeba autonomii. Natomiast u studentów, którzy mieli większą autonomię przy wyborze wykładów, zadań i stosunków z wykładowcami, pogorszenie to było dużo mnie gwałtowne i nawet osiągali oni lepsze oceny i wyniki państwowego egzaminu do zawodu prawnika.[12]

Niestety u podstaw prywatnych praktyk prawniczych leży najbardziej zabójczy dla autonomii mechanizm, jaki można sobie wyobrazić: godzina fakturowana. Większość prawników – i prawie wszyscy prawnicy w dużych, prestiżowych firmach – muszą skrupulatnie odnotowywać, często w sześciominutowych odstępach czasu, na czym ten czas spędzają. Jeśli nie uda im się wystawić rachunku na wystarczającą liczbę godzin, ich posady są zagrożone. W rezultacie ich uwaga nieuchronnie przenosi się z danych wyjściowych (rozwiązanie problemu klienta) na dane wejściowe (uzbieranie jak największej liczby godzin). Jeśli nagrody są za czas, to czas jest tym, co firmy będą dostawać. Tego typu mierzalne cele obarczone wysokimi stawkami mogą wysączyć z człowieka wewnętrzną motywację, osłabić indywidualną inicjatywę, a nawet zachęcać do nieetycznego zachowania. Były Prezes Sądu Najwyższego Stanów Zjednoczonych William Rehnquist powiedział kiedyś: „Jeśli oczekuje się od kogoś, że zafakturuje ponad dwa tysiące godzin w roku, w oczywisty sposób pojawi się pokusa, by wyolbrzymiać ilość godzin, jakie faktycznie zostały przepracowane".[13]

Godziny fakturowane to relikt Motywacji 2.0. Mają trochę sensu przy zadaniach rutynowych – czy to mocowaniu drzwi do Forda Taurusa, czy sumowaniu ulg na prostym formularzu podatkowym – ponieważ istnieje ścisły związek pomiędzy tym, ile czasu wkładamy w pracę i ile wykonanej pracy otrzymujemy. A jeśli zaczynasz z założeniem, że wymigiwanie się wpisane jest w domyślne ustawienia pracowników, nadzorowanie ich czasu pracy może utrzymywać ich w karbach.

Jednak w Motywacji 3.0 nie ma miejsca na godziny fakturowane. Przy nierutynowych zadaniach, łącznie z prawniczymi, związek pomiędzy tym, ile czasu ktoś poświęci, a to, co ten ktoś wytworzy, jest niestandardowy i nieprzewidywalny. Wyobraźcie sobie, że będzie się wymagać od wynalazcy Deana Kamena lub aktorki Helen Miren, by fakturowali swój czas. Jeśli wyjdziemy z alternatywnego i bardziej precyzyjnego założenia – że ludzie chcą dobrze pracować – to powinniśmy pozwolić im skupić się na samej pracy, a nie na czasie, jaki zajmuje im jej wykonanie. Już teraz kilka firm prawniczych posuwa się w tym nowym, bliższym zachowaniu Typu I kierunku – i pobiera raczej opłatę zryczałtowaną, a nie honorarium wyliczone na podstawie liczby godzin; główny wspólnik jednej z wiodących firm prawniczych w Nowym Jorku ogłosił ostatnio, że: „Przyszedł czas, by pozbyć się godziny fakturowanej.[14]

Jeśli istnieje antyteza godziny fakturowanej, to jest nią środowisko pracy zorientowane tylko na wyniki, takie jak Jeff Gunther wprowadził do swoich firm. Pierwszą dużą firmą, która przeszła na ROWE, była Best Buy – nie w sklepach, tylko w swoich biurach. Podobnie jak piętnastoprocentowy czas w firmie 3M, eksperyment ROWE w Best Buy zaczął się od zuchwałego projektu zapoczątkowanego przez Ressler i Thompson, o których wspominałem wcześniej i które od tamtego czasu stały się dwoma guru ROWE, rozpowszechniającymi swoje przesłanie o autonomii po całym świecie. Siedziba główna Best Buy w Richfield w Minnesocie jest przestronna, nowoczesna i nie brakuje w niej recepcjonistów, kawiarni i pralni na sucho. Ale krążyła opinia, że w firmie są mordercze godziny pracy i wtrącający się we wszystko szefowie – i firma płaciła za to utratą talentów. Ówczesny dyrektor naczelny Best Buy, Brad Anderson, po cichu zgodził się na dziwną propozycję Ressler i Thompson, ponieważ zachęcała ona „ludzi, by coś wnosili, a nie tylko pokazywali się i odwalali produkcję".[15]

Dziś w siedzibie Best Buy mniej ludzi pracuje zgodnie z harmonogramem czasu pracy niż z nieharmonogramowym ROWE. I chociaż detaliczna elektronika to branża brutalnie rywalizująca, Best Buy utrzymuje swoją pozycję zarówno na rynku, jak i przy wyszukiwaniu talentów. Tamara Erickson, informując w „Harward Business Review" o wynikach tej stosującej ROWE firmy, pisze:

> Ludzie otrzymujący stałą pensję poświęcają na wykonanie swojej pracy tyle czasu, ile na jej wykonanie potrzeba. Pracownicy zatrudnieni w systemie godzinowym w tym programie przepracowują ustaloną liczbę godzin, by zastosować się do federalnych przepisów pracy, ale mogą wybierać, kiedy. Ci pracownicy donoszą, że mają lepsze stosunki z rodziną i przyjaciółmi, odczuwają większą lojalność wobec firmy, są bardziej skupieni i energiczni. Wydajność wzrasta o 35%, a niewymuszona fluktuacja kadr jest o 320 punktów bazowych niższa niż w zespołach, które nie przeszły takiej zmiany. Pracownicy mówią, że nie wiedzą, czy pracują mniej godzin – przestali liczyć[16].

Jest rzeczą niemal niemożliwą, żebyśmy – nie panując nad naszym czasem – dysponowali autonomią w życiu. Kilka organizacji Typu I zaczęło zauważać tę prawdę o kondycji ludzkiej i modyfikować swoje praktyki. Bez wątpienia w ich ślady pójdą inne. „W przeszłości praca była definiowana głównie poprzez poświęcany na nią czas, a dopiero na drugim miejscu poprzez osiągane wyniki. Musimy odwrócić ten model" – powiedziała mi Ressler. „Niezależnie od tego, w jakim jesteś biznesie, pora odrzucić usprawiedliwienia spóźnień, zegary kontrolne i przestarzałe myślenie ery przemysłowej".

Technika

Kiedy łączysz się z działem obsługi klienta, by złożyć skargę na rachunek od kablówki lub dowiedzieć się, co się dzieje z tym mikserem, który zamówiłeś, telefon zazwyczaj dzwoni w przypominającym bezbarwną jaskinię pomieszczeniu tak zwanej infolinii. Osoba, która odbiera telefon, przedstawiciel działu obsługi klienta, ma trudne zadanie. Zwykle godzinami siedzi w labiryncie ciasnych boksów – ze słuchawkami na uszach i dietetycznym napojem pod ręką. Jej płaca jest marna. A ludzie, z którymi ci przedstawiciele stykają się przez telefon – jeden po drugim – zazwyczaj nie dzwonią po to, by wyrazić im uznanie lub zapytać o plany na weekend. Są wkurzeni, sfrustrowani albo mają problem, który trzeba rozwiązać. Teraz. Zaraz.

Na dokładkę przedstawiciele infolinii mają mało swobody decyzyjnej, a ich praca to często istna definicja rutyny. Gdy ktoś dzwoni, wysłuchują, co ma do powiedzenia – a potem, w większości przypadków, wciskają kilka guzików na komputerze, by wyszukać instrukcję. Następnie stosują się do tej instrukcji, często słowo w słowo, z nadzieją, że jak najszybciej pozbędą się dzwoniącego z linii. To może być otępiająca praca, a staje się jeszcze bardziej ponura przez to, że menedżerowie na wielu infoliniach, starając się podnieść wydajność, podsłuchują rozmowy i sprawdzają, jak długo trwa każda z nich. Nie ma się więc co dziwić, że fluktuacja kadr na infoliniach w Stanach i Wielkiej Brytanii wynosi około 35 procent, dwa razy więcej niż w innych zawodach. Na niektórych infoliniach fluktuacja kadr wynosi ponad 100 procent, co oznacza, że średnio nikt z pracujących tam obecnie nie będzie pracować tam za rok.

Tony Hsieh, założyciel internetowego sklepu z obuwiem Zappos.com (obecnie część Amazon.com) pomyślał, że istnieje lepszy sposób, żeby zatrudniać, przygotowywać i mobilizować tego typu pracowników. Tak więc u Zappos nowo zatrudnieni przechodzą tygodniowe szkolenie. Potem, na koniec tych siedmiu dni, Hsieh składa im propozycję. Jeśli uważają, że Zappos jest nie dla nich i chcą odejść, zapłaci im 2000 dolarów – bez urazy. Hsieh hakuje system operacyjny Motywacja 2.0 jak genialny i życzliwy nastoletni komputerowy geniusz. Wykorzystuje nagrody typu „jeśli – to" nie po to, by zmotywować ludzi do większej wydajności, ale żeby pozbyć się tych, którzy nie pasują do miejsca pracy stosującego Motywację 3.0. Ci, którzy pozostaną, otrzymują przyzwoitą płacę i, co równie ważne, mają autonomię jeśli chodzi o technikę jej wykonania. Zappos nie kontroluje czasu rozmów pracowników z obsługi klienta ani nie wymaga, by stosowali instrukcje. Reprezentanci radzą sobie z rozmowami po swojemu. Ich zadaniem jest dobrze obsłużyć klienta; jak tego dokonają, to zależy od nich.

A wyniki tego przedkładania autonomii nad technikę? Fluktuacja kadr w Zappos jest minimalna. I chociaż firma jest wciąż jeszcze młoda, Zappos systematycznie zalicza się do firm najlepszych pod względem obsługi klienta w Stanach Zjednoczonych – wyprzedzając takie lepiej znane marki jak Cadillac, BMW i Apple, i plasując się mniej więcej na równi z szykownymi markami jak Jaguar i Ritz-Carlton.[17] Nieźle, jak na sprzedającą buty firmę ulokowaną gdzieś na pustyni w Newadzie.

To, co robi Zappos, ma związek z niedużym, ale rozrastającym się ruchem, mającym na celu przywrócenie pewnej swobody w zawodach zazwyczaj znanych z jej braku. Na przykład, chociaż wiele firm przerzuca pracę do tanich wykonawców za granicę, niektóre firmy odwra-

Trzy elementy

cają ten trend, zaczynając stosować coś znanego pod nazwą „przerzucanie do domów". Zamiast wymagać, by pracownicy działu telefonicznej obsługi klienta zgłaszali się w jednym miejscu pracy, kierują rozmowy do domów tych pracowników. Dzięki temu pracownicy oszczędzają czas potrzebny na dojazd do pracy, unikają fizycznej kontroli i mają dużo większą autonomię przy wykonywaniu swojej pracy.

Jedną z pierwszych firm, która wypróbowała to podejście, były amerykańskie linie lotnicze JetBlue. Od rozpoczęcia swojej działalności w 2000 roku JetBlue polegała na pracownikach telefonicznej obsługi klienta, którzy pracowali w domu. I od chwili, kiedy rozpoczęła działalność, JetBlue uzyskiwała dużo lepsze oceny z obsługi klienta niż jej konkurenci. Wydajność i satysfakcja z pracy zazwyczaj jest większa przy „przerzucaniu do domów" niż przy standardowych metodach – po części dlatego, że pracownicy czują się bardziej komfortowo i są mniej kontrolowani w domu. Ale również dlatego, że podejście skupione na autonomii czerpie z szerszej puli talentów. Wielu pracowników pracujących w domu to rodzice, studenci, emeryci i ludzie niepełnosprawni – ci, którzy chcą pracować, ale muszą to robić na swój własny sposób. Według pewnego raportu pomiędzy 70 a 80 procent przedstawicieli działu obsługi klienta pracujących w domu ma dyplom szkoły wyższej – dwa razy tyle co wśród ludzi pracujących w tradycyjnych infoliniach. Firmy takie jak Alpine Access, PHH Arval i LiveOps, które prowadzą działy obsługi klienta dla całego szeregu przedsiębiorstw, donoszą, że po przyjęciu tej metody koszty rekrutacji spadły im praktycznie do zera. Potencjalni pracownicy zgłaszają się do nich. Obecnie tacy „domowi" przedstawiciele działu obsługi klienta pracują dla wielu amerykańskich firm – w tym dla 1-800-Flowers, J. Crew, Office Depot, a nawet IRS [agencja rządowa USA zajmująca się ściąganiem podatków] – odpowiadając na pytania klientów w taki sposób, w jaki chcą.[18] I jak w każdym efektywnym stosującym Motywację 3.0 miejscu pracy, decyzja należy do nich.

Zespół

Niezależnie od tego, który się z kolei urodziłeś, zastanów się, jak to jest być trzecim dzieckiem w rodzinie. Nie masz nic do powiedzenia, jeśli chodzi o wybór otaczających cię osób. Już tam są, kiedy się pojawiasz. Co gorsza, jedna lub dwie z nich mogą wcale nie cieszyć się z tego, że cię widzą. A pozbycie się choćby jednej z nich zwykle nie jest możliwe.

Podejmowanie nowej pracy i utrzymanie posady są do siebie podobne. Komuś przedsiębiorczemu może się udać „wydłubać" dla siebie trochę autonomii tam, gdzie dotyczy ona zadań, czasu i techniki – ale autonomia dotycząca zespołu, z tym może być problem. To jeden z powodów, dla których ludzi ciągnie do przedsiębiorczości – bo daje ona szansę, żeby stworzyć swój własny zespół. Ale nawet przy bardziej tradycyjnych układach niektóre organizacje zaczynają orientować się, że danie ludziom pewnej swobody przy wyborze tych, z którymi pracują, ma swoje zalety – chociaż daleko jeszcze do tego, by takie postępowanie stało się typowe.

Autonomia w tym, co robimy, jest najważniejsza. Największa różnica między pracą dla innego studia a prowadzeniem własnego polega na tym, że mogę wybierać, jakiej pracy się podejmiemy i jakie produkty, usługi lub instytucje będziemy promować. A oto najważniejsza według mnie ze wszystkich kwestia: kiedy treść jest mi bliska, badania stają się proste, kontakty interesujące (ludzie, którzy tworzą ciekawe produkty i usługi, zazwyczaj sami są interesujący) i nie muszę się angażować w fałszywą reklamę.
STEFAN SAGMEISTER
projektant

Na przykład w Whole Foods, sieci sklepów z organiczną żywnością, ludzie, którzy nominalnie zarządzają działem, nie zajmują się zatrudnianiem. Ten obowiązek spada na pracowników działu. Kiedy już kandydat na pracownika przepracuje trzydziestodniowy okres próbny w zespole, potencjalni współpracownicy głosują, czy zatrudnić go na pełny etat. W firmie W. L. Gore & Associates, produkującej materiał GORE-TEX i stanowiącej kolejny przykład stosowania Motywacji 3.0

w praktyce, każda osoba, która chce awansować i kierować zespołem, musi zebrać grupę ludzi, którzy będą chcieli z nią pracować.[19] Możliwość skompletowania drużyny koszykarskiej z przygodnych talentów w firmie to kolejna zaleta 20 procent czasu. Te inicjatywy zazwyczaj przecinają strukturę organizacyjną wzdłuż i wszerz, łącząc ze sobą ludzi o podobnych zainteresowaniach, chociaż z różnych działów. Jak powiedział „The New York Times'owi" inżynier z Google'a, Bharat Mediratta: „Jeśli w ciągu tych 20 procent wpadłeś na pomysł nowego produktu, to zwykle dosyć łatwo jest znaleźć kilkoro myślących podobnie ludzi i wziąć się za kodowanie". A jeśli dążysz do wprowadzenia bardziej systemowych zmian w organizacji, wtedy, zdaniem Mediratty, autonomia przy wyborze zespołu jest jeszcze ważniejsza. Takie starania wymagają stworzenia czegoś, co nazywa „podgrupką" – czyli małego, samozorganizowanego zespołu, który nie ma prawie żadnych funduszy i jeszcze mniej władzy, ale który stara się coś w firmie zmienić. Na przykład Mediratta stworzył podgrupkę badawczą mającą zachęcać inżynierów w całej firmie, by wprowadzili bardziej wydajną metodę testowania kodów komputerowych. Ta nieformalna grupa programistów zajmujących się kodowaniem, zespół stworzony autonomicznie, bez wskazówek z góry, „powoli doprowadziła do wielkich przemian w firmie".[20]

A jednak pragnienie autonomii może kolidować z innymi obowiązkami. Kiedy Atlassian rozliczał swój eksperyment z autonomią zadaniową, poczuł się zaskoczony, bo okazało się, że większość pracowników wpadała w przedział znacząco niższy niż 20 procent. Główny powód? Nie chcieli zawieść swoich aktualnych współpracowników, porzucając projekty będące w trakcie realizacji.

Choć autonomia przy tworzeniu zespołu jest najmniej rozwiniętym z tych czterech elementów, stale rosnąca moc portali społecznościowych i pojawienie się aplikacji mobilnych powodują, że łatwiej jest teraz osiągnąć ten rodzaj autonomii – i to w sposób, który wykracza poza jedną organizację. Przekonującym przykładem są opensource'owe projekty, o których wspominałem w Rozdziale 1., kiedy zaimprowizowane zespoły zbierają się, by stworzyć nową przeglądarkę albo lepszy serwer software'owy. I znowu nauka potwierdza wartość czegoś, z przyjęciem czego biznes bardzo się ociąga. Liczne badania dowodzą, że ludzie pracujący w zespołach, które same się zorganizowały, są bardziej zadowoleni niż ci, którzy pracują w zespołach „odziedziczonych w spadku".[21] Badania Deciego i innych wykazały też, że ludzie z wysokim poziomem wewnętrznej motywacji są lepszymi współpracownikami.[22] A to stwarza ogromne możliwości na tym polu. Jeśli chcesz pracować z większą liczbą osób Typu I, najlepszą strategią jest samemu stać się taką osobą. Okazuje się, że autonomia może być zaraźliwa.

SZTUKA KORZYSTANIA Z AUTONOMII

Pomyśl przez chwilę o wielkich malarzach ostatniego stulecia i o tym, jak pracowali – o ludziach takich jak Pablo Picasso, Georgia O'Keeffe i Jackson Polloc. W odróżnieniu od reszty z nas, dla nich Motywacja 2.0 nigdy nie była systemem operacyjnym. Nikt nie powiedział im: **musisz namalować tego typu obraz. Musisz zacząć malować dokładnie o ósmej trzydzieści rano. Musisz malować z ludźmi, których my wybierzemy, by z tobą pracowali. I musisz malować w ten sposób.** Sam pomysł jest niedorzeczny.

Ale wiesz co? W stosunku do ciebie coś takiego też jest niedorzeczne. Niezależnie od tego, czy naprawiasz zlewy, nabijasz cenę w kasie w spożywczym, sprzedajesz samochody czy piszesz plan lekcji, tobie i mnie autonomia jest tak samo potrzebna jak wielkim malarzom.

Jednak zachęcanie do autonomii nie oznacza zniechęcania do odpowiedzialności. Niezależnie od tego, jaki obowiązuje system operacyjny, ludzie muszą być odpowiedzialni za swoją pracę. Natomiast osiągać ten cel można na różne sposoby, a każdy z nich opiera się na innych założeniach dotyczących tego, kim w głębi duszy jesteśmy. Motywacja 2.0 zakładała, że gdyby ludzie byli wolni, to uchylaliby się od pracy, i że autonomia to sposób na ominięcie odpowiedzialności. Motywacja 3.0 wychodzi z innego założenia. Przyjmuje, że ludzie **chcą** być odpowiedzialni i że drogą prowadzącą do tego celu jest zagwarantowanie im kontroli nad zadaniem, czasem, techniką i zespołem.

Oczywiście, ponieważ większość miejsc pracy nadal rozbrzmiewa założeniami starego systemu operacyjnego, nie stanie się tak – i często nie może się stać – byśmy przeszli do autonomii za jednym zamachem. Jeśli wyrwiemy ludzi ze środowisk kontrolujących, gdy niczego innego nie znali, i wpuścimy ich w ROWE albo w środowisko autonomii w czystej formie, będzie im ciężko. Organizacje muszą zapewnić, jak określa to Richard Ryan, wspomagające pracownika „rusztowanie", po którym będzie mógł się „wspinać", żeby dokonać przejścia.

Co więcej, różne osoby cenić będą różne aspekty autonomii. Niektórzy mogą pragnąć autonomii co do zadań; inni mogą woleć autonomię przy wyborze zespołu. Jak poinformował mnie w mailu Hsieh, dyrektor naczelny Zappos: „Badania dowiodły, że świadomość posiadania kontroli nad czymś stanowi istotną składową szczęścia człowieka. Jednak to, nad czym ludzie chcą mieć kontrolę, jest dla różnych ludzi bardzo różne, nie sądzę więc, by istniał jeden aspekt autonomii, który można by powszechnie uznać za najważniejszy. Różne osoby mają różne pragnienia, więc najlepszą strategią dla pracodawcy będzie zorientowanie się, co jest ważne dla każdego pojedynczego pracownika".

Jednak niezależnie od tego, jak te indywidualne pragnienia wyrażają się na zewnątrz, wyrastają one z tych samych korzeni. Rodzimy się, by być graczami, nie pionkami. Naszym przeznaczeniem jest być autonomicznymi jednostkami, nie jednostkowymi automatami. Zaprogramowani jesteśmy na zachowanie Typu I. Ale siły zewnętrzne – a obejmuje to również koncepcję, że musi się nami „zarządzać" – sprzysięgły się, by zmienić nasze ustawienie domyślne i przekształcić nas w Typ X. Jeśli unowocześnimy środowiska, w jakich przebywamy – nie tylko w pracy, ale również w szkole i w domu – i jeśli przywódcy zaakceptują zarówno prawdę o kondycji ludzkiej, jak i naukę, która ją popiera, będziemy mogli przywrócić siebie i naszych kolegów do naturalnego dla nas stanu. „Historia człowieka toczy się od zawsze w kierunku większej wolności. I jest ku temu powód – ponieważ w naszej naturze leży domaganie się tego" – powiedział mi Ryan. „Gdybyśmy byli plastikowi, jak myśli [część] ludzi, nie działoby się tak. Ale ktoś staje przed czołgiem w Chinach. Kobiety, którym odmawiano autonomii, występują w obronie praw. Taki jest bieg historii. Dlatego, jeśli natura najbardziej człowiecza ma się kiedykolwiek urzeczywistnić, to dzięki temu, że stanie się bardziej autonomiczna".

ROZDZIAŁ 5

Mistrzostwo

Nie musisz widzieć, co ktoś robi,
by wiedzieć, czy to jego powołanie,

wystarczy obserwować jego oczy:
kucharz mieszający sos, czy chirurg

nacinający skórę, czy urzędnik
wypełniający kwit na załadunek,

mają na twarzy ten sam zachwyt,
zapominając się w pełnionej roli.

Jakie to piękne,
to zapatrzenie w cel.

W. H. Auden

W pewien letni poranek w 1944 roku Mihaly Csikszentmihalyi, lat dziesięć, stał na peronie w Budapeszcie na Węgrzech z matką, dwoma braćmi i mniej więcej siedemdziesięcioma krewnymi, którzy przyszli ich odprowadzić. Szalała druga wojna światowa i Węgry, ambiwalentny członek Państw Osi, znalazły się pod presją ze wszystkich politycznych i geograficznych stron. Nazistowscy żołnierze okupowali kraj w odwecie za potajemne negocjacje pokojowe Węgier ze Stanami Zjednoczonymi i Wielką Brytanią. W tym samym czasie wojska radzieckie zbliżały się do stolicy.

Pora była wyjeżdżać, więc we czworo wsiedli do pociągu jadącego do Wenecji we Włoszech, gdzie pracował jako dyplomata ojciec Csikszentmihalyia. Pociąg turkotał zmierzając na południowy zachód, a w oddali wybuchały bomby. Pociski roztrzaskiwały szyby w oknach, gdy jakiś uzbrojony, jadący z nimi żołnierz odpowiadał na atak ogniem. Dziesięciolatek kulił się pod siedzeniem, przerażony, ale również trochę rozzłoszczony.

„Uderzyło mnie w tamtym momencie, że dorośli naprawdę nie mają pojęcia, jak żyć" – powiedział mi Csikszentmihalyi jakieś sześćdziesiąt pięć lat później.

Okazało się, że miało minąć wiele lat, zanim następny pociąg przejechał przez Dunaj. Wkrótce po odjeździe Mihalya naloty zniszczyły główne mosty Węgier. Csikszentmihalyiowie byli wykształceni i mieli koneksje, ale wojna zrównała ich życie z ziemią. W pięć miesięcy później z krewnych, którzy tamtego ranka byli na peronie, ponad połowa już nie żyła. Jeden z braci Csikszentmihalyia spędził sześć lat w obozie pracy na Uralu. Inny zginął walcząc z Sowietami.

„Całe to wydarzenie sprawiło, że zacząłem myśleć – powiedział Csikszentmihalyi, przypominając sobie siebie w wieku dziesięciu lat. – Musi istnieć lepszy od tego sposób życia".

OD PODPORZĄDKOWANIA DO ZAANGAŻOWANIA

Przeciwieństwem autonomii jest kontrola. Ponieważ znajdują się one na przeciwnych biegunach behawioralnego kompasu, każda z nich kieruje nas na inną stację cocelową. Kontrola prowadzi do podporządkowania, autonomia do zaangażowania. A z tego rozróżnienia wywodzi się drugi element zachowania Typu I: mistrzostwo – pragnienie, by być coraz lepszym w czymś, co ma znaczenie.

Jak wyjaśniłem w części pierwszej, celem Motywacji 2.0 było zachęcenie ludzi, by robili pewne konkretne rzeczy w pewien konkretny sposób – to znaczy, by się podporządkowywali. A przy osiąganiu tego celu niewiele motywatorów działa skuteczniej niż pęczek marchewek i zagrożenie sporadycznym kijem. Oczywiście rzadko się zdarzało, by była to obiecująca droga do samoaktualizacji. Ale jako strategia gospodarcza cechowała się pewną logiką. Przy rutynowych zadaniach, czyli rodzaju pracy charakterystycznej dla większości dwudziestego wieku, podporządkowanie zazwyczaj po prostu dobrze działało.

Ale to było wtedy. Przy zadaniach charakterystycznych dla dwudziestego pierwszego wieku taka strategia zawodzi, często rozpaczliwie. Rozwiązywanie skomplikowanych problemów wymaga dociekliwego umysłu i gotowości, by wypróbowywać różne drogi prowadzące do nowego rozwiązania. Tam, gdzie Motywacja 2.0 dążyła do podporządkowania, Motywacja 3.0 dąży do zaangażowania. Tylko zaangażowanie może generować mistrzostwo. A dążenie do mistrzostwa, ważna, ale często uśpiona część naszego trzeciego popędu, stało się kluczowe, jeżeli chce się dojść do czegoś we współczesnej gospodarce.

Niestety, pomimo słów takich jak „upełnomocnienie", których słodka woń unosi się w korytarzach firm, najbardziej zauważalną cechą współczesnych miejsc pracy może być brak zaangażowania i brak poszanowania mistrzostwa. Zakrojone na szeroką skalę badania, jakie na ten temat przeprowadził Gallup, pokazują, że w Stanach Zjednoczonych ponad 50 procent pracowników nie angażuje się w pracę, a prawie 20 procent aktywnie się od niej dystansuje. Koszt całego tego braku zaangażowania: rocznie około 300 miliardów dolarów strat w wydajności – kwota wyższa niż produkt krajowy brutto Portugalii, Singapuru czy Izraela.[1] A przecież, jeżeli porównać Stany Zjednoczone z innymi krajami, wyglądają one na prawdziwy raj dla zachowania Typu I w pracy. Według firmy doradczej McKinsey & Co. w niektórych krajach zaledwie 2 do 3 procent siły roboczej angażuje się poważnie w swoją pracę.[2]

Co równie ważne, zaangażowanie jako droga do mistrzostwa jest potężną siłą w naszym życiu prywatnym. I chociaż podporządkowanie może być ważną strategią prowadzącą do fizycznego przetrwania, jeśli chodzi o osobiste spełnienie, jest kiepską strategią. Żeby mieć satysfakcjonujące życie, potrzeba czegoś więcej niż spełnianie wymagań tych, którzy są u władzy. Mimo to w naszych gabinetach i klasach mamy zdecydowanie zbyt wiele podporządkowania i zdecydowanie zbyt mało zaangażowania. Dzięki pierwszemu być może przetrwasz dzień, ale noc przetrwasz tylko dzięki drugiemu. I tu wracamy znowu do historii Csikszentmihalyia.

Co zupełnie zrozumiałe, Csikszentmihalyi, który jako dziecko był świadkiem okrucieństw nazistowskich Niemiec i przejęcia swojego kraju przez Sowietów, jako nastolatek miał dość podporządkowywania się i szukał zaangażowania. Ale nie miał go znaleźć w szkole. Rzucił liceum w wieku trzynastu lat. Przez prawie dekadę, żeby zarobić na życie, pracował w różnych krajach Europy Zachodniej w całym szeregu zawodów, z których jeden był dziwniejszy od drugiego. W nadziei, że znajdzie odpowiedź na pytanie z dzieciństwa o lepszy sposób na życie, czytał wszystko, co tylko wpadło mu w ręce, na temat religii i filozofii. To, czego się dowiedział, nie zadowoliło go. Dopiero gdy przypadkiem trafił na książkę samego Carla Junga, dowiedział się o istnieniu takiej dziedziny wiedzy jak psychologia i doszedł do wniosku, że może kryć tajemnice, o które mu chodzi.

Tak więc w 1956 roku, w wieku dwudziestu dwóch lat, Csikszentmihalyi wyruszył do Stanów Zjednoczonych, by studiować psychologię. Przybył do Chicago, mając 1,25 dolara w kieszeni, nie ukończywszy liceum, a języka angielskiego znał tyle, ile nauczył się, czytając komiksy *Pogo*. Znajomi Węgrzy w Chicago pomogli mu znaleźć pracę i jakieś lokum. Znajomość łaciny, niemieckiego i *Pogo* pomogła mu zdać egzamin eksternistyczny stanu Illinois na poziomie licealnym z języka, w którym ani nie mówił, ani nie czytał. Zapisał się na Uniwersytet Illinois-Chicago, w dzień chodził na zajęcia, a wieczorami pracował w hotelu jako recepcjonista i pomocnik księgowego, i w końcu wylądował na wydziale psychologii Uniwersytetu Chicago, gdzie – zaledwie dziewięć lat po tym, jak stanął na amerykańskiej ziemi – zrobił doktorat.

Ale Csikszentmihalyi nie dał się porwać głównym nurtom swojej dziedziny. Jak powiedział mi niedawno pewnego wiosennego poranka, chciał się zająć badaniem „pozytywnego, nowatorskiego, kreatywnego podejścia do życia, a nie korekcyjnego, patologiczne poglądu, jaki miał Sigmund Freud, czy jaki wyrażano w pracach mechanistycznych" B. F. Skinnera i innych, którzy sprowadzali zachowanie do prostego układu bodziec–reakcja. Zaczął od pisania o kreatywności. Kreatywność zaprowadziła go do studiów nad zabawą. A studia nad zabawą doprowadziły go do zrozumienia ludzkich przeżyć, co sprawiło, że stał się sławny.

W trakcie zabawy wielu ludzi z przyjemnością przeżywa coś, co Csikszentmihalyi nazywał „doświadczeniem autotelicznym" – od greckiego auto (własne ja) i telos (cel). W doświadczeniu autotelicznym cel jest samospełniający; działalność jest nagrodą sama w sobie. Csikszentmihalyi twierdził, że kiedy prowadził badania do doktoratu, zaobserwował, że malarze byli tak zafascynowani tym, co robią, że wydawali się pogrążeni w transie. Dla nich czas mijał szybko, a skrępowanie znikało. Zaczął szukać innych ludzi, których przyciągał ten rodzaj zajęć – alpinistów, piłkarzy, pływaków, grotołazów – i przeprowadzał z nimi wywiady, by odkryć, co sprawia, że jakaś działalność jest autoteliczna. To było frustrujące. „Kiedy ludzie starają się przypomnieć sobie, co czuli, wspinając się na górę lub grając wspaniały utwór muzyczny – napisał później Csikszentmihalyi – ich opowieści zazwyczaj są całkiem stereotypowe i niezbyt odkrywcze".[3] Potrzebował sposobu, by badać przeżycia ludzi na gorąco. I w połowie lat siedemdziesiątych przyszła mu z pomocą śmiała nowa technologia, którą każdy dwunastolatek uznałby teraz za śmiesznie zacofaną: elektroniczny pager.

Csikszentmihalyi, który wtedy wykładał już na Uniwersytecie Chicago i prowadził własne laboratorium na wydziale psychologii, przyczepił sobie pager i poprosił, by jego studenci podyplomowi wywoływali go losowo kilka razy dziennie. Za każdym razem, gdy zadzwonił pager, Csikszentmihalyi zapisywał, co w danej chwili robił i jak się czuł. „To była niezła zabawa – wspominał, siedząc w swoim gabinecie na Uniwersytecie Claremont Graduate w południowej Kalifornii, gdzie obecnie wykłada. –

Dostawało się taki szczegółowy obraz tego, jak ludzie żyją". Na podstawie tego testu próbnego stworzył metodologię zwaną metodą pobierania próbek przeżyć. Csikszentmihalyi wysyłał do ludzi na pager wiadomość osiem razy dziennie w losowych odstępach czasu i prosił, by zanotowali odpowiedzi na kilka krótkich pytań o to, co akurat robią, z kim są i jak by opisali swój stan ducha. Jak się poskłada takie wyniki z siedmiu dni, otrzyma się swego rodzaju animację, krótki filmik z czyjegoś tygodnia. A kiedy się zbierze „filmiki" od pojedynczych ludzi, będzie się miało całą bibliotekę ludzkich przeżyć.

Przez cały czas, kiedy uprawiałem sport, celem nadrzędnym było stać się lepszym sportowcem, niż byłem w danej chwili – czy to w przyszłym tygodniu, przyszłym miesiącu czy w przyszłym roku. Doskonalenie się było celem. Medal był po prostu najwyższą nagrodą za osiągnięcie tego celu.

SEBASTIAN COE
średniodystansowiec
i dwukrotny zdobywca
złotego medalu olimpijskiego

Mając te wyniki, Csikszentmihalyi zaczął odsłaniać kolejne warstwy przeżyć autotelicznych. Co może równie ważne, zastąpił mętny przymiotnik greckiego pochodzenia określeniem, którego – jak zauważył – ludzie używali, by opisać te optymalne chwile: stan przepływu. Ludzie mieli najbardziej euforyczne, najbardziej satysfakcjonujące przeżycia, gdy byli w stanie emocjonalnego przepływu. A ten wcześniej niepotwierdzony stan umysłu, który wydawał się tak tajemniczy i niezwykły, dość łatwo było „rozpakować". W stanie przepływu emocjonalnego cele rysują się wyraźnie. Musisz dojść na szczyt góry, przerzucić piłkę nad siatką czy uformować glinę w odpowiedni sposób. I natychmiast wiesz, jaki jest skutek. Szczyt góry przybliża się albo oddala, piłka może trafić w boisko albo wylecieć na aut, a naczynie, które lepisz, może wyjść gładkie albo kostropate.

Co najważniejsze, w stanie przepływu panowała idealna zgodność pomiędzy tym, co ktoś miał zrobić, a tym, co potrafił zrobić. Wyzwanie nie było zbyt łatwe. Ani zbyt trudne. Wystawało o szczebelek czy dwa ponad poziom jego obecnych umiejętności, zmuszając ciało i umysł, by wysiliły się w taki sposób, że sam wysiłek stanowił rozkoszną nagrodę. To zrównoważenie generowało stopień skupienia i satysfakcji, które niewątpliwie przewyższały inne bardziej codzienne przeżycia. W stanie przepływu ludzie tak głęboko żyli chwilą i czuli, że tak bezgranicznie panują nad sytuacją, że rozpływało się ich poczucie czasu, miejsca, a nawet swego ja. Byli autonomiczni, to oczywiste. Ale, co więcej, byli zaangażowani. Jak napisał poeta W. H. Auden: „zapominali się w pełnionej roli".

Może właśnie tego stanu umysłu poszukiwał dziesięcioletni chłopiec, gdy jego pociąg jechał przez Europę. Może odpowiedzią było osiąganie stanu emocjonalnego przepływu nie na krótką chwilę, tylko tak, by stało się ono zasadą etyczną kierującą życiem – utrzymywanie pięknego „zapatrzenia w cel", żeby osiągnąć mistrzostwo jako kucharz, chirurg czy urzędnik. Może to był sposób, w jaki należało żyć.

ZŁOTOWŁOSA NA STATKU HANDLOWYM

Kilka lat temu – Csikszentmihalyi nie potrafi sobie dokładnie przypomnieć, kiedy – Klaus Schwab, który organizuje coroczne konklawe wielkich świata tego w Davos w Szwajcarii, zaprosił go do tego miasta. W podróży dołączyli do niego trzej inni członkowie kadry Uniwersytetu w Chicago – Gary Becker, George Stigler i Milton Friedman – każdy z nich był ekonomistą i każdy był laureatem nagrody Nobla. Tych pięciu mężczyzn zebrało się pewnego wieczoru, żeby pójść razem na kolację, a pod koniec posiłku Schwab zapytał uczonych, co uważają za najważniejszą kwestię we współczesnej ekonomii.

„Poczułem się tak zaskoczony, że własnym uszom nie wierzyłem – opowiada Csikszentmihalyi – kiedy Becker, Stigler i Friedman wszyscy w końcu opowiedzieli się za jakąś wersją zdania «czegoś tam brakuje»", że chociaż ekonomia dysponuje takimi możliwościami wyjaśniania różnych zjawisk, nadal nie udało się jej zaproponować wystarczają-

Mistrzostwo

co wielostronnego opisu zachowania chociażby dla środowiska biznesowego.

Csikszentmihalyi uśmiechnął się i pogratulował kolegom wnikliwości. Pojęcie przepływu, które wprowadził w połowie lat siedemdziesiątych, nie od razu zmieniło reguły gry. Obudziło pewne zainteresowanie w 1990 roku, kiedy

> *Pragnienie, by zrobić coś dlatego, że daje ci to głęboką satysfakcję i stanowi osobiste wyzwanie, budzi kreatywność najwyższych lotów, czy to w sztuce, nauce czy biznesie.*
>
> TERESA AMABILE,
> profesor Uniwersytetu Harvarda

Csikszentmihalyi napisał swoją pierwszą książkę na ten temat dla szerszego grona odbiorców, i zyskało wtedy niewielką grupę zwolenników w świecie biznesu. Natomiast włączanie tej koncepcji w tok realnych działań realnych organizacji szło dużo wolniej. W końcu w Motywacji 2.0 niewiele jest miejsca dla pojęcia takiego jak stan przepływu. System operacyjny Typu X nie ma nic przeciw temu, by ludzie podejmowali w pracy optymalne wyzwania ale sugeruje, że jeżeli coś takiego się zdarzy, będzie to raczej szczęśliwy przypadek, a nie warunek konieczny, by wspaniale pracowali.

Mimo to sytuacja może się bardzo powoli zmieniać. Jak pokazują przytoczone wcześniej w tym rozdziale dane dotyczące braku zaangażowania pracowników, kiedy miejsce pracy jest strefą „bez emocjonalnego przepływu", płaci się za to wysoką cenę zarówno w zadowoleniu człowieka, jak i dobrym stanie organizacji. Dlatego kilka przedsiębiorstw stara się działać w inny sposób. Jak zauważa magazyn „Fast People", pewna liczba firm, w tym Microsoft, Patagonia i Toyota, zorientowała się, że stworzenie proprzepływowego środowiska, które pomaga ludziom dążyć do mistrzostwa, może zwiększać wydajność i podnosić satysfakcję w pracy.[4]

Na przykład Stefan Falk, wiceprezes Ericssona, szwedzkiego koncernu telekomunikacyjnego, zastosował zasady teorii przepływu, by ułatwić proces łączenia jednostek organizacyjnych firmy. Przekonał menedżerów, by w taki sposób konfigurowali zadania w pracy, żeby pracownicy mieli jasno sprecyzowane cele i mogli szybko zapoznawać się z wynikami swoich działań. A zamiast spotykać się ze swoimi podopiecznymi raz do roku, by przeprowadzić okresową ocenę ich pracy, menedżerowie zasiadali do rozmowy w cztery oczy z pracownikami sześć razy w roku, nierzadko aż na dziewięćdziesiąt minut, by przedyskutować ich poziom zaangażowania i sposób na osiągnięcie mistrzostwa. Strategia skupiona na przepływie zadziałała na tyle dobrze, że Ericsson zaczął stosować ją w biurach na całym świecie. Falk przeszedł potem do Green Cargo, ogromnej, zajmującej się logistyką i spedycją firmy w Szwecji. Tam rozwinął metodę szkolenia menedżerów, która zapoznawała ich z działaniem teorii przepływu. Potem wymagał od nich, by raz na miesiąc spotykali się ze swoimi pracownikami, żeby zorientować się, czy ludzie czują się przytłoczeni pracą, czy wręcz przeciwnie, i by tak korygowali zadania, żeby pomóc im znaleźć stan przepływu. Po dwóch latach menedżerskiej reorganizacji państwowa firma Green Cargo zaczęła przynosić zyski po raz pierwszy od 125 lat, a jako główny powód dyrekcja podaje nowo odkryty „przepływocentryzm".[5]

Co więcej, badania 11 000 naukowców i inżynierów pracujących w firmach przemysłowych w Stanach Zjednoczonych wykazały, że pragnienie wyzwania intelektualnego – to znaczy chęć, by nauczyć się czegoś nowego i zajmującego – jest najlepszym prognostykiem wydajności. Naukowcy motywowani tym wewnętrznym pragnieniem zgłaszali znacznie więcej patentów niż ci, dla których główną motywację stanowiły pieniądze, nawet jeśli uwzględni się wysiłek, jaki każda z tych grup włożyła w pracę.[6] (Chodzi o to, że zewnętrznie motywowana grupa pracowała równie długo i równie ciężko jak ich koledzy bliżsi Typu I. Tyle że mniej osiągali – być może dlatego, że w trakcie pracy krócej byli w stanie przepływu.)

No i mamy jeszcze Jenovę Chena, młodego projektanta gier, który w 2006 roku napisał pracę magisterską, MFA*, na temat teorii Csik-

---

* MFA – Master of Fine Arts, dyplom szkoły wyższej, zbliżony do magisterium, ze specjalności takich jak twórcze pisanie, robienie filmów czy sztuka widowiskowa (przyp. tłum.).

szentmihalyia. Chen uważał, że gry wideo dają nadzieję na przeżywanie stanu przepływu w pełnym tego słowa znaczeniu, ale że zbyt wiele gier wymaga prawie obsesyjnego poziomu zaangażowania. Czemu by nie zaprojektować gry, pomyślał, która dałaby poczucie przepływu sporadycznym graczom? Chen potraktował pracę nad dyplomem jak pracę w laboratorium gier i stworzył grę, w której gracze, posługując się myszką komputerową, prowadzą po ekranie podobny do ameby organizm przez surrealistyczny oceaniczny krajobraz; po drodze „ameba" pożera inne stwory i powoli ewoluuje do wyższej formy życia. Większość gier wymaga od graczy, by przechodzili kolejno przez zadane z góry poziomy trudności, natomiast Chen pozwala im sprawdzać wszelkiego rodzaju ścieżki i posuwać się do przodu w taki sposób, jak sobie życzą. I w odróżnieniu od gier, w których porażka kończy turę w grze, u Chena porażka przesuwa jedynie gracza na poziom bardziej dostosowany do jego umiejętności. Chen nazywa swoją grę flOw*. Odniosła ona wielki sukces. Ludzie grali w darmową wersję online tej gry ponad trzy miliony razy. (Możesz znaleźć ją na stronie http://intihuatani.usc.edu/cloud/flowing/). Płatna wersja, zaprojektowana na konsolę do gier PlayStation, została ściągnięta ponad 350 000 razy i zapełniła całą półkę nagrodami. Chen posłużył się tą grą, by uruchomić własną firmę, thatgamecompany, która w równym stopniu wyrosła z teorii przepływu i z flOw i która szybko zdobyła kontrakt od Sony na stworzenie trzech gier, będący czymś praktycznie nie do pomyślenia w przypadku nieznanej nowo powstałej firmy kierowanej przez dwóch dwudziestosześcioletnich projektantów gier z Kalifornii.

Green Cargo, thatgamecompany i firmy zatrudniające naukowców, którzy sypią patentami jak z rękawa, zazwyczaj stosują dwie taktyki, z których ich mniej łebscy konkurenci nie korzystają. Po pierwsze dają pracownikom coś, co nazywam „zadaniami Złotowłosej" – wyzwania, które nie są ani za bardzo, ani za mało ambitne, ani zbyt trudne, ani zbyt łatwe. Jednym ze źródeł frustracji w pracy jest częsty rozdźwięk

---

* Flow (ang.) – przepływ.

Trzy elementy

pomiędzy tym, co ludzie **muszą** robić, a tym, co **potrafią** robić. Kiedy to, co muszą robić, przekracza ich umiejętności, rezultatem jest niepokój. Jeśli to, co muszą robić, jest zdecydowanie poniżej ich możliwości, wtedy efektem jest nuda. (Csikszentmihalyi zatytułował nawet swoją pierwszą książkę o doświadczeniu autotelicznym *Beyond Boredom and Anxiety**.) Ale kiedy jedno jest dopasowane do drugiego dokładnie tak, jak trzeba, wyniki mogą być wspaniałe. To jest istota stanu przepływu emocjonalnego. Zadania Złotowłosej dostarczają nam intensywnych przeżyć, jakie przynosi zamieszkiwanie tej strefy, życie na ostrzu noża pomiędzy porządkiem i nieporządkiem, czy – jak ujął to kiedyś malarz Fritz Scholder – „spacer po linie pomiędzy przypadkiem a dyscypliną".

Drugą taktyką, którą wykorzystują mądre firmy, by zwiększyć życzliwe nastawienie do teorii przepływu oraz szanse swoich pracowników na osiągnięcie mistrzostwa, jest aktywacja pozytywnej strony Efektu Sawyera. Przypomnijcie sobie z Rozdziału 2., że zewnętrzne motywatory mogą zamienić zabawę w pracę. Ale możliwe jest też odwrócenie tego biegu rzeczy i zamienienie pracy w zabawę. Są w pracy zadania, które nie wywołują automatycznie fali przepływu emocjonalnego, a mimo to trzeba je wykonać. Tak więc te przedsiębiorstwa, które są najsprytniejsze, dają pracownikom swobodę, by kształtowali wykonywaną pracę w sposób, który wniesie odrobinę przepływu w skądinąd prozaiczne obowiązki. Amy Wrzesniewski i Jane Dutton, dwie wykładowczynie ze szkoły biznesu, badały, jaki wpływ ma takie postępowanie na szpitalne sprzątaczki, pielęgniarki i fryzjerki. Odkryły na przykład, że niektórzy członkowie personelu sprzątającego w szpitalach, zamiast ograniczać się do minimum, jakiego wymagała ich praca, brali na siebie nowe obowiązki – od rozmów z pacjentami do ułatwiania pracy pielęgniarkom. Dorzucenie sobie tych bardziej zajmujących wyzwań podnosiło satysfakcję sprzątaczek i podwyższało ich ocenę własnych umiejętności. Dzięki nadaniu swoim obowiązkom no-

---

* *Wykraczanie poza nudę i niepokój.*

wych ram ich praca zaczynała bardziej przypominać zabawę i stawała się dla nich czymś bardziej własnym. „Nawet przy pracach o niskim poziomie autonomii – piszą Wrzesniewski i Dutton – pracownicy mogą tworzyć nowe domeny pozwalające na osiąganie mistrzostwa".[7]

TRZY PRAWA MISTRZOSTWA

Stan przepływu jest niezbędny, by osiągnąć mistrzostwo. Ale stan przepływu nie gwarantuje osiągnięcia mistrzostwa, ponieważ te dwa pojęcia działają w różnych horyzontach czasowych. Pierwsze z nich pojawia się w jednym momencie; drugie rozwija się przez miesiące, lata, a nawet dziesiątki lat. Ty i ja możemy „wpaść w przepływ" jutro rano – ale żadne z nas nie osiągnie mistrzostwa z dnia na dzień.

Jak więc to zrobić, by przepływ pomógł nam znaleźć coś, co sięga głębiej i trwa dłużej? Co możemy zrobić, by w naszych organizacjach i w naszym życiu dążyć do mistrzostwa, będącego jednym z kluczowych elementów zachowania Typu I? Kilku naukowców behawioralnych zaproponowało pewne wstępne odpowiedzi na te pytania, a ich odkrycia sugerują, że mistrzostwo stosuje się do trzech trochę dziwnych praw.

Mistrzostwo to sposób myślenia

Dążenie do mistrzostwa, podobnie jak wiele innych spraw w naszym życiu, rozgrywa się wyłącznie w naszej głowie. A przynajmniej to właśnie odkryła Carol Dweck.

Dweck, profesor psychologii na Uniwersytecie Stanforda, studiuje motywację i osiągnięcia u dzieci i młodych ludzi od prawie czterdziestu lat, i zgromadziła zbiór rygorystycznych badań empirycznych, dzięki którym stała się supergwiazdą współczesnej nauki behawioralnej. Znakiem rozpoznawczym Dweck jest spostrzeżenie, że to, w co ludzie wierzą, kształtuje to, co osiągają. Nasze przekonania o nas samych i naturze

> *Wymyśl sam, w czym chcesz być naprawdę dobry, wiedz, że nigdy nie będziesz tak naprawdę miał poczucia, że ci się to udało osiągnąć, i pogódź się z tym, że to jest w porządku.*
>
> ROBERT B. REICH
> były minister pracy
> Stanów Zjednoczonych

naszych zdolności – to, co nazywa naszymi „teoriami siebie" – decydują o tym, jak interpretujemy nasze doświadczenia, i mogą ograniczać to, co osiągamy. Choć w swoich badaniach Dweck zajmuje się głównie pojęciem „inteligencji", jej odkrycia z równą siłą stosują się do większości ludzkich zdolności. I wypływa z nich pierwsze prawo mistrzostwa: **mistrzostwo to sposób myślenia.**

Według Dweck ludzie mogą mieć na własną inteligencję dwa różne poglądy. Ci, którzy wyznają „teorię bytu", wierzą, że inteligencja jest właśnie tym – pewnym bytem. Istnieje w naszym wnętrzu, w skończonej ilości, której nie możemy zwiększyć. Ci, którzy podpisują się pod „teorią przyrastania", mają inne podejście. Wierzą, że chociaż jedna osoba od drugiej może się nieco różnić inteligencją, w ostatecznym rozrachunku jest ona czymś, co przy dołożeniu starań da się zwiększyć. Przeprowadzając analogię z cechami fizycznymi, zwolennicy teorii przyrastania uważają inteligencję za coś podobnego do siły. (Chcesz stać się silniejszy i bardziej muskularny? Zacznij pakować.) Zwolennicy teorii bytu widzą w inteligencji coś bardziej przypominającego wzrost. (Chcesz stać się wyższy? Co za pech.)* Jeśli wierzysz, że inteligencja jest cechą stałą, wtedy każde doświadczenie edukacyjne i zawodowe staje się pomiarem, ile jej masz. Jeśli wierzysz, że inteligencja jest czymś, co możesz zwiększyć, wtedy te same doświadczenia stają się szansą na rozwój. Zgodnie z jednym podejściem inteligencja jest czymś, co wykazujesz, zgodnie z drugim czymś, co rozwijasz.

---

* W swojej książce z 2006 roku zatytułowanej *Mindset: The New Psychology of Success*, którą polecam w pakiecie narzędzi dla Typu I, Dweck nazywa te dwa poglądy ustalonym i rozwojowym sposobem myślenia.

Te dwie teorie siebie sprowadzają nas na dwie bardzo różne ścieżki – jedna prowadzi do mistrzostwa, a ta druga nie. Zastanów się na przykład nad celami. Dweck twierdzi, że występują one w dwóch odmianach – jako cel związany z wynikiem i cel związany z uczeniem się. Otrzymanie piątki na teście z francuskiego to cel związany z wynikiem. Umiejętność mówienia po francusku to cel związany z nauką. „Obydwa cele są zupełnie normalne i dość uniwersalne – twierdzi Dweck – i obydwa mogą stanowić pożywkę dla osiągnięć".[8] Ale tylko jeden prowadzi do mistrzostwa. Prowadząc badania, Dweck odkryła, że wyznaczanie dzieciom celu związanego z wynikiem (powiedzmy, otrzymanie dobrej oceny na teście) działało skutecznie przy stosunkowo prostych zadaniach, ale często hamowało zdolność dzieci do stosowania pojęć w nowych sytuacjach. Na przykład podczas jednego z badań Dweck i jej współpracownik poprosili gimnazjalistów, by nauczyli się szeregu naukowych zasad, przy czym połowie z nich wyznaczono cel związany z wynikami, a połowie – związany z uczeniem się. Kiedy już obydwie grupy pokazały, że opanowały materiał, badacze poprosili uczniów, by zastosowali swoją wiedzę do nowego zestawu zadań, powiązanych z tym, których się właśnie nauczyli, ale nie identycznych. Uczniowie, którym wyznaczono cele związane z uczeniem się, osiągnęli przy tym nowym wyzwaniu zdecydowanie lepsze wyniki. Pracowali też dłużej i wypróbowywali więcej rozwiązań. Jak pisze Dweck: „Przy celu związanym z uczeniem się uczniom nie jest potrzebne poczucie, że są już w czymś dobrzy, by się nie poddawali i dalej próbowali. W końcu ich celem jest uczenie się, a nie udowodnienie, że są mądrzy".[9]

Te dwie teorie siebie mają dwa zupełnie różne podejścia do starań. Dla zwolenników teorii przyrastania wysiłek jest czymś pozytywnym. Skoro uważają oni, że zdolności są podatne na wpływy, widzą w cięższej pracy sposób na to, by stać się w czymś lepszym. W przeciwieństwie do tego, mówi Dweck, „teoria bytu... to system wymagający diety łatwych sukcesów". Zgodnie z tym schematem, jeśli musisz ciężko pracować, oznacza to, że nie jesteś bardzo dobry. Dlatego ludzie wybierają łatwe cele, bo kiedy je osiągną, potwierdzają tym samym obecność zdolności w sobie, ale niewiele robią, żeby je rozbudować. W pewnym sensie zwolennicy teorii bytu chcą uchodzić za mistrzów, nie wkładając wysiłku w osiągnięcie mistrzostwa.

I na koniec te dwa rodzaje myślenia generują kontrastowe reakcje na przeciwności losu – jeden, który Dweck nazywa „bezradnym", i drugi „zorientowanym na mistrzostwo". Podczas badania amerykańskich piąto- i szóstoklasistów Dweck dała uczniom do rozwiązania osiem zadań koncepcyjnych, które byli w stanie rozwiązać, a potem cztery, których nie byli w stanie rozwiązać (ponieważ były zbyt zaawansowane dla dzieci w tym wieku). Uczniowie, którzy wyznawali pogląd, że siła umysłu jest raz na zawsze ustalona, szybko się poddawali przy trudnych problemach i obwiniali swoją inteligencję, (a raczej jej brak) o to, że przez nią mieli kłopoty. Uczniowie o bardziej plastycznym nastawieniu umysłowym pracowali dalej pomimo trudności i wykorzystywali dużo bardziej pomysłowe strategie, by znaleźć rozwiązanie. Co obarczali winą ci uczniowie za to, że nie potrafili dać sobie rady z najtrudniejszymi problemami? „Odpowiedź, która nas zaskoczyła, brzmiała, że niczego nie obwiniali" – mówi Dweck. Ci młodzi ludzie zdawali sobie sprawę z tego, że niepowodzenia są czymś nieuniknionym w dochodzeniu do mistrzostwa i że mogą nawet służyć jako drogowskazy na tej drodze.

Spostrzeżenia Dweck stanowią dobre odwzorowanie behawioralnych różnic leżących u podstaw Motywacji 2.0 i Motywacji 3.0. Zachowanie Typu X często popiera teorię bytu, gdy chodzi o inteligencję, przedkłada cele związane z wynikiem nad cele związane z uczeniem się i lekceważy wysiłek jako oznakę słabości. Zachowanie Typu I popiera teorię przyrostu inteligencji, ceni cele związane z uczeniem się wyżej niż cele związane z wynikami i akceptuje wysiłek jako sposób pozwalający poprawić się w czymś, co jest ważne. Zacznij z jednym nastawieniem umysłowym, a mistrzostwo będzie niemożliwe. Zacznij z drugim, a może stać się nieuniknione.

Mistrzostwo to ból

Każdego lata około tysiąca dwustu Amerykanów przybywa do Akademii Wojskowej Stanów Zjednoczonych w West Point, by rozpocząć czteroletnie studia i zająć swoje miejsce w legendarnym „długim szarym szeregu". Ale zanim którekolwiek z nich przekroczy próg klasy, poddawani są siedmiotygodniowemu podstawowemu treningowi dla kadetów, inaczej zwanemu „Beast Barracks"*. Zanim lato się skończy, jeden na dwudziestu z tych utalentowanych, oddanych młodych ludzi odpadnie. Grupa uczonych – dwóch z West Point, kolejny z Uniwersytetu Pensylwanii, a czwarty z Uniwersytetu Michigan – chciała zrozumieć, dlaczego część studentów kontynuowała marsz drogą prowadzącą do wojskowego mistrzostwa, a inni schodzili z tej drogi przy pierwszej sposobności.

Czy chodziło o siłę fizyczną i wysportowanie? Intelekt? Zdolności przywódcze? Wszechstronność?

Nic z tych rzeczy. Badacze odkryli, że najlepszym prognostykiem sukcesu był u potencjalnego kadeta wysoki wskaźnik niekognitywnej, niefizycznej cechy, znanej pod nazwą „determinacja" – definiowanej jako „wytrwałość i zamiłowanie do długoterminowych celów".[10] Doświadczenie tych oficerów w trakcie szkolenia potwierdza drugie prawo mistrzostwa: **mistrzostwo to ból.**

Chociaż stan przepływu jest czymś wspaniałym, droga do mistrzostwa – stawania się coraz lepszym w czymś, na czym ci zależy – nie jest usłana różami pod łukiem tęczy. Gdyby była, więcej z nas wybrałoby się w tę podróż. Osiąganie mistrzostwa boli. Czasami – wiele razy – wcale nie jest przyjemne. Taka nauka płynie z pracy psychologa Andersa Ericssona, którego przełomowe badanie nad doskonałymi wynikami zaowocowało nową teorią o tym, co promuje mistrzostwo. Jak to ujmuje Ericsson: „Wiele cech, które – jak kiedyś wierzono – miały być odzwierciedleniem wrodzonego talentu, są tak naprawdę rezultatem intensywnych ćwiczeń, trwa-

---
* Koszary bestii.

jących minimum 10 lat".[11] Mistrzostwo – w sporcie, muzyce, biznesie – wymaga wysiłku (trudnego, bolesnego, nieznośnego, zaciekłego wysiłku).[12] Socjolog Daniel Chambliss nazywał to „przyziemnością doskonałości". Podobnie jak Ericsson, Chambliss odkrył – podczas trzyletnich badań nad pływakami olimpijskimi – że ci, którym szło najlepiej, zazwyczaj spędzali najwięcej czasu i poświęcali najwięcej wysiłku na prozaiczne czynności, które przygotowywały ich do zawodów.[13] Do takich samych wniosków doszli podczas innych doświadczeń badacze determinacji w West Point, a mianowicie, że to raczej determinacja – a nie IQ czy wyniki standaryzowanych testów – jest najdokładniejszym prognostykiem ocen w college'u. Jak wyjaśnili: „Znaczenie cięższej pracy łatwo jest zrozumieć, natomiast znaczenie pracowania dłużej bez zmiany celu może być mniej dostrzegalne... w każdej dziedzinie determinacja może być dla wielkich osiągnięć równie niezbędna jak talent".[14]

Przepływ ma tu podwójne znaczenie. Jeśli ludzie będą mieli świadomość, co wprowadza ich w stan przepływu, będą lepiej zorientowani, czemu powinni poświęcić czas i oddanie, żeby osiągnąć w tym mistrzostwo. A chwile emocjonalnego przepływu w trakcie dążenia do doskonałości mogą im pomóc w trudnych momentach. Ale w ostatecznym rozrachunku osiąganie mistrzostwa to często praca, praca, brak widocznych efektów, kilka momentów przepływu, które cię trochę popchną do przodu, potem kroczek dalej, a potem znowu praca i praca na tym trochę wyższym poziomie. Z pewnością jest to wyczerpujące. Ale to nie jest problem; to jest rozwiązanie.

Jak mówi Carol Dweck: „Wysiłek to jedna z tych rzeczy, która nadaje życiu sens. Wysiłek oznacza, że ci na czymś zależy, że coś jest dla ciebie ważne i że jesteś gotów na to pracować. Twoja egzystencja byłaby uboższa, gdybyś nie był gotów czegoś cenić i zaangażować się w pracę, aby to osiągnąć".[15]

Inny doktor, który nie ma doktoratu, ale ma tabliczkę w Koszykarskiej Galerii Sławy w Springfield w Massachusetts, ujął to podobnie. „Bycie zawodowcem – powiedział kiedyś Julius Erving – polega na tym, że robisz to, co kochasz robić, w dni, w które nie masz na to ochoty".[16]

Mistrzostwo to asymptota

Żeby zrozumieć ostatnie prawo mistrzostwa, musisz wiedzieć co nieco o algebrze i historii sztuki.
Pamiętasz może z algebry koncepcję asymptoty? Jeśli nie, może rozpoznasz ją poniżej. Asymptota (w tym przypadku pozioma asymptota) to linia prosta, do której krzywa dąży, ale nigdy jej do końca nie osiąga.

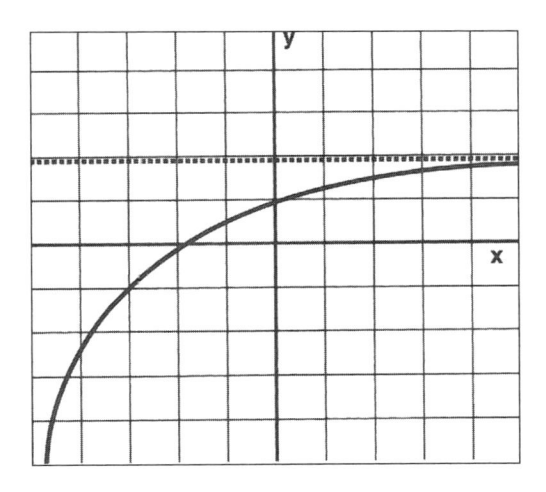

A z historii sztuki możesz pamiętać Paula Cézanne'a, francuskiego malarza z dziewiętnastego wieku. Nie musisz pamiętać dużo – wystarczy tyle, że był tak ważny, że piszą o nim krytycy sztuki i naukowcy. Cézanne swoje najwartościowsze obrazy namalował w późnym wieku. A jednym z powodów, że się tak stało, był według ekonomisty z Uniwersytetu Chicago, Davida Galensona, który studiował kariery malarzy, fakt, że bez końca starał się stworzyć swoje najlepsze dzieło. Pewien krytyk tak napisał o Cézannie:

> Ostateczna synteza projektu nigdy nie ujawniała się w mgnieniu oka; podchodził on raczej do niej z bezgraniczną ostrożnością, można by powiedzieć, że ją tropił, to z jednego punktu widzenia,

to z innego... **Dla niego ta synteza była asymptotą, do której wiecznie się zbliżał, nigdy jej nie osiągając.**[17]

Taka jest natura mistrzostwa: **mistrzostwo jest asymptotą**. Możesz się do niego zbliżyć. Możesz się na nie nakierować. Możesz do niego podejść naprawdę, naprawdę, naprawdę blisko. Ale tak samo jak Cézanne, **nigdy** go nie dotkniesz. Nie da się w pełni osiągnąć mistrzostwa. Tiger Woods, prawdopodobnie największy golfista wszechczasów, powiedział stanowczo, że może – musi – stawać się coraz lepszy. Powiedział to jako amator. I powie to po swoim najlepszym turnieju albo na koniec swojego najwspanialszego sezonu. Dąży do mistrzostwa. To wiadomo. Mniej natomiast znany jest fakt, iż rozumie, że go nigdy nie osiągnie. Na zawsze pozostanie ono tuż poza jego zasięgiem.

Asymptota mistrzostwa to źródło frustracji. Po co sięgać po coś, czego nigdy w pełni nie da się osiągnąć? Ale jest to również źródło pokusy. Dlaczego po to **nie sięgnąć**? Dążenie niesie więcej radości niż realizacja. W ostatecznym rozrachunku mistrzostwo dlatego właśnie jest pociągające, że wymyka się z rąk.

TLEN DLA DUSZY

Poddani badaniu ludzie wykazywali niepokojące symptomy „zaburzenia lękowego uogólnionego", choroby umysłowej, która dotyka w przybliżeniu 3 procent populacji ludzi dorosłych. Według DSM-IV*, podręcznika klasyfikacji zaburzeń psychicznych Amerykańskiego Towarzystwa Psychiatrycznego, wystąpienie dowolnych trzech z sześciu poniższych objawów wskazuje, że problem może być poważny:

- nerwowość lub uczucie napięcia lub niepokoju
- skłonność do łatwego męczenia się

---
* DSM-IV – Diagnostic and Statistical Manual of Mental Disorders.

- trudności z koncentracją lub pustka w głowie
- skłonność do irytacji
- napięcie mięśni
- zaburzenia snu

Wyglądało na to, że ci mężczyźni i te kobiety stanowią przypadki podręcznikowe. Jedna osoba, która wcześniej spokojnie sunęła przez życie, teraz czuła się „spięta, bardziej wrogo usposobiona, rozzłoszczona i poirytowana". Inna opisywała, że jest „bardziej skłonna do irytacji i niespokojna" i dokuczały jej „krótkie okresy skupienia". Jeszcze inna nabazgrała taki opis siebie: „Źle sypiam, jestem apatyczny, bardziej nerwowy, jestem bardziej powściągliwy". Niektórzy bali się, że przechodzą załamanie nerwowe. Jeden z uczestników badania miał umysł tak zmącony, że przez nieuwagę wpadł na ścianę i stłukł sobie okulary.

Czy to pora, by wybrać się do psychiatry albo załatwić receptę na leki antylękowe?

Nie. To pora, by wpuścić z powrotem przepływ emocjonalny do swego życia. Na początku lat siedemdziesiątych Csikszentmihalyi przeprowadził eksperyment, w którym poprosił ludzi, by odnotowywali wszystko to, co robią, a co jest „nieinstrumentalne" – to znaczy te drobne działania, jakie podejmują nie z obowiązku albo po to, żeby osiągnąć konkretny cel, ale dlatego, że sprawiają im one przyjemność. Potem wydał następujące polecenie:

Począwszy od [poranka planowanego dnia], kiedy się obudzicie, do godziny 9:00 wieczorem, chcielibyśmy, abyście zachowywali się normalnie, robili wszystko to, co musicie zrobić, ale nie robili niczego, co byłoby „zabawą" lub było „nieinstrumentalne".

Innymi słowy, razem ze swoim zespołem badaczy zalecali uczestnikom, by ci oczyścili swoje życie z przepływu emocjonalnego. Ludzie, którzy lubili pewne aspekty swojej pracy, musieli unikać sytuacji, które mogły ich cieszyć. Ludzie, którzy znajdowali przyjemność w wyczerpujących ćwiczeniach fizycznych, mieli spędzać dzień na siedząco. Jedna z kobiet lubiła zmywać naczynia, ponieważ robiła wtedy coś konstruktywnego, a mogła przy tym fantazjować bez poczucia winy, ale wolno jej było zmywać tylko wtedy, kiedy było to absolutnie konieczne.

Na wyniki nie trzeba było długo czekać. Już pod koniec pierwszego dnia uczestnicy „zauważyli, że zachowują się bardziej ospale". Zaczęli uskarżać się na bóle głowy. Większość donosiła, że ma problemy z koncentracją, a „ich myśli kręcą się w kółko i do niczego nie prowadzą". Niektórym chciało się spać, a inni byli zbyt wzburzeni, by zasnąć. Jak napisał Csikszentmihalyi: „Wystarczyły zaledwie dwa dni tej deprywacji... a ogólne pogorszenie nastroju było tak zaawansowane, że przedłużanie eksperymentu wydawało się niewskazane".[18]

Dwa dni. Czterdzieści osiem godzin bez przepływu emocjonalnego pogrążało ludzi w stanie niesamowicie podobnym do poważnego zaburzenia psychiatrycznego. Eksperyment sugeruje, że przepływ emocjonalny, głębokie poczucie zaangażowania, którego domaga się Motywacja 3.0, nie jest wytwornym „przysmakiem". Jest koniecznością. Potrzebujemy go, żeby przeżyć. Jest tlenem dla naszej duszy.

A jednym z bardziej zaskakujących odkryć Csikszentmihalyia jest fakt, że dużo większe jest prawdopodobieństwo, iż ludzie osiągną stan przepływu w pracy niż w czasie wolnym. Praca może często mieć taką strukturę jak inne autoteliczne doświadczenia: wyraziste cele, natychmiastowe sprzężenie zwrotne, wyzwania dobrze dopasowane do umiejętności. A kiedy tak się dzieje, nie tylko sprawia nam ona więcej przyjemności, ale też wykonujemy ją lepiej. Dlatego takie dziwne jest to, że organizacje tolerują środowiska pracy, które pozbawiają wielu ludzi tych przeżyć. Gdyby organizacje miały do zaproponowania trochę więcej zadań Złotowłosej, gdyby poszukały sposobów na aktywowanie pozytywnej strony Efektu Sawyera, mogłyby zrobić coś dobrego dla siebie i wzbogacić życie ludzi.

Csikszentmihalyi rozumiał te realia ponad trzydzieści lat temu, gdy pisał: „Nie ma żadnego powodu utrzymywać dłużej, że cieszyć może tylko nic nieznacząca «zabawa», podczas gdy poważne sprawy życiowe trzeba dźwigać jak ciężki krzyż. Gdy już zdamy sobie sprawę z tego, że granice pomiędzy pracą a zabawą są sztuczne, będziemy mogli nad całą sprawą zapanować i zabrać się do trudnej działalności mającej sprawić, by nasze życie stało się bardziej znośne".[19]

Jednak jeśli szukamy wskazówek, jak to dobrze zrobić – jak sprawić, by osiąganie mistrzostwa stało się etyczną zasadą kierującą życiem – najlepszym dla nas wzorem nie będą najprawdopodobniej ci, którzy siedzą naokoło stołu w sali konferencyjnej, ani ci, którzy pracują w sąsiednim gabinecie.

Przy lunchu rozmawiałem z Csikszentmihalyiem o dzieciach. Życie małego dziecka aż kipi od autotelicznych doświadczeń. Dzieci huśtają się między jednym momentem przepływu a drugim, ożywione poczuciem radości, obdarzone umysłem nastawionym na możliwości i pracujące z zaangażowaniem kadetów z West Point. Wykorzystują swoje umysły i ciała, by badać środowisko i uzyskiwać jego reakcje w niekończącym się dążeniu do mistrzostwa.

Potem – na którymś etapie życia – już tego nie robią. Co się dzieje?

„Zaczynasz się wstydzić, że to, co robisz, jest dziecinne" – wyjaśnił Csikszentmihalyi.

Co za błąd. Być może to właśnie ty i ja – i wszystkie inne dorosłe osoby odpowiedzialne za ten świat – jesteśmy niedojrzali. Przypomina się przeżycie Csikszentmihalyia w pociągu, kiedy zastanawiał się, jak dorośli mogli tak wszystko zepsuć. Nasza sytuacja może być mniej dramatyczna, ale to spostrzeżenie nie staje się przez to mniej wnikliwe. Csikszentmihalyi twierdzi, że dzieci, pozostawione same sobie, dążą do emocjonalnego przepływu z nieuchronnością praw natury. My wszyscy też powinniśmy to robić.

ROZDZIAŁ 6

Cel

Statystycy mówią nam, że demograficzne dane statystyczne to przeznaczenie. Od Rolling Stonesów dowiadujemy się, że nie zawsze można mieć to, co się chce. Nie wiemy natomiast, co by się działo, gdyby te dwie niezłomne zasady zasiadły razem, nalały sobie drinka i zaczęły się lepiej poznawać.

Ale zaraz się tego dowiemy.

W 2006 roku pierwsi członkowie pokolenia wyżu demograficznego kończyli sześćdziesiąt lat. Kiedy obchodzi się poważną okrągłą rocznicę urodzin, człowiek na ogół się zatrzymuje, zastanawia i przeprowadza inwentaryzację własnego życia. A ja odkryłem, że kiedy ten wyż w Stanach i gdzie indziej dociera do tego kamienia milowego, zazwyczaj reaguje trzystopniowo.

Na pierwszym etapie zadają sobie pytanie: „Kurcze, jak to się stało, że mam sześćdziesiąt lat?". Kiedy ich drogomierz przeskakuje na 6-0, ludzie często czują się zaskoczeni i trochę zaniepokojeni. Sześćdziesiątka, tak myślą, oznacza starość. Podliczają, czego jest im żal, i stawiają czoło faktowi, że Mick Jagger razem ze swoim zespołem mieli rację i nie zawsze dostaje się to, czego się chce.

Ale wtedy włącza się drugi etap. W niezbyt odległej przeszłości ukończenie sześćdziesięciu lat oznaczało, że, hm, jest się w podeszłym wieku. Ale na początku dwudziestego pierwszego wieku każdy, kto był na tyle zdrowy, by sześćdziesiątki dożyć, jest prawdopodobnie wystarczająco zdrowy, by pożyć jeszcze trochę. Według danych ONZ sześćdziesięcioletni Amerykanin może spodziewać się, że pożyje jeszcze ponad dwadzieścia lat, a sześćdziesięcioletnia Amerykanka pobędzie tu jeszcze przez kolejne ćwierć wieku. W Japonii sześćdziesięciolatek może oczekiwać, że przeżyje swoje osiemdziesiąte drugie urodziny, sześćdziesięciolatka, że dożyje do prawie osiemdziesięciu ośmiu lat. Ten wzorzec podobny jest w wielu zamożnych krajach. We Francji, Izraelu, Włoszech, Szwajcarii, Kanadzie i gdzie indziej, jeśli dożyłeś sześćdziesiątki, to bardzo prawdopodobne, że dożyjesz osiemdziesięciu kilku lat.[1] A uświadomienie sobie tego niesie ze sobą pewną ulgę. „Uff," wzdycha taki człowiek z wyżu w Toronto lub w Osace, „mam jeszcze ze dwie dekady".

Ale poczucie ulgi szybko znika – ponieważ niemal od razu, jak tylko ucichnie to westchnienie, ludzie przechodzą na trzeci etap. Zrozumiawszy, że może pożyć kolejne dwadzieścia pięć lat, sześćdziesięcioletni człowiek z wyżu **cofa** się pamięcią o dwadzieścia pięć lat – do okresu, kiedy miał ich trzydzieści pięć – i nagle pewna myśl wali go jak obuchem w głowę. „Ależ to szybko minęło – mówi.– Czy następne dwadzieścia pięć lat przeleci tak samo? A jeśli tak, to kiedy ja zrobię coś ważnego? Kiedy będę żyć pełnią życia? Kiedy coś zmienię na tym świecie?"

Te pytania, od których roi się w rozmowach, jakie przy kuchennym stole toczą ludzie z wyżu na całym świecie, mogą wydawać się ckliwe. Ale pojawiają się teraz z częstością niemającą precedensu w cywilizacji człowieka. Zastanów się: ludzie z wyżu to najliczniejsza pod względem demograficznym grupa w większości krajów zachodnich, jak również w krajach takich jak Japonia, Australia i Nowa Zelandia. Według Biura Spisu Ludności USA w samych Stanach Zjednoczonych jest ich około 78 milionów, a to oznacza, że średnio co rok ponad cztery miliony Amerykanów obchodzi te skłaniające do głębokiego zastanowienia nad własną duszą i życiem urodziny.[2] To ponad 11000 osób dziennie, ponad 450 na godzinę.

Innymi słowy, w samej Ameryce co 13 minut sto urodzonych podczas wyżu osób kończy sześćdziesiąt lat.

Co trzynaście minut kolejne sto osób – członków najbogatszego i najlepiej wykształconego pokolenia, jakie znał ten świat – przypomina sobie o własnej śmiertelności i zaczyna zadawać ważkie pytania o sedno, o znaczenie i o to, czego naprawdę chce.

Setka ludzi. Co trzynaście minut. Co godzinę. Codziennie. Aż do 2024 roku.

Kiedy zimny front demografii napotka ciepły front niespełnionych marzeń, wynikiem będzie burza celowości, jakiej świat i słońce nie widziały.

MOTYW CELU

Dwie pierwsze nóżki trójnogu, na którym stoi Typ I, czyli autonomia i mistrzostwo, są kluczowe. Ale dla równowagi potrzebna jest trzecia – cel, który stanowi kontekst dla jego dwóch partnerów. Autonomiczni ludzie, pracujący nad tym, by osiągnąć mistrzostwo, działają na bardzo wysokich poziomach. Ale ci, którzy postępują tak w służbie wyższego celu, mogą osiągnąć jeszcze więcej. Najgłębiej zmotywowani ludzie – nie wspominając już o tym, że ci, którzy są najbardziej wydajni i zadowoleni – łączą swoje pragnienia z celem wspanialszym niż oni sami.

Jednak Motywacja 2.0 nie uznaje celu za motywator. System operacyjny Typu X nie odrzuca tej koncepcji, ale degraduje ją do roli ornamentu – ładny dodatek, jeśli masz na coś takiego ochotę, byleby nie przeszkadzał w tym, co ważne. Jednak przyjmując ten pogląd, Motywacja 2.0 zaniedbuje istotną część tego, kim jesteśmy. Od momentu, kiedy człowiek po raz pierwszy wpatrywał się w niebo, rozmyślał nad swoim miejscem we wszechświecie i próbował stworzyć coś, co uczyni świat lepszym i co przetrwa dłużej niż on sam, byliśmy poszukiwaczami celu. „Cel dostarcza życiu energii aktywacji" – powiedział mi psycholog Csikszentmihalyi podczas wywiadu. „Sądzę, że ewolucja miała swój udział w wybieraniu ludzi, którzy mieli poczucie, że trzeba zrobić coś, co wykracza poza nich samych".

Motywacja 3.0 dąży do odzyskania tego aspektu kondycji ludzkiej. Ludzie z wyżu na całym świecie – przez to, że są na tym etapie życia i że są tak liczni – popychają

> *Całym sercem wierzę, że wyłania się nowa forma kapitalizmu. Więcej ludzi bezpośrednio zainteresowanych (klienci, pracownicy, udziałowcy i szersza społeczność) chce, by ich biznes... miał cel ważniejszy niż ich produkt.*
> MATS LEDERHAUSEN
> inwestor i były dyrektor
> McDonald's

cel bliżej centrum kultury. W odpowiedzi na to ludzie biznesu zaczęli się na nowo zastanawiać nad tym, jakie miejsce zajmuje cel w tym, co robią. „Maksymalizacji bogactwa, jako emocjonalnemu katalizatorowi, brak mocy, by w pełni zmobilizować energię człowieka", mówi Gary Hamel, guru zarządzania strategicznego (i człowiek z wyżu).[3] Wstrząsającym poziomom braku zaangażowania pracowników, które opisałem w poprzednim rozdziale, towarzyszy pewien trend, z którego firmy dopiero zaczynają zdawać sobie sprawę: równie gwałtowny wzrost liczby zgłoszeń do wolontariatu, szczególnie w Stanach Zjednoczonych. Te rozchodzące się linie – spadek zaangażowania za wynagrodzeniem, wzrost starań dokładanych bez wynagrodzenia – sugerują, że praca społeczna stanowi dla ludzi pożywkę, jaką płatna praca po prostu nie jest.

Dowiadujemy się, że motyw zysku, aczkolwiek silny, może być niewystarczającym impulsem zarówno dla jednostek, jak i dla organizacji. Równie potężnym źródłem energii, które często lekceważyliśmy albo odrzucaliśmy jako nierealistyczne, jest coś, co moglibyśmy nazwać „motywem celu". To ostatnia duża różnica pomiędzy tymi dwoma systemami operacyjnymi. Motywacja 2.0 skupiona na maksymalizacji zysku. Motywacja 3.0 nie odrzuca zysków, ale kładzie równie silny nacisk ma maksymalizację celu. Widzimy pierwsze oznaki tego nowego motywu celu w trzech dziedzinach życia organizacji – celach, słowach i strategiach.

Cele

Ludzie z wyżu nie są osamotnieni w swoich pieśniach o celu. Do ich chóru, korzystając z tego samego śpiewnika kościelnego, przyłączają się ich synowie i córki – znani jako pokolenie Y, pokolenie milenium albo echo wyżu. Ci młodzi dorośli, którzy niedawno sami zaczęli wstępować w szeregi siły roboczej, przesuwają środek ciężkości w organizacjach przez samą swoją obecność. Jak odkryła w swoich badaniach autorka Sylwia Hewlett, te pokolenia z dwóch końców półki „przedefiniowują pojęcie sukcesu [i] są gotowe zaakceptować radykalnie nową «mieszankę» nagród". Żadne z tych pokoleń nie uważa pieniędzy za najważniejszą formę wynagrodzenia. Zamiast nich wybierają całą gamę niefinansowych czynników – od „wspaniałego zespołu" do „możliwości odpłacania się społeczeństwu poprzez pracę".[4] A jeśli nie są w stanie znaleźć tego satysfakcjonującego pakietu nagród w istniejącej organizacji, tworzą własne przedsięwzięcie.

Weźmy przypadek Amerykanina z pokolenia Y, Blake'a Mycoskie, oraz TOMS Shoes, firmy, którą uruchomił w 2006 roku. TOMS-a nie da się wpasować do tradycyjnych biznesowych pudełek. Ma w ofercie supermodne, płócienne buty na płaskim obcasie. Ale za każdym razem, kiedy TOMS sprzeda parę butów tobie, mnie czy twojemu sąsiadowi, oddaje kolejną parę nowych butów dziecku w jakimś rozwijającym się kraju. Czy TOMS jest instytucją charytatywną, która finansuje się ze sprzedaży butów? Czy jest to firma, która poświęca zarobek, by czynić dobro? Nie jest ani jednym, ani drugim – i jest oboma. Prawdę mówiąc, odpowiedź jest tak zagmatwana, że firma TOMS Shoes musiała zająć się tą kwestią na swojej stronie internetowej tuż pod informacją, jak zwrócić parę butów, które są za duże. Na stronie znajduje się wyjaśnienie, że TOMS jest „organizacją for-profit z obdarowywaniem w sercu".

Załapałeś? Nie? No dobrze, spróbuj tego: „model biznesowy" firmy „zmienia naszych klientów w dobroczyńców". Lepiej? Może. Dziwniej? Z pewnością. Przedsięwzięcia takie jak TOMS zamazują, a może nawet rozbijają istniejące kategorie. Ich cele i sposób, w jaki firmy je osiągają, są tak nie do pogodzenia z Motywacją 2.0, że gdyby TOMS musiał polegać na tym dwudziestowiecznym systemie operacyjnym, całe przedsięwzięcie zablokowałoby się i zrobiło klapę, przechodząc w stan będący odpowiednikiem niebieskiego ekranu śmierci.

W przeciwieństwie do tego Motywacja 3.0 została stworzona specjalnie do maksymalizacji celu. Właściwie to przede wszystkim pojawienie się maksymalizatorów celu jest powodem, dla których potrzebujemy tego nowego systemu operacyjnego. Jak wyjaśniałem w Rozdziale 1., działania takie jak firmy TOMS są w awangardzie pewnej szerszej tendencji, by na nowo przemyśleć, jak ludzie organizują sobie to, co robią. Organizacje dla pożytku, korporacje „B" i niskodochodowe spółki z ograniczoną odpowiedzialnością, wszystkie „przetapiają" cele tradycyjnego przedsięwzięcia biznesowego. I wszystkie coraz bardziej się rozpowszechniają, kiedy nowy rodzaj ludzi biznesu szuka celu z takim samym zapałem, z jakim według tradycyjnej teorii ekonomii przedsiębiorcy szukają zysku. Nawet spółdzielnie – starszy model biznesowy działający na motywach innych niż maksymalizacja zysku – przesuwają się z niejasnych obrzeży do wyrazistego centrum. Według autorki Marjorie Kelly przez ostatnie trzy dekady liczba spółdzielców na świecie podwoiła się do 800 milionów. W samych Stanach Zjednoczonych więcej ludzi należy do spółdzielni, niż posiada udziały na giełdzie. A ta idea się szerzy. W Kolumbii, zauważa Kelly, „Salud-Coop zapewnia opiekę zdrowotną jednej czwartej populacji. W Hiszpanii Mondragón Corporación Cooperativa to siódmy co do wielkości koncern przemysłowy".[5]

Tym organizacjom „nie tylko for-profit" daleko jeszcze do „społecznie odpowiedzialnych" biznesów, które od piętnastu lat są ostatnim krzykiem mody, ale rzadko spełniają pokładane w nich nadzieje. Działanie firm stosujących Motywację 3.0 nie ma być nakierowane na pogoń za zyskiem przy równoczesnych staraniach, by pozostać wiernym etyce i praworządności. To działanie ma być nakierowane na dążenie do celu – i wykorzystywanie zysku raczej jako katalizatora, a nie celu samego w sobie.

Słowa

Wiosną 2009 roku, kiedy światowa gospodarka zataczała się pod ciosami kryzysu, wydarzającego się raz na pokolenie, oraz intryg finansowych, które się do niego dokładały, kilku studentów Harvard Business School zerknęło w lustro i zaczęło się zastanawiać, czy to nie oni stanowią problem. Ludzie, na których się wzorowali – decydujący o sprawach finansowych i zawierający wielkie umowy – nie byli, jak się okazało, bohaterami jakiejś epopei, ale złoczyńcami z bardziej mrocznej opowieści. Wielu z tych zajmujących eksponowane stanowiska biznesmenów doprowadziło system finansowy na skraj przepaści. Tymczasem ci młodzi ludzie rozglądali się po swoich kolegach i widzieli zarodki podobnego zachowania. W ankiecie przeprowadzonej wśród magistrantów zarządzania kilka lat wcześniej kolosalne 56 procent respondentów przyznało, że regularnie oszukuje.[6]

Tak więc grupka harvardzkich studentów drugiego roku, obawiając się, że trzy litery MBA*, które kiedyś były powodem do dumy, teraz stały się czymś kompromitującym, zrobiła to, w czym się studentów biznesu szkoli. Przygotowali plan. Razem stworzyli coś, co nazwali „Przysięgą studentów MBA" – przysięgę Hipokratesa dla absolwentów zarządzania, w której przysięgają wierność sprawom wykraczającym ponad i poza wyniki finansowe. To nie jest dokument prawny. Jest to kodeks postępowania. A postępowanie, jakie zaleca, jak również słowa, którymi ten kodeks sformułowano, bliższe są maksymalizacji celu niż maksymalizacji zysku.

Od pierwszego zdania w przysiędze dźwięczy program Motywacji 3.0: „Moim celem jako menedżera jest służenie wyższemu dobru poprzez łączenie ludzi i zasobów, by stworzyć wartość, której pojedyncza osoba stworzyć nie jest w stanie", tak się zaczyna. I ciągnie się dalej przez kolejne prawie pięćset słów. „Będę chronił interesy moich udziałowców, współpracowników, klientów i społeczeństwa, w którym

---
* MBA – magister zarządzania.

działamy", zobowiązują się składający przysięgę. „Będę dążył do stworzenia na całym świecie trwałego gospodarczego, społecznego i środowiskowego dobrobytu".

Te słowa – „cel", „wyższe dobro", „trwały" – nie pochodzą ze słownika Typu X. Rzadko słyszy się je w szkole biznesu – bo w końcu nie o to ma w szkole biznesu chodzić. Mimo to studenci prawdopodobnie najpotężniejszej fabryki magistrantów zarządzania myśleli inaczej. I w zaledwie kilka tygodni mniej więcej jedna czwarta ostatniego roku złożyła tę przysięgę i podpisała przyrzeczenie. Zapoczątkowując tę działalność, Max Anderson, jeden ze studentów założycieli, powiedział: „Mam nadzieję, że kiedy spotkamy się na zjeździe za dwadzieścia pięć lat, nasz rocznik znany będzie nie z tego, ile pieniędzy zarobiliśmy, ani z tego, ile pieniędzy oddaliśmy szkole, tylko z tego, na ile ten świat stał się lepszym miejscem w wyniku naszego przywództwa".[7]

Słowa mają znaczenie. A jeśli uważnie się wsłuchasz, może zaczniesz słyszeć trochę inny – trochę bardziej nakierowany na cel – dialekt. Gary Hamel, o którym wspominałem powyżej, mówi: „Cele kierownictwa są zazwyczaj opisywane takimi słowami jak «skuteczność», «przewaga», «wartość», «wyższość», «skupienie uwagi», «zróżnicowanie». I chociaż te cele są ważne, brak im mocy, by poruszyć ludzkie serca". Przywódcy biznesu, jak stwierdza, „muszą znaleźć sposoby, by nasycić przyziemną działalność biznesową głębszymi, poruszającymi duszę ideałami, takimi jak honor, prawda, miłość, sprawiedliwość i piękno".[8] Zhumanizuj to, co ludzie mówią, a prawdopodobnie zhumanizujesz to, co robią.

Na tym sposobie myślenia opiera się prosta i skuteczna metoda, jaką Robert B. Reich, były minister pracy Stanów Zjednoczonych, ocenia stan organizacji. Nazywa to „testem zaimka". Gdy odwiedza jakieś miejsce pracy, zadaje zatrudnionym tam ludziom kilka pytań na temat firmy. Oczywiście słucha, jaka jest treść ich wypowiedzi. Ale przede wszystkim wsłuchuje się w zaimki, jakich używają. Czy pracownicy o firmie mówią „oni"? Czy opisują ją zaimkiem „my"? Reich twierdzi, że firmy „oni" i firmy „my" bardzo się od siebie różnią.[9] A w Motywacji 3.0 „my" wygrywa.

Strategie

Pomiędzy słowami, jakimi posługują się biznesy, a celami, o jakie zabiegają, tkwią strategie stosowane po to, żeby zamienić te pierwsze w te drugie. Tu również dają się zaobserwować pierwsze przejawy innego podejścia. Na przykład w ciągu ostatnich dziesięciu lat wiele firm poświęciło sporo czasu i wysiłku, aby stworzyć wytyczne etyki korporacyjnej. Mimo to przypadków nieetycznego zachowania nie wydaje się być mniej. Choć te wytyczne mogą być wartościowe, taka strategia może niechcący przesunąć celowe zachowanie ze schematu Typu I do Typu X. Jak wyjaśnia profesor z Harvard Business School, Max Bazerman:

> Powiedzmy, że bierzesz ludzi, którzy mają motywację, by się dobrze zachowywać, a potem dajesz im zestaw stosunkowo słabych standardów etycznych, jakie powinni spełniać. Teraz, zamiast prosić ich, by „coś zrobili, ponieważ tak należy postąpić", w zasadzie dałeś im alternatywny zestaw standardów: zrób to, żebyś mógł odhaczyć wszystkie okienka.

Wyobraź sobie na przykład organizację która wierzy w politykę dyskryminacji pozytywnej – taką, która chce sprawić, by świat był lepszy, tworząc bardziej zróżnicowaną siłę roboczą. Poprzez zredukowanie etyki do listy kontrolnej, polityka dyskryminacji pozytywnej staje się nagle kupą wymagań, jakie organizacja musi spełnić, by pokazać, że nie dyskryminuje.

Teraz firma nie skupia się na pozytywnym dążeniu do różnorodności, tylko raczej na pilnowaniu, żeby

---

Wartość życia można mierzyć zdolnością człowieka do wpływania na los kogoś mniej uprzywilejowanego. Skoro śmierć jest rzeczą absolutnie pewną dla każdego, ważną zmienną jest jakość życia pomiędzy czasem narodzin i śmierci.

BILL STRICKLAND
założyciel Manchester Craftsmen's Guild i zdobywca „nagrody dla geniusza" im. McArthura

wszystkie kratki na liście zostały odhaczone, co będzie dowodem, że jej postępowanie jest w porządku (i nie zostanie podana do sądu). Przedtem jej pracownicy mieli wewnętrzną motywację, by robić to, co należy, natomiast teraz mają zewnętrzną motywację, by pilnować, żeby firma nie została pozwana ani obciążona grzywną.[10]

Innymi słowy, ludzie mogliby spełniać minimalne standardy etyczne, aby uniknąć kary, ale te wytyczne w najmniejszym stopniu nie przyczyniły się do „wstrzyknięcia celu" w krwioobieg firmy. Lepszym podejściem mogłoby być pozyskanie autonomii dla maksymalizacji celu. Dwa intrygujące przykłady pokazują, co mam na myśli.

Po pierwsze, wielu psychologów i ekonomistów odkryło, że korelacja pomiędzy pieniędzmi a szczęściem jest słaba – że po przekroczeniu pewnego (i dość skromnego) poziomu większy stos pieniędzy nie przynosi ludziom wyższej satysfakcji. Ale kilku naukowców społecznych zaczęło uzupełniać to spostrzeżenie o pewne niuanse. Według Lary Aknin i Elizabeth Dunn, socjolożek z Uniwersytetu British Columbia, oraz Michaela Nortona, psychologa z Harvard Business School, to, **jak** ludzie wydają pieniądze, może być co najmniej równie ważne jak to, **ile** pieniędzy zarabiają. A konkretnie, wydawanie pieniędzy na innych (jeśli kupisz kwiaty dla współmałżonka, a nie MP3 dla siebie) albo na jakąś ideę (jeśli przekażesz je na instytucję religijną, a nie wybierzesz się do drogiego fryzjera) może zwiększyć twoje subiektywne dobre samopoczucie.[11] Dunn i Norton proponują nawet, żeby ich – jak to nazywają – odkrycia „prospołeczne" zmienić w korporacyjną strategię wydawania. Według „The Boston Globe" przekonane są, iż „firmy mogą poprawić emocjonalne samopoczucie pracowników, przekazując część swojego budżetu na dary charytatywne, tak by poszczególni pracownicy dostawali pewne sumy, które będą mogli ofiarowywać, co spowoduje, że oni będą szczęśliwsi, a wybrane przez nich organizacje dobroczynne na tym skorzystają".[12] Innymi słowy, przekazanie pojedynczym pracownikom kontroli nad tym, jak organizacja odpłaca się społeczeństwu, może zrobić więcej dla poprawy ich ogólnego zadowolenia niż kolejna finansowa zachęta typu „jeśli – to".

Inne badanie daje nam drugą możliwą receptę na strategię skupioną na celu. Lekarze z szeroko znanych ośrodków, takich jak Mayo Clinic, muszą sprostać napięciom i wymaganiom, które często mogą prowadzić do wypalenia. Ale prace badawcze prowadzone w tym prestiżowym obiekcie wykazały, że wyrażenie zgody, by lekarze spędzali jeden dzień w tygodniu na tym aspekcie swojej pracy, który miał dla nich największe znaczenie – czy to na opiece nad pacjentem, na badaniach naukowych czy pracy społecznej – może zmniejszyć wyczerpanie fizyczne i emocjonalne towarzyszące ich pracy. U lekarzy, którzy wzięli udział w tej próbnej strategii, tempo wypalania się było o połowę niższe niż u tych, którzy w niej nie uczestniczyli.[13] Pomyśl o tym jak o „dwudziestoprocentowym czasie" z celem.

DOBRE ŻYCIE

Każdego roku około 1300 studentów kończy Uniwersytet Rochester i zaczyna podróż do – jak to lubi nazywać wielu z ich rodziców i wykładowców – realnego świata. Edward Deci, Richard Ryan i ich kolega Christopher Niemiec postanowili zadać pewnej grupie tych przyszłych absolwentów kilka pytań o ich życiowe cele, a potem prześledzić początki ich kariery, żeby zobaczyć, jak sobie radzą. Chociaż wiele badań z dziedziny nauk społecznych prowadzi się na studentach-wolontariuszach, naukowcy rzadko interesują się studentami, kiedy ci już spakują swoje dyplomy i wyjdą za bramę kampusu. Natomiast ta trójka naukowców chciała zbadać ramy czasowe po studiach, ponieważ przedstawiają one „krytyczny okres rozwoju, który charakteryzuje przejście człowieka do dorosłej tożsamości i życia".[14]

Niektórzy ze studentów Uniwersytetu Rochester mieli – jak to określali Deci, Ryan i Niemiec – „zewnętrzne aspiracje", na przykład stać się bogatym lub osiągnąć sławę, to, co my nazwalibyśmy „celami dla zysku". Inni mieli „wewnętrzne aspiracje" – pomagać innym polepszać swoje życie, uczyć się i rozwijać – czyli coś, co my uważamy za „cele dla celu". Kiedy już ci studenci spędzili w prawdziwym świecie rok do dwóch, badacze odszukali ich, by zobaczyć, jak im się powodzi.

> Nie możesz żyć życiem naprawdę doskonałym, jeżeli nie masz poczucia, że należysz do czegoś większego i bardziej trwałego niż ty sam.
> MIHALYI CSIKSZENTMIHALYI

Osoby, które miały „cele dla celu" i czuły, że je osiągają, informowały o poziomie zadowolenia i subiektywnego dobrego samopoczucia wyższym niż wtedy, gdy były na studiach, oraz całkiem niskich poziomach niepokoju i przygnębienia. Zapewne nic w tym dziwnego. Wyznaczyli sobie ważny dla nich cel i czuli, że go osiągają. W takiej sytuacji większość z nas też by się dość dobrze czuła.

Ale wyniki dla osób z celami dla zysku były bardziej skomplikowane. Ci, którzy twierdzili, że osiągają swoje cele – gromadzili bogactwo, zdobywali uznanie – informowali, że ich poziom satysfakcji, poczucia własnej wartości i afektu pozytywnego jest taki sam jak wtedy, kiedy byli studentami. Innymi słowy, osiągnęli swoje cele, ale nie sprawiło to, by poczuli się szczęśliwi. Co więcej, u absolwentów z celami dla zysku widać było **wzrost** niepokoju i przygnębienia oraz innych negatywnych wskaźników, chociaż przecież osiągali swoje cele.

„Te wnioski robią dość duże wrażenie – piszą badacze – ponieważ sugerują one, że osiągnięcie pewnej konkretnej grupy celów [w tym przypadku celów dla zysku] w żaden sposób nie wpływa na dobre samopoczucie, natomiast przyczynia się do złego samopoczucia".[15]

Kiedy omawiałem powyższe wyniki z Decim i Ryanem, kładli oni szczególny nacisk na ich znaczenie – ponieważ te odkrycia sugerują, że nawet jeśli dostaniemy to, czego chcemy, nie zawsze będzie to tym, czego potrzebujemy. „Ludzie, którzy są bardzo zasobni w zewnętrzne cele powiązane z bogactwem, mają większe szanse to bogactwo osiągnąć, ale mimo to są nieszczęśliwi" – powiedział mi Ryan.

Albo, jak ujął to Deci: „Powszechne wyobrażenie jest następujące: cenisz coś. Osiągasz to. Potem jesteś w lepszej sytuacji, będąc funkcją tego czegoś. Ale my odkryliśmy, że są pewne rzeczy, które – jeśli je cenisz i zdobędziesz – powodują, że w rezultacie jest ci **gorzej**, a nie lepiej".

Niezdolność do zrozumienia tej zagadki – że satysfakcja zależy nie tylko od posiadania celów, ale od posiadania odpowiednich celów – może poprowadzić rozsądnych ludzi na ścieżki samozniszczenia. Jeśli ludzie gonią za celami dla zysku, osiągają je i nadal nie mają lepszego zdania o własnym życiu, reakcją może być powiększenie rozmiaru celów oraz ich zakresu – szukanie większych pieniędzy albo szerszego zewnętrznego uznania. A to może „gnać ich dalej drogą prowadzącą do kolejnych nieszczęść, kiedy oni będą myśleli, że to droga do szczęścia" – mówi Ryan.

„Jedną z przyczyn niepokoju i depresji u takich «ludzi sukcesu» jest to, że nie mają oni dobrych związków z innymi. Są zajęci robieniem pieniędzy i zajmowaniem się sobą, a to oznacza, że w ich życiu mniej jest miejsca na miłość, uwagę, troskę i empatię, i na to, co naprawdę ważne" – dodał Ryan.

A jeśli w ogólnych zarysach te wnioski sprawdzają się dla jednostek, dlaczego nie miałyby być prawdziwe dla organizacji – które oczywiście są zbiorowiskami jednostek? Nie chcę powiedzieć, że zysk nie jest ważny. Jest. Motyw zysku był i jest ważną pożywką dla osiągnięć. Ale to nie jedyny motyw. I nie jest on najważniejszy. Gdybyśmy przyjrzeli się najważniejszym osiągnięciom w historii – od prasy drukarskiej przez demokrację konstytucyjną do lekarstw na zabójcze choroby – iskrą, która sprawiała, że twórcy pracowali bez przerwy do późna w nocy, był cel co najmniej w takim samym stopniu jak zysk. Zdrowe społeczeństwo – i zdrowe organizacje biznesowe – zaczynają od celu i uważają zysk za środek pozwalający podążać ku niemu albo za miły produkt uboczny jego osiągnięcia.

I tu ludzie z wyżu demograficznego – może, tylko może – mogą wyjść na prowadzenie. Przy tematach takich jak mistrzostwo i autonomia dorośli powinni liczyć na wymowny przykład dzieci. Ale cel to być może inna sprawa. Do tego, by być zdolnym do zastanawiania się

Cel

nad szerszym obrazem, rozmyślania nad własną śmiertelnością, do zrozumienia paradoksu, że osiągnięcie pewnych celów nie jest rozwiązaniem, trzeba chyba najpierw pobyć na tej planecie przez kilka lat. A ponieważ bardzo niedługo, po raz pierwszy w okresie swojego istnienia, na tej planecie będzie więcej ludzi w wieku ponad sześćdziesięciu lat niż poniżej pięciu, moment nie mógłby być już lepszy.

W naszej naturze leży poszukiwanie celu. Ale ta nasza natura ujawnia się teraz i wyraża na skalę, która pod względem demograficznym nie ma precedensu i do niedawna była niewyobrażalna. Konsekwencje mogłyby odmłodzić nasz biznes i zmienić nasz świat.

GŁÓWNYM ZAMYSŁEM tej książki było pokazanie rozbieżności pomiędzy tym, co wie nauka, a tym, co robi biznes. Luka jest szeroka. Jej istnienie jest niepokojące. I choć zamknięcie tej luki wydaje się zniechęcająco trudne, mamy powody do optymizmu.

Naukowcy studiujący motywację ludzką, z których kilku poznaliśmy w tej książce, proponują nam bardziej wyrazisty i dokładny opis zarówno ludzkiego działania, jak i kondycji ludzkiej. Prawdy, jakie odkryli, są proste, ale mocne. Nauka pokazuje, że typowe dwudziestowieczne motywatory, czyli kije i marchewki – które uznajemy za „naturalną" część przedsięwzięć człowieka – mogą czasem działać. Ale są skuteczne wyłącznie w zaskakująco wąskim zakresie przypadków. Nauka pokazuje, że nagrody typu „jeśli – to" – filary systemu operacyjnego Motywacja 2.0 – nie tylko są nieskuteczne w wielu sytuacjach, ale też mogą zdławić te kreatywne, koncepcyjne zdolności wysokich lotów, które są kluczowe dla obecnego i przyszłego gospodarczego i społecznego rozwoju. Nauka pokazuje, że sekretem prowadzącym do wysokich wyników nie jest nasz popęd biologiczny, ani nasz popęd związany z nagrodą i karą, tylko nasz trzeci popęd – głęboko tkwiące w nas pragnienie, by kierować naszym własnym życiem, by rozwijać i rozszerzać nasze umiejętności i by prowadzić życie celowe.

Zsynchronizowanie naszych biznesów z tymi prawdami nie będzie łatwe. Oduczenie się starych poglądów jest trudne, wyzbycie się starych nawyków jeszcze trudniejsze. I byłbym mniej optymistyczny co do możliwości zamknięcia luki motywacyjnej w najbliższym czasie, gdyby nie fakt, że nauka potwierdza to, co w głębi serca już wiemy. Wiemy, że ludzie nie są jedynie mniejszymi, wolniejszymi, ładniej pachnącymi końmi galopującymi za marchewką dnia. Wiemy – jeśli spędzamy czas z małymi dziećmi lub pamiętamy siebie z najlepszych lat – że naszym przeznaczeniem nie jest bycie biernymi i uległymi. Naszym przeznaczeniem jest bycie aktywnymi i zaangażowanymi. I wiemy, że najbogatsze doświadczenia w naszym życiu mamy nie wtedy, gdy domagamy się uznania od innych, ale gdy słuchamy naszego własnego głosu – robiąc coś, co ma znaczenie, robiąc to dobrze i robiąc to w służbie celowi większemu niż my sami.

Tak więc w ostatecznym rozrachunku skorygowanie tego niedopasowania i wprowadzenie naszego zrozumienia motywacji w dwudziesty pierwszy wiek jest czymś więcej niż tylko istotnym posunięciem dla biznesu. To potwierdzenie naszego człowieczeństwa.

Część trzecia

Pakiet narzędzi dla Typu I

Witamy w pakiecie narzędzi dla Typu I.
Jest to poradnik dla ciebie, jak brać pomysły z tej książki i wprowadzać je w życie.

Czy szukasz lepszego sposobu na prowadzenie swojego biznesu, czy na sterowanie swoją karierą, czy pomaganie swoim dzieciom, znajdziesz tu radę, najlepszy sposób postępowania albo zalecaną dla siebie książkę. A jeśli kiedyś byłoby ci potrzebne krótkie streszczenie Drive albo chciałbyś sprawdzić któryś z używanych w tej książce terminów, też to tutaj znajdziesz.

Nie musisz czytać tej części w żadnej konkretnej kolejności. Wybierz hasło, które cię interesuje, i do dzieła! Jak każdy porządny pakiet narzędzi, ten jest na tyle uniwersalny, żebyś mógł do niego wracać.

P.S. Bardzo chciałbym poznać wasze sugestie, co jeszcze powinny obejmować przyszłe wydania Pakietu narzędzi dla Typu I. Wysyłajcie swoje pomysły bezpośrednio do mnie na adres dnp@danpink.com.

CO ZNAJDUJE SIĘ W TYM PAKIECIE

Typ I dla pojedynczych osób: Dziewięć strategii pobudzania twojej motywacji

Typ I dla organizacji: Dziewięć sposobów, które pomagają ci poprawić swoją firmę, biuro lub grupę

Zen wynagrodzenia: Płacenie ludziom w sposób zgodny z Typem I

Typ I dla rodziców i wychowawców: Dziewięć pomysłów na to, jak pomóc naszym dzieciom

Lista lektur dla zainteresowanych Typem I: Piętnaście niezbędnych książek

Słuchajcie guru: Sześciu myślicieli biznesu, którzy to rozumieją

Plan fitness dla Typu I: Cztery rady, jak się zmotywować (i utrzymać motywację) do zażywania ruchu

Drive: Podsumowanie

Drive: Słowniczek

Drive: Poradnik, jak zacząć dyskusję: Dwadzieścia sposobów na rozpoczęcie konwersacji, żebyś nie przestawał myśleć i rozmawiać

Dowiedz się więcej – o sobie i o tym temacie

Typ I dla pojedynczych osób: Dziewięć strategii pobudzania twojej motywacji

Zachowanie Typu I jest nabyte, a nie wrodzone. Chociaż świat zalewają zewnętrzne motywatory, możemy wiele zrobić, by wprowadzić więcej autonomii, mistrzostwa i celu do naszej pracy i naszego życia. Oto dziewięć ćwiczeń, które naprowadzą cię na właściwy trop.

ZRÓB SOBIE „TEST NA PRZEPŁYW"

Mihaly Csikszentmihalyi nie ograniczył się do wynalezienia pojęcia „przepływu". Przedstawił również genialną nową technikę pozwalającą go zmierzyć. Csikszentmihalyi i jego zespół z Uniwersytetu Chicago wyposażali uczestników swoich badań naukowych w elektroniczne pagery. Potem wywoływali ich w losowych odstępach czasu (w przybliżeniu osiem razy dziennie) przez tydzień i prosili, by opisali swój stan umysłu w danym momencie. W porównaniu z wcześniejszymi metodami, te raporty uzyskiwane w czasie rzeczywistym okazały się dużo bardziej uczciwe i odkrywcze.

Możesz posłużyć się metodologiczną innowacją Csikszentmihalyia w swoim własnym dążeniu do mistrzostwa, robiąc sobie „test na przepływ". Nastaw przypomnienie na komputerze lub w komórce tak, by włączało się w losowych momentach czterdzieści razy w tygodniu. Za każdym razem, gdy twoje urządzenie zabrzęczy, zapisz, co robisz, jak się czujesz i czy jesteś w „stanie przepływu". Zanotuj swoje obserwacje, przyjrzyj się prawidłowościom i zastanów się nad następującymi pytaniami:

- Które chwile generowały uczucie „przepływu"? Gdzie byłeś? Nad czym pracowałeś? Z kim byłeś?
- Czy pewne pory dnia bardziej sprzyjają przepływowi niż inne? Jak mógłbyś przeorganizować swój dzień w oparciu o te odkrycia?
- Jak mógłbyś zwiększyć liczbę optymalnych doświadczeń i zmniejszyć liczbę tych chwil, kiedy czujesz się niezaangażowany lub rozkojarzony?
- Jeśli masz wątpliwości co do swojej pracy lub kariery, co mówi ci to ćwiczenie na temat twojego prawdziwego źródła wewnętrznej motywacji?

NAJPIERW ZADAJ SOBIE PYTANIE ZASADNICZE...

W 1962 roku Clare Boothe Luce, jedna z pierwszych kobiet zasiadających w Kongresie Stanów Zjednoczonych, dała radę prezydentowi Johnowi F. Kennedy'emu. „Wielki człowiek – powiedziała mu – to jedno zdanie". Dla Abrahama Lincolna było ono następujące: „Ocalił unię i uwolnił niewolników". Dla Franklina Roosevelta brzmiało: „Wyciągnął nas z wielkiego kryzysu i pomógł nam wygrać wojnę światową". Luce obawiała się, że uwaga Kennedy'ego tak rozprasza się na różne priorytety, że istniało ryzyko, iż zdanie na jego temat zamieni się w zagmatwany akapit.

Nie musisz być prezydentem – ani Stanów Zjednoczonych, ani nawet swojego lokalnego klubu ogrodniczego – by wyciągnąć naukę z tej opowieści. Jednym ze sposobów, by ukierunkować swoje życie na wyższy cel, jest myślenie o określającym cię zdaniu. Może będzie ono brzmiało: „Wychował czwórkę dzieci, które wyrosły na szczęśliwych i zdrowych dorosłych". A może: „Wynalazła urządzenie, które ułatwiło ludziom życie". Lub: „Troszczył się o każdego, kto wszedł do jego gabinetu, niezależnie od tego, czy mógł zapłacić". Czy też: „Nauczyła czytać dwa pokolenia dzieci".

Gdy zastanawiasz się nad swoim celem, zacznij od zasadniczego pytania: **Jakie jest określające mnie zdanie?**

...A POTEM JESZCZE POMOCNICZE

To zasadnicze pytanie jest konieczne, ale niewystarczające. I tu ma rolę do odegrania pytanie pomocnicze. Prawdziwe osiągnięcia nie przychodzą z dnia na dzień. Każdy, kto ćwiczył przed maratonem, uczył się nowego języka lub kierował odnoszącym sukcesy działem, może zaświadczyć, że spędza się dużo więcej czasu na harowaniu przy trudnych zadaniach niż na rozkoszowaniu się oklaskami.

Oto co możesz zrobić, by nie stracić motywacji. Pod koniec każdego dnia zadaj sobie pytanie, czy byłeś lepszy tego dnia niż poprzedniego. Czy zrobiłeś więcej? Czy zrobiłeś to dobrze? Albo, żeby przejść do konkretów, czy nauczyłeś się tych dziesięciu nowych słówek, czy zadzwoniłeś w swoje osiem miejsc z ofertą sprzedaży, czy zjadłeś swoje pięć porcji owoców i warzyw, czy napisałeś swoje cztery strony? Nie musisz codziennie być bezbłędny. Rozejrzyj się natomiast, w czym nastąpiła niewielka poprawa, na przykład, jak długo ćwiczyłeś na saksofonie albo czy wytrzymałeś ze sprawdzaniem maila, dopóki nie skończyłeś tego raportu, który miałeś napisać. Przypominanie sobie, że nie musisz być mistrzem na trzeci dzień jest najlepszym sposobem, by zagwarantować sobie, że będziesz nim na dzień trzytysięczny.

Tak więc codziennie wieczorem, zanim zaśniesz, zadaj sobie to pomocnicze pytanie: **Czy byłem lepszy dziś niż wczoraj?**

IDŹ NA SAGMEISTERA

Projektant Stefan Sagmeister znalazł wspaniały sposób na to, by mieć pewność, że będzie prowadził życie Typu I. Pomyśl o standardowym modelu w krajach rozwiniętych, mówi. Ludzie zazwyczaj spędzają z grubsza pierwsze dwadzieścia pięć lat życia na nauce, następne około czterdzieści na pracy, a ostatnie dwadzieścia pięć na emeryturze. Ta utarta formuła podziału czasu sprawiła, że Sagmeister zaczął się zastanawiać: a może by odciąć pięć lat z emerytury i rozproszyć je po swoich latach pracy?

Tak więc co siedem lat Sagmeister zamyka swój interes, mówi klientom, że nie będzie go przez rok i bierze 365-dniowy urlop naukowy. Wykorzystuje ten czas, żeby podróżować, żeby pomieszkać w miejscach, w których nigdy nie był, i żeby eksperymentować z nowymi projektami. Wiem, że brzmi to ryzykownie. Ale on twierdzi, że pomysły, na które wpada podczas tego „wolnego" roku, często zapewniają mu dochód na kolejne siedem lat. „Pójście na Sagmeistera", jak to teraz nazywam, wymaga oczywiście sporo planowania i oszczędzania. Ale czy rezygnacja z tego dużego ekranu telewizyjnego nie wydaje się niską ceną za niezapomniany – i nie do odzyskania – rok osobistej eksploracji? Prawda jest taka, że wielu z nas nie zdaje sobie sprawy, jak bardzo realistyczny jest ten pomysł. Dlatego mam nadzieję, że pójdę na Sagmeistera za parę lat i dlatego ty też powinieneś się nad tym zastanowić.

PRZEPROWADZAJ SAM OKRESOWĄ OCENĘ SWOICH WYNIKÓW

Okresowa ocena wyników, ten rytuał, który odbywa się w instytucjach raz czy dwa razy w roku, jest równie przyjemny jak ból zęba i równie produktywny jak katastrofa kolejowa. Nikt ich nie lubi – ani dawca, ani odbiorca. Tak naprawdę nie pomagają nam osiągać mistrzostwa – ponieważ informacja zwrotna często pojawia się sześć miesięcy po wykonaniu zadania. (Wyobraźcie sobie, jak by to było, gdyby Serena Williams lub Twyla Tharp miały oglądać swoje wyniki lub czytać opinie o sobie zaledwie dwa razy w roku.) A mimo to menedżerowie nie przestają ściągać pracowników do swoich gabinetów na te krępujące, nieprzyjemne spotkania.

Może istnieje lepszy sposób. Może, jak sugerował Douglas McGregor i inni, powinniśmy sami przeprowadzać okresową ocenę swojej pracy. A oto, jak to zrobić. Wymyśl, jakie masz cele – głównie cele związane z nauką, ale też kilka celów związanych z wynikami – a potem co miesiąc wzywaj samego siebie do swojego gabinetu i wystawiaj sobie ocenę. Jak sobie radzisz? Z czym sobie nie radzisz? Jakich narzędzi, informacji lub jakiego wsparcia możesz potrzebować, by szło ci lepiej?

Kilka innych wskazówek:

- Wyznaczaj zarówno małe, jak i duże cele, żebyś, kiedy przyjdzie czas na ocenę, miał już jakieś całe zadania ukończone.
- Dopilnuj, żebyś rozumiał, w jaki sposób każdy aspekt twojej pracy powiązany jest z twoim większym celem.
- Bądź brutalnie szczery. To ćwiczenie ma pomóc ci poprawić twoje wyniki i osiągnąć mistrzostwo – jeśli więc będziesz usprawiedliwiał swoje porażki i przechodził do porządku dziennego nad swoimi błędami, zamiast się na nich uczyć, tracisz czas.

A jeśli robienie tego samemu ci nie leży, zbierz małą grupkę kolegów i przeprowadzajcie regularnie okresową ocenę wyników na bazie „równy z równym" i „zrób to sam". Jeśli twoi koledzy naprawdę będą zainteresowani, powiedzą ci prawdę i obarczą cię odpowiedzialnością. Ostatnie pytanie do szefów: Dlaczego, na miły Bóg, nie zachęcacie wszystkich swoich pracowników, by tak postępowali?

ODBLOKUJ SIĘ, KORZYSTAJĄC ZE STRATEGII NIEJEDNOZNACZNYCH

Nawet osoby o największej motywacji wewnętrznej czasami utykają w miejscu. Oto prosty, łatwy i przyjemny sposób pokazujący, jak wydobyć się z mentalnego bagna. W 1975 roku muzyk Brian Eno i grafik Peter Schmidt opublikowali zestaw stu kart, w którym zawarli strategie, pomagające im zapanować nad tymi przepełnionymi napięciem chwilami, które zawsze towarzyszą ostatecznym terminom. Na każdej karcie jest jedno, często enigmatyczne stwierdzenie lub pytanie, które ma wypchnąć cię z umysłowej koleiny. (Kilka przykładów: *Co zrobiłby twój najlepszy przyjaciel? Twój błąd był ukrytym zamiarem. Jakie jest najprostsze rozwiązanie? Powtarzanie jest formą zmiany. Nie unikaj tego, co łatwe.*) Jeśli pracujesz nad jakimś projektem i przekonujesz się, że cię przyblokowało, wyciągnij kartę z talii Strategii niejednoznacznych. Te „mózgowe bomby" to wspaniały sposób, by twój umysł pozostał otwarty pomimo ograniczeń, których nie jesteś w stanie kontrolować. Możesz kupić taką talię na stronie www.enoshop.co.uk/ lub zastosować się do którejś ze stron Twittera zainspirowanych tymi strategiami, takiej jak http://twitter.com/oblique_chirps.

PRZYBLIŻ SIĘ O PIĘĆ KROKÓW DO MISTRZOSTWA

Jednym z kluczy do mistrzostwa jest coś, co Anders Ericsson, profesor psychologii na Uniwersytecie Stanowym Florydy, nazywa „przemyślanym treningiem" – „trwającym całe życie okresem... starań, by poprawić wyniki w jakiejś dziedzinie". Przemyślany trening nie polega na przebiegnięciu kilku mil każdego dnia ani na waleniu w pianino przez dwadzieścia minut każdego ranka. Jest to działanie dużo bardziej celowe, skupione i, to prawda, bolesne. Kieruj się tymi wskazówkami – ciągle od nowa przez lat dziesięć – a może zostaniesz mistrzem:

- **Pamiętaj, że przemyślany trening ma jeden cel: poprawienie wyników.** „Ludzie, którzy grają w tenisa raz w tygodniu całymi latami, nie stają się ani trochę lepsi, jeśli za każdym razem robią to samo – mówi Ericsson. – W przemyślanym treningu chodzi o zmianę działania, ustalanie nowych celów i wysilanie się, by za każdym razem sięgać trochę wyżej".
- **Powtarzaj, powtarzaj, powtarzaj.** Powtarzanie jest ważne. Kiedy kończy się trening, gwiazdy koszykówki nie mają na swoim koncie dziesięciu rzutów wolnych, tylko pięćset.
- **Zabiegaj o ciągłą, krytyczną ocenę.** Jeśli nie wiesz, jak sobie radzisz, nie będziesz wiedział, co poprawić.
- **Bezlitośnie skupiaj się na tym, w czym potrzebujesz pomocy.** Chociaż wielu z nas pracuje nad tym, w czym już jesteśmy dobrzy, mówi Ericsson, „ci, którzy stają się coraz lepsi, pracują nad swoimi słabościami".
- **Przygotuj się na to, że proces ten będzie umysłowo i fizycznie wyczerpujący.** Dlatego tak niewiele osób temu się poświęca, ale również dlatego to działa.

ZASTOSUJ POMYSŁ WEBBERA I WEŹ KARTKĘ PAPIERU

W swojej odkrywczej książce *Rules of Thumb* współzałożyciel magazynu „Fast Company" proponuje mądre i proste ćwiczenie pozwalające ocenić, czy jesteś na drodze prowadzącej do autonomii, mistrzostwa i celu. Weź kilka czystych kartek o wymiarach trzy na pięć cali. Na jednej z tych kartek napisz odpowiedź na następujące pytanie: „Co powoduje, że wstajesz rano?". A teraz po drugiej stronie tej kartki napisz odpowiedź na pytanie: „Co sprawia, że siedzisz do późna w nocy?". Zredukuj każdą odpowiedź do jednego zdania. A jeśli odpowiedź ci się nie podoba, wyrzuć kartkę i próbuj od nowa, aż stworzysz coś, z czym będziesz w stanie się pogodzić. Potem przeczytaj to, co wyprodukowałeś. Jeśli obydwie odpowiedzi dają ci poczucie, że są znaczące i ukierunkowane, „Gratulacje!", mówi Webber. „Posługuj się nimi jak swoim kompasem, sprawdzając od czasu do czasu, czy nadal są prawdziwe. Jeśli nie podoba ci się jedna lub żadna z twoich odpowiedzi, pojawia się następne pytanie: „Co zamierzasz z tym zrobić?".

STWÓRZ SWÓJ WŁASNY PLAKAT MOTYWACYJNY

Biurowe plakaty, które starają się nas motywować, mają kiepską reputację. Jak ujął to pewien dowcipniś: „Przez ostatnie dwa dziesięciolecia plakaty motywacyjne zadały niewyobrażalne cierpienia miejscom pracy na całym świecie". Ale kto wie? Może ten pierwszy był czymś pięknym. Może przez rysunki naskalne z Lascaux we Francji paleolityczny mówca motywacyjny chciał powiedzieć: „Jeśli wiesz, dokąd zmierzasz, nigdy nie skręcisz w złą stronę". Teraz masz szansę się odegrać (albo może odzyskać to pradawne dziedzictwo). Dzięki licznym stronom internetowym możesz tworzyć swoje własne plakaty motywacyjne – i nie musisz już zadowalać się obrazkami kotków wyłażących z koszyków. Możesz podejść do tego poważnie albo się powygłupiać, jak chcesz. Motywacja jest sprawą głęboko osobistą i tylko ty wiesz, jakie słowa i obrazy poruszą u ciebie odpowiednią strunę.

Wypróbuj dowolną z następujących stron:

Despair Inc (http://diy.despair.com/motivator.php)
Big Huge Labs (http://bighugelabs.com/motivator.php)
Automotivator (http://wigflip.com/automotivator/)

Żeby cię troszkę, hmm, zmotywować, zamieszczam poniżej dwa plakaty, które sam stworzyłem:

Typ I dla organizacji: Dziewięć sposobów, które pomogą ci poprawić swoją firmę, biuro lub grupę

Czy jesteś prezesem, czy stażystą, możesz pomóc w tworzeniu zajmującego, produktywnego miejsca pracy, które sprzyja zachowaniu Typu I. Oto dziewięć sposobów na to, jak zacząć wyrywać swoją organizację z przeszłości i wprowadzać ją w bardziej radosny świat Motywacji 3.0.

WYPRÓBUJ „20 PROCENT CZASU" Z BOCZNYMI KÓŁKAMI

Czytałeś, jakie cuda może zdziałać strategia „20 procent czasu" – kiedy organizacje zachęcają pracowników, by spędzali jedną piątą swojego czasu pracy nad dowolnymi projektami, na jakie mają ochotę. A jeśli kiedykolwiek korzystałeś z Gmaila albo czytałeś Google News, to na tej strategii skorzystałeś. Ale pomimo tylu zalet tej innowacji Typu I wprowadzenie jej w życie może wydawać się zniechęcająco trudne. Ile to będzie kosztować? A jeśli nie zadziała? Jeśli cię to niepokoi, mam pomysł: zdecyduj się na skromniejszą wersję – na 20 procent czasu... z bocznymi kółkami. Zacznij od, powiedzmy, 10 procent czasu. To zaledwie jedno popołudnie z pięciodniowego tygodnia pracy. (Kto z nas i tak nie marnuje takiej ilości czasu w pracy?) I zamiast zaangażować się w tę strategię raz na zawsze, testuj ją przez sześć miesięcy. Tworząc taką wysepkę autonomii, pomożesz ludziom wypróbować w praktyce ich wspaniałe pomysły i zamienisz okres postoju w coś bardziej produktywnego. I kto wie? Może ktoś w twoim przedsiębiorstwie wymyśli następne karteczki samoprzylepne.

ZACHĘCAJ, BY RÓWNI RÓWNYM PRZYZNAWALI NAGRODY TYPU „TERAZ, GDY"

Kimley-Horn and Associates, firma zajmująca się inżynierią wodno-lądową w Raleigh, w Północnej Karolinie, wprowadziła system nagród, który otrzymuje stempel akceptacji Typu I: w dowolnym momencie, bez proszenia o pozwolenie, każdy w firmie może przyznać premię w wysokości 50 dolarów dowolnemu ze swoich współpracowników. „Ten system działa, ponieważ dzieje się to w czasie rzeczywistym, a nagrody nie przekazuje odgórnie żadne kierownictwo" – powiedział dyrektor personalny magazynowi „Fast Company". „Każdemu pracownikowi, który zrobi coś wyjątkowego, w ciągu kilku minut okazują uznanie równi mu koledzy". Ponieważ te nagrody należą do niezależnych nagród typu „teraz, gdy", omijają siedem fatalnych wad większości korporacyjnych marchewek. A ponieważ przyznaje je kolega, a nie szef, mają inne (może nawet głębsze) znaczenie. Można by nawet powiedzieć, że są motywujące.

PRZEPROWADŹ AUDYT AUTONOMII

Jaką autonomią dysponują tak naprawdę ludzie w twojej firmie? Jeśli jesteś podobny do większości ludzi, prawdopodobnie nie masz zielonego pojęcia. Nikt nie ma. Ale jest sposób, by się tego dowiedzieć – przeprowadzając audyt autonomii. Poproś, by wszyscy w twoim dziale albo zespole odpowiedzieli na cztery pytania, przypisując swoim odpowiedziom wartości liczbowe (i stosując skalę od 0 do 10, gdzie 0 oznacza „prawie wcale", a 10 „ogromnie dużo"):

Pakiet narzędzi dla Typu I

1. *Ile masz autonomii przy wyborze zadań w pracy – twoich głównych obowiązków i tego, co danego dnia robisz?*
2. *Ile masz autonomii przy wyborze czasu pracy – na przykład tego, kiedy przychodzisz, kiedy wychodzisz i na co przeznaczasz poszczególne godziny każdego dnia?*
3. *Ile masz autonomii przy wyborze zespołu w pracy – to znaczy, w jakim zakresie możesz wybierać ludzi, z którymi zazwyczaj współpracujesz?*
4. *Ile masz autonomii przy wyborze techniki w pracy – w jaki sposób faktycznie wypełniasz swoje główne obowiązki w pracy?*

Dopilnuj, żeby wszystkie odpowiedzi były anonimowe. Potem zestaw wszystkie wyniki w formie tabeli. Jaka jest średnia pracowników? Ta liczba znajdzie się gdzieś na czterdziestostopniowej skali autonomii (gdzie 0 oznacza więzienie w Północnej Korei, a 40 Woodstock). Porównaj tę liczbę z tym, jak autonomia jest postrzegana. Być może szef uważał, że każdy ma mnóstwo swobody – ale audyt wykazał, że autonomia jest średnio oceniana tylko na 15. Oblicz również osobno wyniki dla zadania, czasu, zespołu i techniki. Dobry wynik ogólny może często maskować problem w jakiejś konkretnej dziedzinie. Ogólna ocena autonomii na jakieś 27 nie jest zła. Jednak jeśli na ten wynik składa się po 8 punktów z zadania, techniki i zespołu, ale tylko 3 punkty za czas, to już wiesz, w którym miejscu firma jest słaba z autonomii.

To niesamowite, jak niewiele ludzie kierujący firmą wiedzą o doświadczeniach osób pracujących w ich otoczeniu. Ale równie niezwykłe jest to, jak często przywódcy gotowi są postępować inaczej, jeśli zapoznają się z prawdziwymi danymi. To właśnie może zdziałać audyt autonomii. A jeśli w audycie dla pracowników zostawisz miejsce, gdzie będą mogli zapisywać uwagi dotyczące tego, jak poprawić autonomię, możesz nawet tam znaleźć jakieś wspaniałe rozwiązania.

Typ I dla organizacji

PODEJMIJ TRZY KROKI, KTÓRE POZWOLĄ CI ZREZYGNOWAĆ Z KONTROLI

Szefowie Typu X rozkoszują się kontrolą. Szefowie Typu I **rezygnują** z kontroli. Poszerzanie ludziom zakresu wolności, której potrzebują, by wykonywali swoją pracę wspaniale, zazwyczaj jest mądre, ale nie zawsze łatwe. Więc jeśli odczuwasz silną chęć kontrolowania, oto trzy sposoby, które pomogą ci zacząć odpuszczać – dla dobra twojego i twojego zespołu:

1. **Angażuj ludzi w ustalanie celów**. Czy wolałbyś sam sobie wyznaczać cele, czy żeby ci je narzucano? Tak myślałem. Dlaczego ci, którzy dla ciebie pracują, mieliby być inni? Pokaźna ilość badań dowodzi, że pojedynczy ludzie angażują się dużo bardziej, gdy realizują cele, w których tworzeniu mieli swój udział. Włącz więc pracowników w ten proces. Mogą cię zaskoczyć: cele, jakie ludzie mają, często wykraczają poza te, które ty im wyznaczasz.
2. **Posługuj się niekontrolującymi sformułowaniami**. Następnym razem, kiedy będziesz miał na końcu języka „musisz" lub „powinieneś", zamiast tego postaraj się powiedzieć „pomyśl o" lub „zastanów się nad". Drobna zmiana w słownictwie może pomóc przedkładać zaangażowanie nad podporządkowanie, a nawet może zredukować u niektórych ludzi silną chęć przeciwstawienia się. Pomyśl o tym. Albo przynajmniej weź to pod uwagę, dobrze?
3. **Wyznacz godziny urzędowania**. Nieraz musisz wzywać ludzi do swojego gabinetu. Ale czasami rozsądnie jest pozwolić, by to oni przychodzili do ciebie. Weź przykład z wykładowców na uniwersytecie i wyznacz jedną lub dwie godziny w tygodniu, kiedy nie masz nic w grafiku i kiedy każdy pracownik będzie mógł przyjść i porozmawiać z tobą o tym, co mu chodzi po głowie. Twoi współpracownicy mogą na tym skorzystać, a ty może się czegoś nauczysz.

ZAGRAJ W „TAK W OGÓLE TO CZYJ JEST TEN CEL?"

To kolejne ćwiczenie zaprojektowane tak, by zamknąć lukę pomiędzy postrzeganiem a rzeczywistością. Zbierz swój zespół, swój dział, albo – jeśli to możliwe – wszystkich pracowników w swojej firmie. Wręcz każdemu czystą kartkę trzy na pięć cali. Potem poproś, by każdy napisał jednozdaniową odpowiedź na następujące pytanie: „Jaki jest cel naszej firmy (lub organizacji)?". Zbierz kartki i odczytaj na głos odpowiedzi. Co ci te odpowiedzi mówią? Czy wszystkie są podobne, co by znaczyło, że wszyscy nastawieni są na jeden wspólny cel? Czy są w rozsypce – jedni wierzą w to, drudzy w coś zupełnie innego, a jeszcze inni nawet nie starają się zgadnąć? Mimo całego tego gadania o kulturze, współpracy i misji, większość organizacji dość kiepsko radzi sobie z oceną tego aspektu swojego biznesu. To proste pytanie może pozwolić ci zajrzeć w duszę twojego przedsięwzięcia. Jeśli ludzie nie wiedzą, dlaczego robią to, co robią, jak możesz oczekiwać, że będą mieli motywację, by to robić?

STOSUJ TEST ZAIMKÓW REICHA

Robert Reich, były minister pracy Stanów Zjednoczonych, obmyślił sprytne, proste (i darmowe) narzędzie diagnostyczne do oceniania zdrowia organizacji. Kiedy rozmawia z pracownikami, bacznie przysłuchuje się, jakich zaimków używają. Czy pracownicy mówią o firmie „oni", czy „my"? Zaimek „oni" wskazuje na przynajmniej pewien brak zaangażowania, a może nawet na wyobcowanie. „My" sugeruje coś odwrotnego – że pracownicy czują się częścią czegoś istotnego i znaczącego. Jeśli jesteś szefem, spędź kilka dni na słuchaniu otaczających cię ludzi, nie tylko w oficjalnej scenerii, na przykład na zebraniach, ale również na korytarzu i podczas lunchu. Czy jesteście organizacją „my", czy organizacją „oni"? Ta różnica ma znaczenie. Każdy chce autonomii, mistrzostwa i celu. Rzecz w tym, że „my" możemy to osiągnąć, ale „oni" – nie.

WBUDOWANIE MOTYWACJI WEWNĘTRZNEJ W PROJEKT

Guru Internetu i autor Clay Shirky (www.shirky.com) mówi, że strony internetowe i fora elektroniczne, które odnoszą największy sukces, mają w swoim DNA coś w rodzaju podejścia Typu I. Mają wbudowane w projekt – czasem jawnie – wykorzystywanie wewnętrznej motywacji. Możesz zrobić to samo ze swoją obecnością online, jeśli posłuchasz Shirky'ego i:

- Stworzysz środowisko, które będzie w ludziach budziło pozytywny stosunek do uczestniczenia.
- Dasz autonomię użytkownikom.
- Zachowasz możliwie jak największą otwartość systemu.

A to, co jest ważne w cyberprzestrzeni, jest równie ważne w przestrzeni realnej. Zapytaj siebie: W jaki sposób stworzone w twojej pracy środowisko wspiera lub w jaki hamuje autonomię, mistrzostwo i cel?

PROMUJ ZŁOTOWŁOSĄ W GRUPACH

Prawie każdy doświadczył kiedyś satysfakcji, jaką daje zadanie Złotowłosej – takie, które nie jest ani zbyt łatwe, ani zbyt trudne, które wywołuje cudowne poczucie przepływu emocjonalnego. Ale czasem trudno jest powtórzyć takie przeżycie, kiedy pracujesz w zespole. Często kończy się na tym, że ludzie robią to, co zawsze robili, ponieważ dowiedli, że potrafią to robić dobrze, a kilku pechowców obciąża się wolnymi od przepływu zadaniami, których nikt inny nie chce. Oto kilka sposobów na to, jak wprowadzić odrobinę Złotowłosej do swojego zespołu:

- **Zacznij od zróżnicowanej grupy.** Jak radzi Teresa Amabile z Harvardu, „Twórz grupy w taki sposób, by ludzie się wzajemnie stymu-

lowali i od siebie uczyli, w taki, by nie były homogeniczne pod względem wykształcenia i wyszkolenia. Potrzebni ci są ludzie, między którymi będzie następowała twórcza wymiana myśli".
- **Spraw, by twoja grupa była miejscem „bez współzawodnictwa"**. Wystawianie pracowników do walki przeciw sobie w nadziei, że współzawodnictwo pobudzi ich do bardziej wydajnej pracy, rzadko działa i niemal zawsze podkopuje wewnętrzną motywację. Jeśli zamierzasz stosować jakieś słowo na „w", niech to będzie „współpraca" lub „współdziałanie".
- **Spróbuj trochę poprzesuwać obowiązki.** Jeśli ktoś jest znudzony obecnie wykonywanym zadaniem, sprawdź, czy nie mógłby wyszkolić kogoś innego w opanowanych przez siebie obowiązkach. Potem zobacz, czy nie mógłby zająć się jakimś aspektem pracy odpowiedniej dla bardziej doświadczonego członka zespołu.
- **Inspiruj celem, nie motywuj nagrodami.** Nic tak nie wiąże zespołu jak wspólna misja. Im bardziej połączy ludzi wspólny cel – czy to tworzenie czegoś szaleńczo wspaniałego, przewyższenie zewnętrznego konkurenta czy nawet zmienianie świata – tym bardziej praca twojego zespołu będzie głęboko satysfakcjonująca i wspaniała.

ZAMIEŃ NASTĘPNY WYJAZD INTEGRACYJNY W DZIEŃ FEDEX

Spójrz, oto wyjazd integracyjny firmy, kilka osłabiających ducha dni wymuszonej zabawy i sfabrykowanego morale – z programem obejmującym przemówienia motywacyjne, koszmarne tańce i kilka „gier na zaufanie". Bądźmy sprawiedliwi, podczas niektórych wyjazdów integracyjnych pracownikom wraca zaangażowanie, ludzie ładują akumulatory i od nowa podejmują rozmowy na poważne tematy. Ale jeśli wyjazdy integracyjne w twojej firmie się nie sprawdzają, czemu by nie spróbować zamienić następnego z nich na dzień FedEx? Wyznacz jeden cały dzień, podczas którego pracownicy będą mogli pracować nad tym, nad czym chcą, jak chcą i z kim chcą. Dopilnuj, żeby mieli narzędzia i środki, jakich potrzebują. I narzuć tylko jedną regułę: następnego dnia ludzie muszą dostarczyć coś – jakiś nowy pomysł, jakiś prototyp produktu, lepszą strategię wewnętrzną. Organizacje Typu I wiedzą coś, co ich odpowiedniki Typu X rzadko pojmują: prawdziwe wyzwania są zdecydowanie bardziej inspirujące niż kontrolowany wypoczynek.

Zen wynagrodzenia:
Płacenie ludziom w sposób zgodny z Typem I

Każdy chce, by mu dobrze płacono. Ja z pewnością tego chcę. Założę się, że ty tak samo. Podejście Typu I do motywacji nie domaga się bardzo niskich zarobków ani siły roboczej składającej się z samych wolontariuszy, domaga się natomiast nowego podejścia do płacenia.

Myśl o tym nowym podejściu jak o Zen wynagrodzenia: w Motywacji 3.0 najlepszym zastosowaniem dla pieniędzy jest usunięcie kwestii pieniędzy z pola widzenia.

Im bardziej znaczącą rolę odgrywają dla kogoś w pracy pensja, świadczenia i dodatki, tym bardziej mogą hamować jego kreatywność i obracać wyniki wniwecz. Jak wyjaśnił to Edward Deci w Rozdziale 3., gdy firmy stosują nagrody takie jak pieniądze do motywowania pracowników, „wtedy najsilniej one demotywują". Lepszą strategią jest ustalenie odpowiedniego wynagrodzenia – i potem usunięcie go z pola widzenia. Organizacje działające efektywnie wynagradzają pracowników takimi sumami i na takie sposoby, żeby pozwolić poszczególnym ludziom praktycznie zapomnieć o wynagradzaniu i zamiast tego skupić się na samej pracy.

Oto trzy kluczowe techniki.

1. ZAPEWNIJ WEWNĘTRZNĄ I ZEWNĘTRZNĄ SPRAWIEDLIWOŚĆ

Najważniejszym aspektem każdego pakietu wynagrodzeniowego jest sprawiedliwość. I tu sprawiedliwość pojawia się w dwóch odmianach – wewnętrznej i zewnętrznej. Wewnętrzna sprawiedliwość oznacza, że ludzie dostają wynagrodzenie współmierne do tego, jakie dostają ich koledzy. Zewnętrzna sprawiedliwość oznacza, że wynagrodzenie dostosowane jest do tego, co zarabiają inni, którzy wykonują podobne zadania w podobnych organizacjach.

Przyjrzyjmy się każdemu rodzajowi sprawiedliwości. Przypuśćmy, że ty i Fred siedzicie w sąsiadujących ze sobą boksach. I przypuśćmy, że macie całkiem podobne obowiązki i doświadczenie. Jeśli Fred będzie zgarniał dużo więcej pieniędzy niż ty, poczujesz się dotknięty. Przez to pogwałcenie wewnętrznej sprawiedliwości twoja motywacja mocno się obniży. A teraz przypuśćmy, że ty i Fred jesteście audytorami w firmie z listy Fortune 200. Jeśli odkryjecie, że audytorzy z podobnym doświadczeniem zarabiają w innych firmach z listy Fortune 200 dwa razy tyle, zarówno ty jak i Fred doświadczycie w dużym stopniu nieodwracalnego spadku motywacji. Firma pogwałciła zasadę etyczną zewnętrznej sprawiedliwości. (Jedno istotne uzupełnienie: Płacenie ludziom w sposób zgodny z Typem I nie oznacza, że płaci się każdemu tyle samo. Jeśli Fred ma cięższą pracę albo wnosi większy wkład pracy w firmę niż ty, to zasługuje na więcej. I jak się okazuje, badania dowiodły, że większość ludzi nie ma z tym problemu. Dlaczego? Bo to jest sprawiedliwe.)

Osiągnięcie wewnętrznej i zewnętrznej sprawiedliwości samo w sobie nie jest motywatorem. Ale jest sposobem na uniknięcie sytuacji, w której kwestia pieniędzy ponownie pojawi się w polu widzenia i staną się one demotywatorem.

2. PŁAĆ WIĘCEJ NIŻ ŚREDNIA

Jeśli zadbałeś już o odpowiednie wynagrodzenie podstawowe i osiągnąłeś wewnętrzną i zewnętrzną sprawiedliwość, zastanów się nad zapożyczeniem pewnej strategii od laureata Nagrody Nobla. W połowie lat osiemdziesiątych. George Akerlof, który później otrzymał Nagrodę Nobla z ekonomii, i jego żona, Janet Yellen, która również jest ekonomistką, odkryli, że niektóre firmy płacą swoim pracownikom za dużo. Zamiast płacić im pensje, jakie przewidywały podaż i popyt, dawali swoim pracownikom trochę więcej. Robili tak nie dlatego, że byli bezinteresowni, i nie dlatego, że byli głupi. Robili tak dlatego, że byli sprytni. Akerlof i Yellen przekonali się, że płacenie świetnym ludziom trochę więcej, niż wymaga rynek, może przyciągnąć większy talent, zmniejszyć fluktuację kadr i podnieść wydajność i morale.

Wyższe płace mogły nawet **zredukować** wydatki firmy.

Podejście płać-więcej-niż-średnia może stanowić elegancki sposób na ominięcie nagród typu „jeśli – to", wyeliminować obawy co do niesprawiedliwości i usunąć kwestię pieniędzy z pola widzenia. To kolejny sposób na to, by umożliwić ludziom skupienie się na samej pracy. Inni ekonomiści dowiedli, że zapewnienie pracownikowi płacy podstawowej na wyższym poziomie bardziej przyczynia się do pobudzenia wydajności i zaangażowania niż atrakcyjna struktura premii.

Oczywiście z samej natury tej operacji płacenie ponad średnią zadziała tylko w przypadku połowy z was. Więc bierzcie się za to, zanim zrobią to wasi rywale.

3. JEŚLI STOSUJESZ MIARY WYDAJNOŚCI, NIECH BĘDĄ SZEROKO ZAKROJONE, ODPOWIEDNIE I TRUDNE DO NAGINANIA

Wyobraź sobie że jesteś menedżerem produktu i twoja pensja zależy w dużej mierze od tego, czy osiągniesz konkretną docelową sprzedaż za następny kwartał. Jeśli jesteś mądry, albo masz rodzinę do wyżywienia, będziesz się usilnie starał tę wartość osiągnąć. Prawdopodobnie nie będziesz się bardzo przejmował kolejnym kwartałem czy zdrowiem firmy ani tym, czy firma inwestuje wystarczająco w badania i rozwój. A jeśli jesteś nerwowy, możesz pójść na skróty, by osiągnąć swój kwartalny cel.

A teraz wyobraź sobie, że jesteś menedżerem produktu, a twoja płaca zależy od następujących czynników: sprzedaży w następnym kwartale; twojej sprzedaży w bieżącym roku; dochodów i zysków firmy w następnych dwóch latach; poziomów satysfakcji twoich klientów; pomysłów na nowe produkty; i ocen twoich współpracowników. Jeśli jesteś mądry, prawdopodobnie będziesz starał się sprzedać swój produkt, służyć swoim klientom, pomagać członkom swojego zespołu, no i dobrze pracować. Gdy stosowane miary są różnorodne, trudniej przy nich kombinować.

Poza tym korzyści płynące z uzyskanych „punktów" nie powinny być zbyt duże. Kiedy nagroda za osiągnięcie celu jest raczej skromna niż ogromna, mniejsza jest szansa, iż zawęzi ludziom pole skupienia i zachęci ich do zejścia na drogę występku.

Bez wątpienia znalezienie odpowiedniego zestawu miar jest trudne i takie „komplety" będą się znacznie różnić w różnych organizacjach. A niektórzy ludzie nieuchronnie znajdą sposób, by obejść nawet najstaranniej wyskalowany system. Ale stosowanie wielkiej rozmaitości miar, która odzwierciedla całokształt wspaniałej pracy, może przekształcić często destrukcyjne nagrody typu „jeśli – to" w mniej wybuchowe nagrody typu „teraz, gdy".

Typ I dla rodziców i wychowawców: Dziewięć pomysłów na to, jak pomóc naszym dzieciom

Wszystkie dzieci zaczynają od tego, że są Typami I, ciekawymi i działającymi w oparciu o samoukierunkowanie. Ale wiele z nich kończy jako niezaangażowany i podporządkowujący się Typ X. Co się dzieje? Może problemem jesteśmy my – dorośli, którzy kierujemy szkołami i stoimy na czele rodzin. Jeśli chcemy wyposażyć młodych ludzi na wejście w nowy świat pracy – a co ważniejsze, jeśli chcemy, by wiedli satysfakcjonujące życie – musimy rozerwać ten uścisk, w jakim Motywacja 2.0 trzyma edukację i wychowywanie dzieci.

Niestety, podobnie jak w przypadku biznesu, to, co wie nauka, i to, co robią szkoły, nie pasuje jedno do drugiego. Nauka wie (i ty też, jeśli przeczytałeś Rozdział 2.), że jeśli obiecasz przedszkolakowi wymyślny certyfikat za narysowanie rysunku, dziecko najprawdopodobniej narysuje dla ciebie rysunek, po czym straci dalsze zainteresowanie rysowaniem. Ale pomimo tych dowodów – i chociaż gospodarka domaga się mniej rutynowych, a bardziej kreatywnych i poznawczych zdolności – zbyt wiele szkół podąża w złym kierunku. Podwajają nacisk kładziony na rutynę, poprawne odpowiedzi i standaryzację. I wystawiają wóz pełen nagród typu „jeśli – to" – pizza za czytanie książek, iPody za pojawianie się na lekcji, gotówka za dobre wyniki testów. Przekupujemy uczniów, by stali się podporządkowani, zamiast pobudzać ich do zaangażowania.

Możemy działać lepiej. I powinniśmy. Jeśli chcemy wychować dzieciaki Typu I w szkole i w domu, powinniśmy pomagać im podążać w kierunku autonomii, mistrzostwa i celu. Oto dziewięć sposobów pokazujących, jak zacząć tę podróż.

ZASTOSUJ TRZYCZĘŚCIOWY TEST TYPU I PRZY PRACACH DOMOWYCH

Czy prace domowe, rozpychające plecaki dzieciaków, naprawdę pomagają im się uczyć? Czy tylko kradną im czas wolny, w służbie fałszywego poczucia dyscypliny? Nauczyciele, zanim zadacie uczniom kolejne czasochłonne zadanie domowe, poddajcie je sprawdzianowi prac domowych Typu I, zadając sobie trzy pytania:

- Czy daję uczniom chociaż trochę autonomii w tym, jak i kiedy odrobić to zadanie?
- Czy to zadanie propaguje mistrzostwo, podsuwając nowatorski, zajmujący temat (w przeciwieństwie do pamięciowego przetwarzania czegoś, co już zostało przerobione w klasie)?
- Czy moi uczniowie rozumieją cel tego zadania? To znaczy, czy są w stanie zrozumieć, w jaki sposób odrobienie tego dodatkowego zadania w domu przyczyni się do szerszej działalności, w jaką zaangażowana jest klasa?

Jeśli odpowiedź na którekolwiek z tych pytań brzmi nie, czy możesz jakoś przerobić to zadanie? A wy, rodzice, czy patrzycie od czasu do czasu na prace domowe, by sprawdzić, czy propagują one podporządkowanie, czy zaangażowanie? Nie traćmy czasu naszych dzieci na bezsensowne ćwiczenia. Jeśli się trochę do tego przyłożymy, możemy zamienić **prace** domowe w domowe **uczenie się.**

ZORGANIZUJ DZIEŃ FEDEX

W Rozdziale 4. dowiedzieliśmy się, jak produkująca oprogramowanie firma Atlassian zaszczepia swojemu miejscu pracy dawkę autonomii, wyznaczając w każdym kwartale jeden dzień, kiedy pracownik może pracować nad wybranym przez siebie projektem, jak chce i z kim chce.

Czemu by nie wypróbować czegoś takiego z twoimi uczniami – a nawet twoimi własnymi synami i córkami? Wyznacz cały jeden dzień szkolny (albo jeden dzień w trakcie wakacji rodzinnych) i poproś dzieci, by wymyśliły jakiś problem do rozwiązania albo projekt do wykonania. Zawczasu pomóż im zgromadzić narzędzia, informacje i materiały, jakie mogą im być potrzebne. A potem niech się z entuzjazmem biorą do roboty. Następnego ranka poproś, by „doręczyły przesyłkę" – relacjonując klasie lub rodzinie swoje odkrycia i przeżycia. Przypomina to „Misję Moda" – tyle że dzieciaki same wymyślają projekty, a nagrodą pod koniec dnia jest możliwość podzielenia się z innymi tym, co stworzyli, i wszystkim, czego się przy sposobności nauczyli.

WYPRÓBUJ KARTY OCENY „ZRÓB TO SAM"

Zbyt wielu uczniów przechodzi przez drzwi szkoły z jednym celem w głowie: dostać dobre oceny. I zbyt często najlepszym sposobem, by to osiągnąć, jest dostosowanie się do programu, unikanie ryzyka i podawanie takich odpowiedzi, jakie nauczyciel chce usłyszeć, w taki sposób, w jaki chce je usłyszeć. Dobre oceny stają się nagrodą za podporządkowanie się – ale nie mają wiele wspólnego z uczeniem się. Tymczasem uczniowie, których oceny nie spełniają oczekiwań, często widzą w sobie nieudaczników i rezygnują z prób uczenia się.

Podejście Typu I jest inne. Karty oceny to nie potencjalna nagroda, ale sposób na udzielenie uczniom przydatnej informacji o ich postępach. A uczniowie Typu I rozumieją, że wspaniałym sposobem na uzyskanie informacji zwrotnej jest ocenianie swoich własnych postępów.

Spróbuj więc przeprowadzić eksperyment z kartą ocen „zrób to sam". Na początku semestru poproś uczniów, by zrobili listę swoich najważniejszych celów związanych z uczeniem się. Potem, na koniec semestru, poproś ich, by sporządzili własną kartę ocen razem z omówieniem, długim na jeden czy dwa akapity, swoich postępów. W czym odnieśli sukces? Gdzie im się nie udało? Czego więcej muszą się nauczyć? Kiedy już uczniowie wypełnią swoje karty ocen „zrób to sam", pokaż im kartę ocen nauczyciela i niech ich porównanie zapoczątkuje rozmowę o tym, jak radzą sobie na drodze do mistrzostwa. Można by nawet włączyć uczniów w spotkanie rodzic-nauczyciel. (Rodzice: Jeśli nauczyciel waszego dziecka nie zgodzi się na takie karty ocen, wypróbujcie je sami w domu. To kolejny sposób pomagający nie dopuścić do tego, żeby szkoła zmieniła domyślne ustawienia twojego dziecka z Typu I na Typ X.)

DAJCIE DZIECKU KIESZONKOWE I PEWNE OBOWIĄZKI, ALE NIE ŁĄCZCIE ICH ZE SOBĄ

Oto dlaczego kieszonkowe dobrze dzieciom robi: posiadanie niewielkiej ilości własnych pieniędzy i decydowanie o tym, jak je zaoszczędzić lub wydać, daje im odrobinę autonomii i uczy odpowiedzialności za gotówkę.

A oto dlaczego obowiązki domowe dobrze dzieciom robią: pokazują dzieciom, że podstawą rodziny są wzajemne zobowiązania i że członkowie rodziny powinni sobie pomagać.

Oto dlaczego łączenie kieszonkowego z obowiązkami domowymi **nie** robi dzieciom dobrze. Poprzez powiązanie pieniędzy z wypełnieniem jakiegoś obowiązku rodzice zamieniają kieszonkowe w nagrodę typu „jeśli – to". Takie postępowanie daje dzieciom jasny (i oczywiście błędny) sygnał: w przypadku braku zapłaty żadne szanujące się dziecko z własnej woli nie nakryje do stołu, nie wyniesie śmieci ani nie pościeli swojego łóżka. Przekształca ono moralne i rodzinne zobowiązanie w kolejną transakcję handlową i uczy, że jedynym powodem, by wykonać jakąś nie całkiem atrakcyjną robotę dla rodziny, jest zapłata. To przypadek, kiedy połączenie dwóch dobrych rzeczy daje mniej, a nie więcej. Tak więc oddziel od siebie kieszonkowe i obowiązki domowe, a może śmieci zostaną wyrzucone. A nawet lepiej: twoje dzieci zaczną się uczyć, jaka jest różnica pomiędzy zasadami a zapłatą.

UDZIELAJ POCHWAŁ... W ODPOWIEDNI SPOSÓB

Jeżeli zrobisz to odpowiednio, pochwała będzie ważnym sposobem pozwalającycm udzielić dzieciom informacji zwrotnej i zachęty. Ale jeżeli zrobisz to źle, pochwała może zmienić się w kolejną nagrodę typu „jeśli – to", która może stłumić kreatywność i zdusić wewnętrzną motywację. Świetna praca psycholożki Carol Dweck, jak również innych specjalistów z tej dziedziny, jest źródłem szeregu wskazówek, jak udzielać pochwał w taki sposób, by propagować zachowanie Typu I:

- **Chwal wysiłek i strategię, a nie inteligencję.** Jak wykazały badania przeprowadzone przez Dweck, dzieci, które były chwalone za to, że „są mądre", często wierzą, że każdy kontakt to sprawdzian, czy naprawdę są takie. Żeby więc nie wyjść na głupka, opierają się nowym wyzwaniom i wybierają najłatwiejszą drogę. W przeciwieństwie do tego dzieci, które rozumieją, że wysiłek i ciężka praca prowadzą do mistrzostwa i rozwoju, chętniej podejmują się nowych trudnych zadań.
- **Niech pochwała będzie konkretna.** Rodzice i nauczyciele powinni udzielać dzieciom użytecznych informacji o ich wynikach. Zamiast zarzucać je ogólnikami, powiedzcie im konkretnie, co takiego godnego uwagi zrobiły.
- **Chwal na osobności.** Pochwały to informacja zwrotna – nie ceremonia rozdania nagród. Dlatego często lepiej jest udzielać ich w cztery oczy, na osobności.
- **Udzielaj pochwał tylko wtedy, gdy jest ku temu dobry powód.** Nie nabieraj dziecka. Dziecko potrafi w mgnieniu oka rozpoznać fałszywą pochwałę. Bądź szczery, albo milcz. Jeśli nadmiernie chwalisz, dzieci uznają to za nieszczere i niezasłużone. Na dodatek nadmierne chwalenie zmienia się w kolejną nagrodę typu „jeśli – to", która sprawia, że celem staje się zdobycie pochwały, a nie dążenie do mistrzostwa.

POMÓŻCIE DZIECIOM ZOBACZYĆ PEŁNY OBRAZ

W systemach edukacyjnych grawitujących ku znormalizowanym testom, ocenom i nagrodom typu „jeśli – to", uczniowie często nie mają pojęcia, dlaczego robią to, co robią. Odwróć tę sytuację, pomagając im zobaczyć pełny obraz. Niezależnie od tego, czego się uczą, dopilnuj, by potrafili odpowiedzieć na następujące pytania: *Po co się tego uczę? Jak to się ma do świata, w którym obecnie żyję?* Potem wyjdź z klasy i zastosuj to, czego się uczą. Jeśli uczą się hiszpańskiego, zabierz ich do biura, sklepu czy ośrodka kultury, gdzie będą mogli porozmawiać w tym języku. Jeśli uczą się geometrii, niech narysują plan architektoniczny dobudówki do szkoły czy domu. Jeśli uczą się historii, poproś, by zastosowali to, czego się nauczyli, do jakiegoś wydarzenia z dziennika. Pomyśl o tym jak o czwartym elemencie układanki, na którą składają się czytanie, pisanie, arytmetyka... i powiązania.

SPRAWDŹ TE PIĘĆ SZKÓŁ TYPU I

Chociaż większość szkół na świecie wciąż opiera się na systemie operacyjnym Motywacji 2.0, kilku postępowo myślących specjalistów od edukacji dawno zrozumiało, że młodzi ludzie aż kipią od trzeciego popędu. Poniżej zamieszczam przykłady pięciu szkół Typu I w Stanach Zjednoczonych, których praktyki godne są naśladowania, a opowieści o nich tego, by się nimi zainspirować.

- **Big Picture Learning**. Od 1996 roku, kiedy to Big Picture Learning otworzyła swoją sztandarową prywatną szkołę średnią, the Met, w Providence w stanie Rhode Island, instytucja ta tworzy placówki, które bardziej kultywują zaangażowanie niż wymagają podporządkowania. Big Picture, założona przez dwóch wytrawnych innowatorów edukacji, Dennisa Littky i Elliota Washora, jest organizacją non profit, mającą obecnie w całych Stanach Zjednoczonych ponad sześćdziesiąt szkół, w których uczniowie kierują swoją własną edukacją. Dzieciaki z Big Picture zapoznają się z podstawową wiedzą. Ale oprócz tego wykorzystują tę wiedzę i nabywają innych umiejętności, naprawdę pracują w swojej społeczności – a wszystko pod okiem doświadczonego dorosłego nauczyciela. Zamiast żeby oceniano je według łatwych do naginania miar Motywacji 2.0, dzieciaki z Big Picture oceniane są tak jak dorośli – na podstawie wyników pracy, osobistych osiągnięć, wysiłku, podejścia i zachowania w pracy. Większość uczniów w the Met oraz innych szkołach Big Picture to dzieciaki „zagrożone" z rodzin o niskich dochodach i z mniejszości społecznych, którym źle przysłużyły się tradycyjne szkoły. Jednak dzięki temu innowacyjnemu podejściu Typu I ponad 95 procent kończy szkołę i idzie na studia. Więcej informacji znajdziesz na stronie http://www.bigpicture.org/ . (Przyznaję się: od 2007 jestem, bezpłatnie, w zarządzie Big Picture.)

• **Sudbury Valley School**. Popatrz na niezależną szkołę we Framingham w Massachusetts, a dowiesz się, co się dzieje, kiedy dzieci mają prawdziwą autonomię. Wychodząc z założenia, że wszyscy ludzie są z natury ciekawi i że najlepiej uczą się, kiedy sami inicjują i realizują proces uczenia się, Sudbury Valley School daje swoim uczniom pełną kontrolę nad zadaniem, czasem i techniką uczenia się. Nauczyciele i personel są tam po to, by pomagać im urzeczywistniać proces uczenia się. To szkoła, gdzie zaangażowanie jest zasadą i nikt nie proponuje uczniom podporządkowania się. Więcej informacji znajdziesz na stronie http://www.sudval.org/ .

• **The Tinkering School** [szkoła majsterkowania]. Ten wakacyjny program, stworzony przez informatyka Gevera Tulleya, przypomina bardziej pracownię niż szkołę i pozwala dzieciom od siedmiu do siedemnastu lat bawić się interesującymi rzeczami i konstruować świetne obiekty. W głównej siedzibie szkoły w Montara w Kalifornii majsterkowicze Tulleya zbudowali: działające tyrolki, motocykle, roboty ze szczoteczek do zębów, kolejki górskie i mosty z plastikowych torebek, na tyle mocne, że potrafią udźwignąć ludzi. Większość z nas nie ma możliwości wysłać dzieci do Kalifornii na tydzień majsterkowania, ale wszyscy możemy dowiedzieć się, jakie „pięć niebezpiecznych rzeczy powinieneś pozwolić swoim dzieciom zrobić". Więc poświęć dziewięć minut na wysłuchanie online TED Talk (pod tym tytułem) Tulleya z 2007 roku. Potem wręcz swoim dzieciom scyzoryk, kilka narzędzi z napędem elektrycznym i pudełko zapałek – i zejdź im z drogi. Więcej informacji znajdziesz na stronie http://www.tinkeringschool.com/ (jest tam również link do pogadanki Tulleya).

- **Puget Sound Community School**. Podobnie jak Sudbury i Big Picture, ta maleńka niezależna szkoła w Seattle w stanie Waszyngton daje uczniom wielką dawkę autonomii, stawiając na głowie podejście konwencjonalnych szkół „jeden rozmiar pasuje na wszystkich". Każdy uczeń ma doradcę, który działa jak osobisty trener, pomagając mu wymyślać własne cele związane z uczeniem się. „Szkoła" składa się z lekcji w klasie, przemieszanych z tworzonymi przez uczniów niezależnymi projektami naukowymi oraz pracami społecznymi obmyślonymi przez uczniów. Ponieważ dzieci często przebywają poza kampusem, zyskują poczucie, że ich uczenie się przydatne jest w prawdziwym świecie. I zamiast gonić za ocenami, otrzymują częste informacje zwrotne od doradców, nauczycieli i rówieśników. Więcej informacji znajdziesz na stronie www.pscs.org.

- **Montessori Schools**. Dr Maria Montessori stworzyła metodę nauczania zwaną metodą Montessori na początku dwudziestego wieku po tym, jak zaobserwowała u dzieci ich naturalną ciekawość i wrodzoną chęć do nauki. Fakt, że tak wcześnie zrozumiała, czym jest trzeci popęd, zapoczątkował na całym świecie wysyp takich szkół przede wszystkim dla dzieci w wieku przedszkolnym i szkoły podstawowej. W wielu kluczowych założeniach edukacyjnych Montessori znajdujemy zasady Motywacji 3.0 – że dzieci w sposób naturalny angażują się w samoukierunkowane uczenie się i niezależną naukę; że nauczyciele powinni przy tym uczeniu się działać jak obserwatorzy i pomocnicy, a nie jak wykładowcy i rozkazodawcy; i że u dzieci naturalna jest skłonność do przeżywania okresów intensywnego skupienia, koncentracji i przepływu emocjonalnego, a dorośli powinni dokładać wszelkich starań, by im w tym nie przeszkadzać. Chociaż mało jest szkół Montessori na poziomie gimnazjum i liceum, to nieprzemijające i odnoszące sukcesy podejście może czegoś nauczyć każdą szkołę, każdego wychowawcę i każdego rodzica. A kiedy przyglądasz się metodzie Montesorri, sprawdź jeszcze dwa inne podejścia do uczenia się, które również propagują zachowanie Typu I: zasady nauczania małych dzieci Reggio Emilia oraz szkoły waldorfskie. By znaleźć więcej informacji, zajrzyj na następujące strony: www.montessori-ami.org, www.montessori.org, www.amshq.org, www.reggioalliance.org i www.whywaldorfworks.org.

UCZ SIĘ OD UNSCHOOLERÓW

W Stanach Zjednoczonych ruch związany z edukacją domową rozwijał się przez ostatnie dwadzieścia lat w niezwykłym tempie. A najszybciej rosnącym fragmentem tego ruchu był unschooling, czyli odszkolnianie; unschoolerzy to rodziny, które nie stosują formalnych programów nauczania, tylko pozwalają swoim dzieciom badać i uczyć się tego, co je interesuje. Unschoolerzy byli jednymi z pierwszych, którzy przyjęli podejście Typu I w edukacji. Propagują autonomię, pozwalając dzieciom decydować o tym, czego się uczą i jak się tego uczą. Zachęcają do mistrzostwa, pozwalając dzieciom spędzać nad interesującym je tematem tyle czasu, ile chcą, i drążyć go tak głęboko, jak chcą. Nawet jeśli odszkolnianie jest nie dla ciebie ani twoich dzieci, możesz nauczyć się paru rzeczy od tych edukacyjnych innowatorów. Zacznij od przeczytania niezwykłej książki Johna Taylora Gatto *Dumbing Us Down* [Ogłupianie nas]. Zajrzyj do „Home Education Magazine" i na ich stronę internetową. A potem zainteresuj się kilkoma z wielu innych stron dotyczących odszkolniania. Po więcej informacji zajrzyj na www.homeedmag.com, www.unschooling.com i www.sandratodd.com/unschooling.

ZAMIEŃ UCZNIÓW W NAUCZYCIELI

Jednym z najlepszych sposobów na sprawdzenie, czy coś opanowałeś, jest spróbowanie samemu kogoś tego nauczyć. Daj uczniom na to szansę. Wyznacz każdemu uczniowi w klasie inny aspekt szerszego tematu, który właśnie przerabiacie, a potem niech po kolei uczą kolegów tego, czego sami się nauczyli. A kiedy już to opanują, niech wystąpią przed szerszą publicznością: zaproś inne klasy, nauczycieli, rodziców albo dyrekcję, by nauczyli się tego, czego oni mogą ich nauczyć.

Poza tym na początku semestru szkolnego zapytaj uczniów o ich indywidualne pasje i dziedziny, na których się znają. Miej przygotowaną listę ekspertów i wywołuj ich, gdy będą potrzebni w trakcie semestru. Cała klasa tych, którzy uczą, to cała klasa tych, którzy się uczą.

Lista lektur dla zainteresowanych Typem I: Piętnaście niezbędnych książek

Autonomia, mistrzostwo i cel to integralne części kondycji ludzkiej, nie dziwi więc, że cały szereg pisarzy – od psychologów przez dziennikarzy po powieściopisarzy – badało te trzy elementy i zgłębiało, jakie mają one znaczenie dla naszego życia. Poniższa lista książek, ułożona w porządku alfabetycznym według autorów, nie jest wyczerpująca – ale jest to dobry punkt wyjścia dla każdego, kto chce kształtować swoje życie na sposób Typu I.

***Finite and Infinite Games:
A Vision of Life as Play and Possibility***
JAMES P. CARSE

W swojej wytwornej książeczce religioznawca Carse opisuje dwa rodzaje gier. W „skończonej grze" jest zwycięzca i jest koniec; celem jest zwycięstwo. W „nieskończonej grze" nie ma ani zwycięzcy, ani końca; chodzi o to, żeby grać dalej. Carse wyjaśnia, że gry, w których wygrać się nie da, dają dużo większą satysfakcję niż gry typu wygrana – przegrana, w jakie przywykliśmy grać w naszej pracy i w naszych związkach.
Spostrzeżenie Typu I: „Gracze w gry skończone grają w obrębie granic; gracze w gry nieskończone grają granicami".

Talent jest przeceniany.
Co odróżnia najlepszych od całej reszty
GEOFF COLVIN

Jaka jest różnica pomiędzy tymi, którzy są całkiem dobrzy w tym, co robą, a tymi, którzy osiągnęli mistrzostwo? Colvin z magazynu „Fortune" przeczesuje materiał dowodowy i pokazuje, że odpowiedź jest potrójna: trening, trening, trening. Ale nie jakiś tam dowolny trening, mówi. Sekretem jest „przemyślany trening" – wysoce monotonna, wymagająca pod względem umysłowym praca, która często jest nieprzyjemna, ale niezaprzeczalnie skuteczna.

Spostrzeżenie Typu I: „Jeśli postawisz sobie za cel zostanie ekspertem w swojej dziedzinie, z miejsca zaczniesz robić przeróżne rzeczy, których teraz nie robisz".

Przepływ. Psychologia optymalnego doświadczenia
MIHALY CSIKSZENTMIHALYI

Trudno znaleźć lepszy argument za tym, by ciężko pracować nad czymś, co kochasz, od przełomowej książki Csikszentmihalyia o „optymalnych doświadczeniach". *Przepływ* opisuje te pełne euforii chwile, kiedy czujemy, że mamy kontrolę, jesteśmy pełni poczucia celu i idzie nam dobrze. Ujawnia też, jak ludzie zmieniają nawet najbardziej nieprzyjemne zadania w wyzwania przynoszące radość i satysfakcję.

Spostrzeżenie Typu I: „W przeciwieństwie do tego, o czym często jesteśmy przekonani... najlepsze momenty w naszym życiu to nie te bierne, nastawione na odbiór i odprężenie chwile – chociaż takie przeżycia również mogą być miłe, jeśli ciężko nad ich osiągnięciem pracowaliśmy. Najlepsze momenty zazwyczaj pojawiają się, gdy ciało lub umysł rozciągają się do granic możliwości we własnowolnym wysiłku, by osiągnąć coś trudnego i wartego zachodu".

By dowiedzieć się więcej o pomysłach Csikszentmihalyia, zajrzyj do trzech innych jego książek: *Finding Flow: The Psychology of Engagement with Everydaylife*; *Creativity: Flow and the Psychology of Discovery and Invention*; oraz do jego klasycznego dzieła *Beyond Boredom and Anxiety: Experiencing Flow in Work and Play*.

Why We Do What We Do: Understanding Self-Motivation
EDWARD L. DECI I RICHARD FLASTE

W 1995 roku Edward Deci napisał krótką książkę, w której przedstawiał swoje mocne teorie szerszej publiczności. Wyrazistą prozą, którą dobrze się czyta, omawia ograniczenia społeczeństwa opartego na kontroli, wyjaśnia, skąd się wzięły jego przełomowe eksperymenty i pokazuje, jak propagować autonomię w wielu sferach naszego życia.

Spostrzeżenie Typu I: „Pytania, które tyle osób zadaje – a mianowicie «Jak mam zmotywować ludzi do nauki? do pracy? do wykonywania swoich obowiązków lub do zażywania leków?» – to złe pytania. Są złe, ponieważ sugerują, że motywacja jest czymś, co się robi ludziom, a nie czymś, co ludzie robią."

Mindset: The New Psychology of Success
CAROL DWECK

Dweck z Uniwersytetu Stanforda z dziesiątków lat badań wydestylowuje dwie proste koncepcje. Ludzie mogą mieć dwa nastawienia umysłowe, mówi. Ci z „ustalonym nastawieniem umysłowym" wierzą, że ich talenty i zdolności wyryte są w kamieniu. Ci z „rozwojowym nastawieniem umysłowym" wierzą, że ich talenty i zdolności mogą zostać rozwinięte. Przy ustalonym nastawieniu w każdym kontakcie widzi się sprawdzian własnej wartości. Przy rozwojowym te same kontakty postrzegane są jako okazja, by się poprawić. Przesłanie autora: zdecyduj się na nastawienie rozwojowe.

Spostrzeżenie Typu I: Zarówno w książce, jak i na swojej stronie internetowej www.mindsetonline.com Dweck proponuje konkretne kroki, które należy podjąć, żeby przejść od ustalonego do rozwojowego nastawienia umysłowego:

- Naucz się nasłuchiwać „głosu" ustalonego nastawienia umysłowego, który może szkodzić twojej elastyczności.
- Uważaj wyzwania nie za przeszkody, ale za okazje do rozwinięcia skrzydeł.
- Posługuj się językiem rozwoju – mów na przykład: „Nie jestem pewien, czy potrafię to teraz zrobić, ale sądzę, że z czasem, jak się do tego przyłożę, to zdołam się tego nauczyć".

I tak doczekaliśmy końca
JOSHUA FERRIS

Ta pełna czarnego humoru debiutancka powieść jest historią ku przestrodze przed demoralizującym wpływem miejsca pracy Typu X. W niewymienionej z nazwy agencji reklamowej w Chicago ludzie spędzają więcej czasu na wsuwaniu darmowych pączków i podprowadzaniu stołków niż na prawdziwej pracy, a równocześnie trzęsą się z obawy, żeby nie „pójść korytarzem na szafot" – ich żargonowe określenie na zwolnienie z pracy.

Spostrzeżenie Typu I: „Zabrali nam kwiaty, letnie dni i premie, zamrozili nam pensje i wstrzymali rekrutację, a ludzie wylatywali za drzwi jak rozmontowane manekiny. Jedno nam tylko przyświecało: perspektywa awansu. Nowe stanowisko: pewnie, nie szły za tym żadne pieniądze, władza prawie zawsze była iluzoryczna, awansowanie było tanim, sprytnym chwytem wysmażonym przez kierownictwo, by powstrzymać nas przed buntem, ale gdy rozeszła się wieść, że jeden z nas przeskoczył w hierarchii o akronim wyżej, ta osoba była odrobinę spokojniejsza tego dnia, dłużej niż zwykle jadła lunch, wracała z torbami zakupów, spędzała popołudnie rozmawiając cicho przez telefon i wychodziła wieczorem, kiedy chciała, podczas gdy reszta z nas wysyłała tam i z powrotem e-maile na wzniosły temat Niesprawiedliwości i Niepewności".

Good Work: When Excellence and Ethics Meet
HOWARD GARDNER, MIHALY CSIKSZENTMIHALYI
I WILLIAM DAMON

Jak można „dobrze pracować" w erze bezlitosnych sił rynkowych i błyskawicznej technologii? Zastanowiwszy się nad trzema podstawowymi kwestiami: nad **misją** twojego zawodu, jego **standardami** albo „najlepszymi praktykami" i własną **tożsamością**. Choć ta książka skupia się głównie na przykładach z dziedziny genetyki i dziennikarstwa, jej spostrzeżenia można zastosować do całego szeregu zawodów zmagających się ze zmiennością naszych czasów. Autorzy nie ustają też w wysiłkach przedstawienia na swojej stronie internetowej www.goodwork.org osób i instytucji, które stanowią przykład „dobrej pracy".

Spostrzeżenie Typu I: „Co robisz, jeśli budzisz się rano i odczuwasz lęk na myśl o pójściu do pracy, ponieważ codzienna rutyna przestała cię zadowalać?".

- Załóż z ludźmi z twojej branży lub spoza niej grupy lub fora, żeby wyjść poza swój obecny obszar wpływów.
- Pracuj z istniejącymi organizacjami, aby potwierdzić znaczenie twojego zawodu lub wytworzyć nowe wytyczne.
- Zajmij stanowisko. Bez dwóch zdań może to być ryzykowne, ale odejście z pracy z powodów etycznych nie musi pociągać za sobą rezygnacji ze swoich zawodowych celów.

Poza schematem. Sekrety ludzi sukcesu
MALCOLM GLADWELL

Serią zajmujących i zgrabnie opowiedzianych historii Gladwell zręcznie uderza w koncepcję „człowieka, który doszedł do wszystkiego sam". Mówi, że sukces jest bardziej skomplikowany. Ci, którzy bardzo wiele osiągnęli – od młodych kanadyjskich hokeistów przez Billa Gatesa do Beatlesów – są często produktem ukrytych korzyści, jakie niesie kultura, wyczucia chwili, demografii oraz szczęścia, które pomogły im stać się mistrzami w swoich dziedzinach. Lektura tej książki skłoni cię do ponownego ocenienia wybranej przez ciebie drogi. A co ważniejsze, sprawi, że zastanowisz się, jak wiele potencjału ludzkiego marnujemy przez to, że tak wielu ludziom odmawia się tych korzyści.

Spostrzeżenie Typu I: „To nie ilość pieniędzy, jaką zarabiamy, w ostatecznym rozliczeniu sprawia, że jesteśmy szczęśliwi od dziewiątej do piątej. Tylko to, czy możemy się zrealizować w pracy. Gdybym zaproponował ci wybór pomiędzy pracą architekta za 75 000 dolarów rocznie a pracą w rogatce codziennie do końca życia za 100 000 dolarów rocznie, co byś wybrał? Domyślam się, że tę pierwszą możliwość, ponieważ praca twórcza ma w sobie złożoność, autonomię i powiązanie włożonego wysiłku z nagrodą, a to dla większości z nas jest warte więcej niż pieniądze".

Teams of Rivals: The Political Genius of Abraham Lincoln
DORIS GOODWIN

W swojej zajmującej, cieszącej się popularnością książce historycznej Goodwin pokazuje, że Abraham Lincoln był wzorem zachowania Typu I. Ciężko pracował nad osiągnięciem mistrzostwa w prawie i polityce. Swoim najbardziej zagorzałym rywalom dawał władzę i autonomię. I wypracował typ przywództwa zakorzeniony w wyższym celu – położeniu kresu niewolnictwu i zachowaniu nienaruszalności unii.

Spostrzeżenie Typu I: Goodwin rzuca światło na zdolności przywódcze Typu I Lincolna. Między innymi:

- Był wystarczająco pewny siebie, by otaczać się rywalami przodującymi w dziedzinach, w których on był słaby.
- Naprawdę słuchał ludzi o innych poglądach, co pomagało mu formułować własne, bardziej kompleksowe opinie.
- Wyrażał uznanie tam, gdzie się ono należało, i nie bał się brać na siebie winy.

The Amateurs: The Story of Four Young Men and Their Quest for an Olympic Gold Medal
DAVID HALBERSTAM

Co mogłoby zmusić grupę mężczyzn, by cierpieli niewypowiedziany ból fizyczny i wyczerpanie dla dyscypliny sportowej, która nie wróżyła finansowej rekompensaty ani sławy? To pytanie leży u podstaw przykuwającej uwagę narracji Halberstama o amerykańskich zawodach wioślarskich z 1948 roku, książki, która pozwala wejrzeć w ogień wewnętrznej motywacji.

Spostrzeżenie Typu I: „Żaden wyczarterowany samolot ani autobus nie przewoził sportowców do Princeton. Żaden menedżer zespołu nie przerzucał w pośpiechu ich bagaży z autobusu do recepcji hotelowej ani nie załatwiał wszystkiego tak, żeby w czasie posiłku musieli się jedynie pojawić i podpisać kwitek. To był świat, w którym jeździło się autostopem, spało na pożyczonych łóżkach, a posiłki, jeżeli nie były wyżebrane, to były rozpaczliwie, co do grosza, wyliczane przez przerażająco głodnych młodych ludzi".

Punished by Rewards: The Trouble with Gold Stars, Incentive Plans, A's, Praise and Other Bribes
ALFIE KOHN

Były nauczyciel Kohn rzuca rękawicę ślepemu akceptowaniu przez społeczeństwo teorii behawiorystycznej B. F. Skinnera „Zrób to, to dostaniesz tamto". Ta książka z 1993 roku w swoim oskarżaniu zewnętrznych motywatorów odnosi się do szkoły, pracy i życia prywatnego i maluje fascynujący obraz świata bez tych motywatorów.
Spostrzeżenie Typu I: „Czy nagrody motywują ludzi? Bez wątpienia. Motywują ludzi do dostawania nagród".
Kohn napisał jedenaście książek o wychowywaniu dzieci, edukacji i zachowaniu, jak również dziesiątki artykułów na ten temat, a wszystkie one są interesujące i skłaniają do refleksji. Więcej informacji znajduje się na jego stronie: www.alfiekohn.org.

Once a Runner
JOHN L. PARKER, JR.

Powieść Parkera, pierwotnie wydana w 1978 roku i utrzymywana „przy życiu" przez grupę oddanych fanów, przedstawia fascynujące spojrzenie na psychologię biegów dystansowych. Opowieść o studencie Quentonie Cassidym, biegaczu na dystansie jednej mili, ukazuje, jak bardzo może dać się we znaki mistrzostwo – i jaką radość może przynieść, kiedy się je osiągnie.
Spostrzeżenie Typu I: „Biegał nie z powodów kryptoreligijnych, tylko po to, żeby wygrywać wyścigi, by szybko przemierzać drogę. Nie tylko po to, aby być lepszym od swoich kolegów, ale by być lepszym od samego siebie. By być szybszym o jedną dziesiątą sekundy, o cal, o dwie stopy lub dwa jardy niż przed tygodniem, niż przed rokiem. Dążył do przezwyciężenia fizycznych ograniczeń narzuconych mu przez trójwymiarowy świat (a jeśli czas jest czwartym wymiarem, to również był polem jego działania). Jeśli zdoła pokonać tę słabość, to tchórzostwo w sobie, nie będzie się martwił o resztę! Ta przyjdzie sama".

The War of Art: Break Through the Blocks and Win Your Inner Battles
STEVEN PRESSFIELD

Sugestywna książka Pressfielda to zarówno mądre rozmyślania o przeszkodach, jakie stoją na drodze kreatywnej wolności, jak i porywający plan walki o przezwyciężenie sprzeciwu, jaki napotykamy, kiedy zabieramy się do zrobienia czegoś wielkiego. Jeśli szukasz czegoś, co tobą wstrząśnie po drodze do mistrzostwa, to właśnie znalazłeś.

Spostrzeżenie Typu I: „Może być tak, że rasa ludzka nie jest gotowa na wolność. Powietrze wolności może być zbyt rozrzedzone, byśmy mogli nim oddychać. Na pewno nie pisałbym tej książki, na ten temat, gdyby życie z wolnością było łatwe. Paradoks wydaje się polegać na tym, jak to dawno temu pokazał Sokrates, że prawdziwie wolny człowiek jest wolny tylko na tyle, na ile pozwala mu jego samokontrola. A ci, którzy nie zechcą rządzić sami sobą, skazani są na znalezienie panów, którzy będą nimi rządzili".

Maverick: The Success Story Behind the World's Most Unusual Workplace
RICHARD SEMLER

Chociaż wielu szefów to maniacy kontroli, Semler może być pierwszym maniakiem autonomii. Poprzez szereg radykalnych pociągnięć przeobraził brazylijską firmę produkcyjną Semco. Wywalił większość kierownictwa, wyeliminował związane ze stanowiskami tytuły, pozwolił, by trzy tysiące pracowników ustalało swoje własne godziny pracy, dał każdemu głos przy podejmowaniu ważnych decyzji, a nawet pozwolił, by niektórzy pracownicy sami decydowali o swoich pensjach. Wynik: przez ostatnie dwie dekady pod (nie)zarządem Semlera Semco rozwija się po 20 procent rocznie. Ta książka, razem z nowszą książką Semlera *The Seven-Day Weekend*, pokazuje jak wprowadzić jego obrazoburczą i efektywną filozofię w życie.

Spostrzeżenie Typu I: „Chcę, żeby w Semco każdy był samowystarczalny. Firma jest tak zorganizowana – no, może to nie jest całkiem odpowiednie dla nas słowo – by nie być zależną od żadnego człowieka, a szczególnie ode mnie. Jest dla mnie powodem do dumy, że dwa razy, kiedy wracałem z dłuższego wyjazdu, mój gabinet był przenoszony, i za każdym razem robił się mniejszy".

Piąta dyscyplina. Teoria i praktyka organizacji uczących się
PETER M. SENGE

W swoim klasycznym dziele z dziedziny zarządzania Senge zapoznaje czytelników z pojęciem „organizacji uczących się", gdzie nie tylko zachęca się do autonomicznego myślenia oraz wspólnych wizji przyszłości, ale uznaje się je za niezbędne dla zdrowia organizacji. „Pięć dyscyplin" Petera Senge to propozycja mądrego dodatku do zachowania Typu I.

Spostrzeżenie Typu I: „Ludzie o wysokim poziomie osobistego mistrzostwa są w stanie konsekwentnie realizować taką działalność, jaka ma dla nich największe znaczenie, a w efekcie podchodzą do swojego życia tak, jak malarz podszedłby do dzieła sztuki. Dokonują tego przez zaangażowanie się w trwającą całe życie naukę".

Słuchajcie guru:
Sześciu myślicieli biznesu, którzy to rozumieją

Chociaż lista firm, które opowiadają się za myśleniem Typu I, jest rozpaczliwie krótka, strategie budowy takich organizacji są łatwo dostępne. Sześciu wymienionych poniżej myślicieli biznesu przedstawia pewne mądre wskazówki podpowiadające, jak zaprojektować organizacje, które propagują autonomię, mistrzostwo i cel.

DOUGLAS McGREGOR

Kto: Psycholog społeczny i jeden z pierwszych profesorów w Szkole Zarządzania Sloana na MIT. Jego sztandarowa książka z 1960 roku *The Human Side of Enterprise* dała praktycznej stronie zarządzania niezmiernie potrzebny zastrzyk humanizmu.

Główna idea: Teoria X vs. Teoria Y. McGregor opisał dwa bardzo różne podejścia do zarządzania, z których każde opiera się na innych założeniach dotyczących ludzkiego zachowania. Pierwsze podejście, które nazwał Teorią X, zakładało, że ludzie unikają wysiłku, pracują tylko za pieniądze i poczucie bezpieczeństwa, i dlatego trzeba ich kontrolować. Drugie, zwane Teorią Y, zakładało, że praca jest czymś równie naturalnym dla ludzi jak zabawa i odpoczynek, że inicjatywa i kreatywność są szeroko rozpowszechnione i że jeśli ludzie zaangażują się w jakiś cel, będą nawet szukali odpowiedzialności. Teoria Y, argumentował, jest podejściem bardziej dokładnym, i w ostatecznym rozrachunku bardziej efektywnym.

Spostrzeżenie Typu I: „Menedżerowie skarżą mi się na fakt, że podwładni «w dzisiejszych czasach» nie chcą brać na siebie odpowiedzialności. Z zainteresowaniem zauważyłem, jak często ci sami menedżerowie nieustannie nadzorują codzienne wyniki podwładnych, stojących czasem o dwa lub trzy szczeble niżej w hierarchii od nich".

Więcej informacji: Jak wyjaśniłem w Rozdziale 3., *The Human Side of Enterprise* to najważniejszy przodek Motywacji 3.0. Chociaż McGregor napisał tę książkę całe pięćdziesiąt lat temu, jego spostrzeżenia na temat ograniczeń kontroli pozostają mądre, świeże i ważne.

PETER F. DRUCKER

Kto: Najbardziej wpływowy myśliciel dwudziestego wieku w dziedzinie zarządzania. Napisał czterdzieści jeden zdumiewających książek, wpływał na myślenie dwóch pokoleń dyrektorów generalnych, otrzymał Prezydencki Medal Wolności i przez trzy dziesięciolecia wykładał na Claremont Graduate University Business School, która teraz nosi jego imię.

Główna idea: Samozarządzanie. Jim Collins napisał kiedyś: „Głównym wkładem Druckera nie jest pojedyncza idea, ale raczej cały zbiór jego prac, który ma jedną gigantyczną zaletę: prawie wszystko tam jest w gruncie rzeczy prawdziwe". To Drucker ukuł zwrot „pracownik wiedzy", przewidział powstanie sektora non profit i jako jeden z pierwszych kładł nacisk na pierwszeństwo klienta w strategiach biznesowych. Choć najbardziej znany jest ze swoich przemyśleń na temat zarządzania biznesem, pod koniec swojej kariery Drucker zasygnalizował istnienie następnej granicy: **samozarządzania**. Wraz z przedłużaniem się życia człowieka i spadkiem bezpieczeństwa pracy, argumentował, człowiek musi intensywnie zastanowić się, gdzie są jego mocne strony, do czego może się przyczynić i jak może poprawić własne wyniki. „Potrzeba zarządzania samym sobą – napisał na krótko przed śmiercią w 2005 roku – rewolucjonizuje sprawy człowieka".

Spostrzeżenie Typu I: „Żądanie, by pracownicy wiedzy sami określali swoje zadania i ich wyniki, jest potrzebne, ponieważ pracownicy wiedzy muszą być autonomiczni... pracowników powinno się prosić, by starali się przemyśleć własne plany pracy i potem je przedkładali. *Na czym zamierzam się skupić? Za jakie oczekiwane wyniki powinienem odpowiadać? W jakim terminie?*"

Więcej informacji: Drucker napisał wiele książek i wiele książek o nim napisano, ale wspaniałym punktem wyjścia jest *The Daily Drucker*, istna perełka, w której znajdziemy 366 spostrzeżeń i „punktów działania" do wdrażania jego idei w życie. Na temat samozarządzania przeczytaj artykuł z 2005 roku w „Harvard Business Review" zatytułowany „Managing Oneself". By znaleźć więcej informacji i uzyskać dostęp do cyfrowego archiwum tekstów, zajrzyj na stronę www.druckerinstitute.com.

JIM COLLINS

Kto: Jeden z najbardziej wiarygodnych głosów w dzisiejszym biznesie i autor książki *Wizjonerskie organizacje* (razem z Jerrym Porrasem), *Od dobrego do wielkiego*, oraz najnowszej *How the Mighty Fall*. Były profesor na Stanford Graduate School of Business prowadzi teraz własne laboratorium zarządzania w Boulder w Colorado.

Główna idea: Automotywacja i wielkość. „Wydatkowanie energii na próby motywowania ludzi to przeważnie strata czasu" – napisał Collins w swojej książce *Od dobrego do wielkiego*. „Jeśli masz na pokładzie odpowiednich ludzi, będą oni sami siebie motywować. Wtedy prawdziwe pytanie zabrzmi: *Jak zarządzać w taki sposób, by ludzi nie demotywować?*".

Spostrzeżenie Typu I: Aby stworzyć środowisko, gdzie automotywacja może prosperować, Collins proponuje cztery podstawowe sposoby postępowania:

1. „Kieruj za pomocą pytań, a nie odpowiedzi".
2. „Angażuj się w dialog i debatę, a nie przymus".
3. „Przeprowadzaj szczegółową analizę bez obwiniania".
4. „Stwórz procedury «czerwonej flagi»". Innymi słowy spraw, by pracownikom i klientom łatwo było się odezwać, kiedy zaobserwują jakiś problem.

Więcej informacji: Na stronie Collinsa www.jimcollins.com znajdziesz więcej informacji o jego pracy, jak również wspaniałe narzędzia diagnostyczne, poradniki i filmy wideo.

CALI RESSLER I JODY THOMPSON

Kto: Te dwie byłe specjalistki od zarządzania zasobami ludzkimi w Best Buy przekonały swojego dyrektora naczelnego, by w ramach eksperymentu wypróbował radykalnie nowe podejście do organizacji pracy. Napisały książkę o swoich doświadczeniach *Why Work Sucks and How to Fix It* i teraz prowadzą własną firmę consultingową.

Główna idea: środowisko pracy zorientowane tylko na wyniki. ROWE, opisane w Rozdziale 4., daje pracownikom pełną autonomię co do tego kiedy, gdzie i jak wykonują swoją pracę. Znaczenie mają jedynie wyniki.

Spostrzeżenie Typu I: Niektóre z podstawowych zasad ROWE:

„Na wszystkich poziomach ludzie przestają zajmować się działalnością, która jest stratą ich czasu, czasu klientów lub czasu firmy".
„Pracownikom wolno pracować w taki sposób, jaki im odpowiada".
„Wszystkie zebrania są nieobowiązkowe".
„Nie ma harmonogramów pracy".

Więcej informacji: Możesz dowiedzieć się więcej o ROWE na stronie internetowej: www.culturerx.com

GARY HAMEL

Kto: Według „BusinessWeek" „najważniejszy na świecie ekspert w dziedzinie strategii biznesowych". Jest współautorem wpływowej książki *Przewaga konkurencyjna jutra*, profesorem w London Business School i dyrektorem MLab z siedzibą w Kalifornii, gdzie stoi na czele grupy prowadzącej wizjonerskie badania w dziedzinie zarządzania – będące zbiorem gigantycznych ambitnych zadań mających na celu zreformowanie teorii i praktyki kierowania organizacjami.

Główna idea: Zarządzanie to przestarzała technologia. Hamel porównuje zarządzanie do silnika spalinowego – technologii, która wyraźnie przestała się rozwijać. Wsadź dyrektora naczelnego z lat sześćdziesiątych do wehikułu czasu i przenieś go do 2010 roku, mówi Hamel, a ten dyrektor „stwierdzi, że bardzo wiele z obowiązujących dziś rytuałów zarządzania niewiele się zmieniło od tych, które rządziły życiem w firmach pokolenie lub dwa wstecz". Nic dziwnego, wyjaśnia Hamel. „Większość najważniejszych narzędzi i technik współczesnego zarządzania zostało wynalezionych przez ludzi urodzonych w XIX wieku, niedługo po zakończeniu amerykańskiej wojny secesyjnej". Rozwiązanie? Gruntowny remont kapitalny tej starzejącej się technologii.

Spostrzeżenie Typu I: „Kiedy następnym razem będziesz na zebraniu i ludzie będą dyskutować o tym, jak wycisnąć kolejny przyrost wyników z twojej siły roboczej, mógłbyś zapytać: W jakim celu i dla czyjej korzyści prosi się naszych pracowników, by poświęcali swój czas i energię? Czy zaangażowaliśmy się w dążenie do celu, który naprawdę zasługuje na ich inicjatywę, wyobraźnię i pasję?".

Więcej informacji: Książka Hamela *Zarządzanie jutra* (napisana razem z Billem Breenem) jest ważną lekturą. Po więcej informacji o pomysłach i badaniach Hamela zajrzyj na strony www.garyhamel.com oraz www.managementlab.org.

Plan fitness dla Typu I:
Cztery rady, jak się zmotywować (i utrzymać motywację) do zażywania ruchu

Na obwolucie tej książki widnieje biegacz – i nie jest to przypadek. W bieganiu mogą występować wszystkie elementy zachowania Typu I. Jest autonomiczne. Pozwala na dążenie do mistrzostwa. A ludzie, którzy się do niego przykładają i którym sprawia ono przyjemność, często biegając mają jakiś wyższy cel – sprawdzenie swoich ograniczeń albo zachowanie zdrowia i żywotności. Żeby pomóc ci wyprowadzić ducha wewnętrznej motywacji z biura i klasy i przenieść go w inną sferę twojego życia, zamieszczamy poniżej cztery wskazówki, jak utrzymywać się w formie na sposób Typu I.

Wyznaczaj swoje własne cele. Nie akceptuj jakiegoś znormalizowanego, szablonowego planu ćwiczeń. Ułóż taki plan, który będzie dostosowany do twoich potrzeb i sprawności fizycznej. (Możesz nad nim pracować razem z jakimś profesjonalistą, ale to ty podejmujesz ostateczne decyzje.) Co równie ważne, wyznacz odpowiedni rodzaj celów. Liczne badania z dziedziny behawioryzmu pokazują, że ludzie, którzy starają się schudnąć z powodów zewnętrznych – by wyszczupleć na ślub czy wyglądać lepiej na spotkaniu klasowym – często osiągają swój cel. A potem, jak tylko minie „wydarzenie docelowe", z powrotem przybierają na wadze tyle, ile stracili. Tymczasem ludzie, którzy dążą do osiągnięcia bardziej wewnętrznych celów – chcą być w formie po to, by czuć się lepiej albo zachować zdrowie dla swojej rodziny – na początku wolniej robią postępy, ale na dłuższą metę osiągają znacząco lepsze wyniki.

Zerwij z kieratem. Chyba że jesteś prawdziwym miłośnikiem kieratów. Jeśli wleczesz się na siłownię i wydaje ci się to ponurym obowiązkiem, znajdź jakąś formę ruchu, która sprawia ci przyjemność i wywołuje te upajające momenty przepływu emocjonalnego. Zbierz kilku przyjaciół i pograjcie sobie prywatnie w tenisa lub koszykówkę, wstąp do amatorskiej ligi, idź na spacer do pobliskiego parku, tańcz przez pół godziny albo pobaw się z dziećmi. Zastosuj Efekt Sawyera z korzyścią dla siebie i zmień mozolne uprawianie sportu w zabawę.

Pamiętaj o mistrzostwie. Stawanie się lepszym w jakiejś działalności jest wspaniałym źródłem odnawialnej energii. Wybierz więc takie zajęcie, w którym z upływem czasu możesz stawać się coraz lepszy. Podnosząc stale poziom trudności stawianych przed sobą zadań – pomyśl o Złotowłosej – i wyznaczając sobie z czasem coraz bardziej śmiałe i ambitne cele, możesz tę energię odnawiać i zachować motywację.

Nagradzaj się w odpowiedni sposób. Jeśli naprawdę masz duże trudności, zastanów się, czy nie przeprowadzić szybkiego eksperymentu ze Stickk (www.stickk.com), stroną internetową, na której publicznie zobowiązujesz się osiągnąć jakiś cel i musisz przekazać pieniądze – przyjacielowi, organizacji dobroczynnej albo „antydobroczynnej" – jeśli go nie osiągniesz. Ale ogólnie rzecz biorąc, nie przekupuj się nagrodami typu „jeśli – to" – na przykład: „Jeśli będę ćwiczyć cztery razy w tym tygodniu, to kupię sobie nową koszulę". Mogą odnieść odwrotny skutek. Natomiast sporadyczna nagroda typu „teraz, gdy"? Żaden problem. Więc jeśli przepłynąłeś odległość, jaką miałeś nadzieję w tym tygodniu przepłynąć, nie będzie nic złego w zafundowaniu sobie potem masażu. To nie zaszkodzi. A może sprawić przyjemność.

Drive: Podsumowanie

W tej książce omówiłem wiele spraw – i może nie będziesz w stanie natychmiast wszystkiego sobie przypomnieć. W związku z tym zamieszczam tutaj trzy różne streszczenia Drive. Możesz je uważać za punkt wyjścia do rozmowy, kurs utrwalający wiedzę albo za „kuksaniec dla pamięci".

STRESZCZENIE W STYLU TWITTERA[*]

Marchewka i kij są b. przestarzałe. Wg *Drive*: by pracować jak w XXI wieku, musimy modernizować do autonomii, mistrzostwa i celu.

STRESZCZENIE W STYLU PRZYJĘCIA KOKTAJLOWEGO[**]

Tam, gdzie chodzi o motywację, istnieje przepaść pomiędzy tym, co wie nauka, a tym, co robi biznes. Nasz obecny biznesowy system operacyjny – którego osią są zewnętrzne motywatory typu kij i marchewka – nie działa, a często szkodzi. Potrzebna nam jest modernizacja. A nauka pokazuje drogę. Na to nowe podejście składają się trzy kluczowe elementy: (1) *autonomia* – pragnienie, by kierować własnym życiem; (2) *mistrzostwo* – chęć stawania się coraz lepszym w czymś, co ma znaczenie; i (3) *cel* – pragnienie, by robić to, co robimy, w służbie czegoś większego niż my sami.

---

[*] Co najwyżej 140 znaków, zgodnie z wymaganiami Twittera (patrz www.twitter.com). Nie krępuj się, możesz przekazać dalej to streszczenie albo któreś własne.

[**] Co najwyżej 100 słów lub mniej niż minuta mówienia.

STRESZCZENIE ROZDZIAŁ PO ROZDZIALE

Wstęp: Zagadkowe łamigłówki Harry'ego Harlowa i Edwarda Deciego

Człowiek posiada popęd biologiczny, który obejmuje głód, pragnienie i seks. Mamy też drugi, od dawna uznawany popęd: reagujemy na nagrody i kary w swoim środowisku. Ale w połowie dwudziestego wieku kilku naukowców zaczęło odkrywać, że ludzie posiadają jeszcze trzeci popęd – nazywany niekiedy „wewnętrzną motywacją". Przez kilka dziesięcioleci naukowcy behawioralni usiłowali zrozumieć dynamikę i wyjaśnić moc naszego trzeciego popędu. Niestety, biznes jeszcze tego nowego zrozumienia nie dogonił. Jeśli chcemy wzmocnić nasze firmy, podnieść nasze życie na wyższy poziom i poprawić ten świat, musimy zlikwidować lukę pomiędzy tym, co wie nauka, i tym, co robi biznes.

CZĘŚĆ PIERWSZA. NOWY SYSTEM OPERACYJNY

Rozdział 1. Rozkwit i upadek motywacji 2.0

Społeczeństwa, podobnie jak komputery, mają systemy operacyjne – zestaw przeważnie niewidocznych instrukcji i protokołów, na bazie których wszystko działa. Pierwszy system operacyjny ludzi – nazwijmy go Motywacja 1.0 – dotyczył wyłącznie przetrwania. Sednem jego następcy, Motywacji 2.0, były zewnętrzne nagrody i kary. System ten dobrze działał przy rutynowych zadaniach dwudziestego wieku. Ale w dwudziestym pierwszym wieku Motywacja 2.0 okazuje się niekompatybilna z tym, jak organizujemy to, co robimy, jak myślimy o tym, co robimy, i jak robimy to, co robimy. Potrzebna nam jest modernizacja.

Rozdział 2. Siedem powodów, dla których kije i marchewki (często) nie działają...

Kiedy kije i marchewki zetkną się z naszym trzecim popędem, dzieją się dziwne rzeczy. Tradycyjne nagrody typu „jeśli – to" mogą nam dać mniej tego, czego chcemy: mogą gasić wewnętrzną motywację, pogarszać wyniki, miażdżyć kreatywność i wypierać dobre zachowanie. Mogą również dawać nam więcej tego, czego nie chcemy: mogą zachęcać do nieetycznego zachowania, tworzyć uzależnienia i sprzyjać krótkoterminowemu myśleniu. Takie są wady naszego obecnego systemu operacyjnego.

Rozdział 2A. ...oraz pewne specyficzne okoliczności, kiedy działają

Marchewki i kije nie są wyłącznie złe. Mogą być skuteczne przy rutynowych, opierających się na instrukcjach zadaniach – ponieważ niewiele jest w nich wewnętrznej motywacji, którą można by podważyć, i niewiele kreatywności, którą można by stłamsić. A jeszcze bardziej skutecznie mogą działać, jeśli ci, którzy dają takie nagrody, podadzą racjonalne uzasadnienie, dlaczego to zadanie jest konieczne, przyznają, że jest nudne, i pozwolą, by ludzie wykonali je w sposób autonomiczny. Przy nierutynowych, koncepcyjnych zadaniach nagrody są bardziej niebezpieczne – szczególnie nagrody typu „jeśli – to". Ale nagrody typu „teraz, gdy" – niewarunkowe nagrody przyznawane, kiedy już zadanie zostanie wykonane – czasem mogą być do przyjęcia przy bardziej kreatywnych, „prawopółkulowych" zadaniach, zwłaszcza jeżeli towarzyszą im istotne informacje o wykonaniu zadania.

Rozdział 3. Typ I oraz Typ X

Motywacja 2.0 opierała się na zachowaniu Typu X oraz promowała to zachowanie, które „napędzane" jest bardziej zewnętrznymi pragnieniami niż wewnętrznymi i przejmuje się mniej nieodłącznie związanym

Drive: Podsumowanie

z jakąś działalnością zadowoleniem, a bardziej zewnętrznymi nagrodami, do których ta działalność prowadzi. Motywacja 3.0, ta modernizacja, która jest konieczna, by biznes w dwudziestym pierwszym wieku gładko funkcjonował, opiera się na zachowaniu Typu I i je promuje. Zachowanie Typu I przejmuje się mniej zewnętrznymi nagrodami, jakie przynosi dana działalność, a bardziej nieodłącznie z nią związaną satysfakcją. Żeby osiągnąć sukces zawodowy i osobiste spełnienie, musimy przeprowadzić siebie i naszych kolegów z Typu X do Typu I. Dobra wiadomość jest taka, że Typem I człowiek się staje, a nie rodzi – i że zachowanie Typu I prowadzi do mocniejszych wyników, lepszego zdrowia i ogólnie lepszego samopoczucia.

CZĘŚĆ DRUGA. TRZY ELEMENTY

Rozdział 4. Autonomia

Nasze „ustawienia domyślne" powodują, że jesteśmy zaprogramowani na autonomię i samoukierunkowanie. Niestety okoliczności – włączając w to przestarzałe rozumienie „zarządzania" – często sprzysięgają się, by zmienić nasze ustawienia domyślne i przekształcić nas z Typu I w Typ X. Pierwszym wymogiem, by zachęcać do zachowania Typu I i do wysokich wyników, jakie ono umożliwia, jest autonomia. Ludzie potrzebują autonomii przy zadaniach (tym, co robią), czasie (kiedy to robią), zespole (z kim to robią) i technice (jak to robią). Firmy, które dają pracownikom autonomię, niekiedy w radykalnych dawkach, mają lepsze wyniki niż ich konkurenci.

Rozdział 5. Mistrzostwo

Motywacja 2.0 wymaga podporządkowania, natomiast Motywacja 3.0 wymaga zaangażowania. Tylko zaangażowanie może dać w rezultacie mistrzostwo – stawanie się lepszym w czymś, co ma znaczenie. Dążenie do mistrzostwa, ważna, ale często uśpiona część naszego trzeciego popędu, zaczęło odgrywać istotną rolę w skutecznym poruszaniu się po gospodarce. Mistrzostwo zaczyna się od „przepływu" emocjonalnego – optymalnego doświadczenia, kiedy wyzwania, przed jakimi stajemy, są doskonale dopasowane do naszych możliwości. Dlatego w mądrych miejscach pracy uzupełnia się codzienną działalność „zadaniami Złotowłosej" – nie nazbyt trudnymi i nie nazbyt łatwymi. Ale mistrzostwo stosuje się również do trzech osobliwych praw. Mistrzostwo to sposób myślenia: wymaga, by człowiek potrafił postrzegać swoje zdolności nie jako coś skończonego, ale jako coś, co da się w nieskończoność ulepszać. Mistrzostwo to ból: wymaga wysiłku, determinacji i przemyślanego treningu. I jeszcze mistrzostwo to asymptota: nie da się go w pełni zrealizować, co powoduje, że jest równocześnie frustrujące i pociągające.

Rozdział 6. Cel

Z natury swojej ludzie szukają celu – jakiejś sprawy, która byłaby większa i bardziej trwała od nich. Ale tradycyjny biznes od dawna uznawał cel za ozdóbkę – bardzo ładny dodatek, byleby nie przeszkadzał w tym, co jest ważne. Jednak to podejście zaczyna się zmieniać – po części dzięki rosnącej liczbie starzejących się osób z pokolenia wyżu demograficznego, przypominających sobie o własnej śmiertelności. W Motywacji 3.0 maksymalizacja celu zajmuje miejsce obok maksymalizacji zysku jako aspiracja i naczelna wytyczna. W obrębie organizacji ten nowy „motyw celu" wyraża się na trzy sposoby: w celach, przy osiąganiu których wykorzystuje się zyski; w słowach, którymi podkreśla się coś więcej niż korzyść własną; i w strategiach, które pozwalają ludziom dążyć do celu na własnych warunkach. To posunięcie, polegające na połączeniu maksymalizacji zysku z maksymalizacją celu, może odmłodzić nasz biznes i przeobrazić nasz świat.

Drive: Słowniczek

Nowe podejście do motywacji wymaga nowego słownictwa, pozwalającego o nim rozmawiać. Oto twój oficjalny słowniczek Drive.

Wynagrodzenie podstawowe: Pensja, opłaty za zlecenia, bonusy i kilka dodatkach świadczeń, które stanowią minimum płacy. Jeśli czyjeś wynagrodzenie podstawowe nie jest zadowalające lub sprawiedliwe, będzie on skupiać się na niesprawiedliwości swojego położenia lub na niepewności swojej sytuacji, co sprawi, że dowolny rodzaj motywacji stanie się bardzo trudny.

Dni FedEx: Te jednodobowe eksplozje autonomii, wymyślone przez Australijską firmę Atlassian, pozwalają pracownikom zabrać się za dowolny problem, jakim chcą się zająć, a potem, po dwudziestu czterech godzinach, przedstawić wyniki reszcie firmy. Skąd ta nazwa? Ponieważ musisz dostarczyć coś w ciągu jednej doby.

Zadania Złotowłosej: Ten złoty punkt, w którym zadania nie są ani za proste, ani za trudne. Niezbędne do osiągnięcia uczucia „przepływu" emocjonalnego i mistrzostwa.

Nagrody „jeśli – to": Nagrody proponowane warunkowo – jak w zdaniu „Jeśli to zrobisz, to dostaniesz tamto". Przy rutynowych zadaniach nagrody „jeśli – to" mogą czasem być skuteczne. Przy kreatywnych, koncepcyjnych zadaniach niezmiennie przynoszą więcej szkody niż pożytku.

Asymptota mistrzostwa: Wiedza, że nigdy nie da się osiągnąć pełnego mistrzostwa i dlatego dążenie do niego jest równocześnie kuszące i frustrujące.

Motywacja 1.0, 2.0 i 3.0: Motywacyjne systemy operacyjne, albo inaczej zbiory założeń i protokołów dotyczących tego, jak działa świat i jak zachowują się ludzie; leżą u podstaw naszych praw, planów ekonomicznych oraz praktyk biznesowych. Motywacja 1.0 zakładała, że ludzie to istoty biologiczne walczące o przetrwanie. Motywacja 2.0 zakładała, że ludzie reagują również na nagrody i kary w swoim środowisku. Motywacja 3.0, ta modernizacja, która teraz jest nam potrzebna, zakłada, że ludzie mają trzeci popęd – do uczenia się, do tworzenia i do ulepszania świata.

Nierutynowa praca: Kreatywna, pojęciowa, twórcza praca, której nie da się ograniczyć do zbioru instrukcji. W dzisiejszych czasach, jeśli nie wykonujesz tego rodzaju pracy, nie będziesz zbyt długo robił tego, co robisz.

Nagrody „teraz, gdy": Nagrody proponowane po tym, jak zadanie zostało wykonane – jak w zdaniu „Teraz, gdy wykonałeś taką świetną robotę, wyraźmy uznanie za to osiągnięcie". Chociaż stosowanie nagród „teraz, gdy" jest skomplikowane, przy nierutynowych zadaniach stanowią one mniejsze zagrożenie niż nagrody „jeśli – to".

Środowisko pracy zorientowane tylko na wyniki (ROWE): ROWE, będące pomysłem dwóch amerykańskich konsultantek, to środowisko pracy, w którym pracownicy nie mają harmonogramów. Nie muszą przychodzić do pracy o konkretnej godzinie lub w ogóle się tam pokazywać. Muszą tylko wykonać swoją pracę.

Rutynowa praca: Praca, którą da się zredukować do scenariusza, specyfikacji, przepisu albo zestawu instrukcji. Zewnętrzne nagrody mogą być skuteczne przy motywowaniu do rutynowych zadań. Ale ponieważ coraz łatwiej jest taką algorytmiczną, opartą na instrukcjach, nie twórczą pracę wysyłać za granicę lub automatyzować, w zaawansowanych gospodarkach ten rodzaj pracy staje się mniej cenny i mniej ważny.

Efekt Sawyera: Dziwna alchemia behawioralna zainspirowana sytuacją z książki *Przygody Tomka Sawyera*, w której Tomek i jego przyjaciele malują płot ciotki Polly. Ten efekt ma dwa aspekty. Negatywny: nagrody mogą zmienić zabawę w pracę. Pozytywny: skupienie się na mistrzostwie może zmienić pracę w zabawę.

20 procent czasu: Inicjatywa wdrożona w kilku firmach, w których pracownicy mogą spędzać 20 procent czasu na pracy nad dowolnym, wybranym przez siebie projektem.

Zachowanie Typu I: Sposób myślenia i podejście do życia, którego podstawą są raczej wewnętrzne niż zewnętrzne motywatory. Zachowanie to napędza nasza wewnętrzna potrzeba kierowania własnym życiem, uczenia się i tworzenia czegoś nowego oraz lepszego postępowania wobec samego siebie i naszego świata.

Zachowanie Typu X: Zachowanie, które napędzane jest bardziej przez zewnętrzne niż wewnętrzne pragnienia i które mniej troszczy się o nieodłącznie związaną z jakąś działalnością satysfakcję, a bardziej o zewnętrzne nagrody, do których ta działalność prowadzi.

Drive: Poradnik, jak zacząć dyskusję: Dwadzieścia sposobów na rozpoczęcie konwersacji, żebyś nie przestawał myśleć i rozmawiać

W dzisiejszych czasach do autorów może należeć pierwsze słowo. Ale nie należy – i nie powinno należeć – ostatnie. Ostateczna wypowiedź należy do ciebie. Skoro więc przeczytałeś już tę książkę, bierz się do roboty: pochwal ją lub zaatakuj na swoim blogu lub ulubionym portalu społecznościowym. Ale jeśli chcesz sprawić, by pomysły zawarte w Drive *naprawdę się zrealizowały, omów je osobiście – z kolegami z pracy, przyjaciółmi ze szkoły albo ze swoim klubem książki. To w taki sposób zmienia się świat – rozmowa po rozmowie. Oto dwadzieścia pytań, żeby twoja rozmowa ruszyła z miejsca.*

1. Czy Pink przekonał cię, że istnieje luka pomiędzy tym, co wie nauka, a tym, co robią organizacje? Zgadzasz się, że powinniśmy uaktualnić nasz motywacyjny system operacyjny? Dlaczego tak albo dlaczego nie?
2. Jak Motywacja 2.0 wpłynęła na twoje doświadczenia w szkole, w pracy czy w życiu rodzinnym? Gdyby zasady etyczne Motywacji 3.0 dominowały, gdy byłeś młody, na ile odmienne byłyby twoje doświadczenia?
3. Czy uważasz siebie bardziej za Typ I czy za Typ X? Dlaczego? Pomyśl o trzech znanych ci osobach (czy to w domu, pracy czy

szkole). Czy są one bardziej Typami I czy Typami X? Co prowadzi cię do takich wniosków?
4. Opisz moment, kiedy widziałeś jedną z siedmiu fatalnych wad metody kija i marchewki w działaniu. Jaką naukę mógłbyś ty i inni wyciągnąć z tego doświadczenia? Czy spotkałeś się z przypadkiem, kiedy marchewka i kij były skuteczne?
5. Na ile dobrze twoja obecna praca zaspokaja potrzebę „wynagrodzenia podstawowego" – pensji, bonusów, kilku świadczeń? Jeśli nie zaspokaja, jakie zmiany ty albo twoja organizacja możecie wprowadzić?
6. Pink rozróżnia „rutynową" i „nierutynową" pracą. Jaka część twojej własnej pracy jest rutynowa? Jaka jest nierutynowa?
7. Jeśli jesteś szefem, w jaki sposób mógłbyś zastąpić nagrody „jeśli – to" bardziej autonomicznym środowiskiem i sporadycznymi nagrodami „teraz, gdy"?
8. Kiedy myślisz o swojej własnej najlepszej pracy, jaki aspekt autonomii był dla ciebie najważniejszy? Autonomia przy wyborze tego, co robisz (zadanie), kiedy to robisz (czas), jak to robisz (technika) czy z kim to robisz (zespół)? Dlaczego? Ile autonomii masz obecnie w pracy? Czy to wystarczy?
9. Czy inicjatywy takie jak Dni FedEx, 20 procent czasu i ROWE sprawdziłyby się w twojej firmie? Dlaczego tak lub dlaczego nie? Jaki inny pomysł czy dwa mógłby bardziej ośmielić ludzi do zachowania Typu I w twoim miejscu pracy?
10. Opisz jakiś niedawny moment, kiedy byłeś w stanie emocjonalnego „przepływu"? Co wtedy robiłeś? Gdzie byłeś? Jak mógłbyś „podrasować" obecnie pełnioną rolę, by pojawiało się więcej tych opcjonalnych doświadczeń?
11. Czy było kiedyś coś, w czym chciałeś osiągnąć mistrzostwo, ale się powstrzymywałeś z powodów takich jak „jestem za stary" lub „nigdy nie będę w tym dobry" czy „to będzie strata czasu"? Jakie bariery nie pozwalają ci spróbować? Jak można je usunąć?

12. Czy twoja sytuacja pozwala ci delegować którykolwiek z twoich obowiązków, powstrzymujących cię być może przed podjęciem bardziej ambitnego zadania? Jak mógłbyś przekazać te zadania w sposób nieodbierający współpracownikowi autonomii?
13. Jak zmieniłbyś swoje biuro, klasę albo swój dom – fizyczne środowisko, procedury i zasady – by promować większe zaangażowanie i mistrzostwo u wszystkich?
14. Kiedy bierzesz się do zadań rutynowych, których wymaga twoja praca, jakie strategie mógłbyś zastosować, by aktywować pozytywną stronę Efektu Sawyera?
15. *Drive* sporo mówi o celu – zarówno organizacji, jak i jednostek. Czy twoja organizacja ma cel? Jaki on jest? Jeśli twoja organizacja jest organizacją for profit, czy dążenie do posiadania celu jest w ogóle realistyczne, biorąc pod uwagę naciski konkurencji w każdej branży?
16. Czy w swojej płatnej pracy, życiu rodzinnym lub wolontariacie kroczysz drogą do celu? Jaki jest ten cel?
17. Czy edukacja jest obecnie za bardzo w Typie X – to znaczy, czy kładzie zbyt duży nacisk na zewnętrzne nagrody? Jeśli tak, w jaki sposób powinniśmy przeorganizować szkoły i lekcje? Czy istnieje jakiś dobry sposób, żeby pogodzić wewnętrzną motywację i odpowiedzialność?
18. Jeśli jesteś mamą lub tatą, czy twoje środowisko domowe wspiera w twoim dziecku lub twoich dzieciach zachowanie Typu I czy Typu X? Jak? Co, jeśli w ogóle, powinieneś z tym zrobić?
19. Czy Pink bagatelizuje znaczenie zarabiania na życie? Czy jego pogląd na Motywację 3.0 nie jest trochę zbyt utopijny – to znaczy, czy wizja Pinka* nie jest, jeśli wybaczycie grę słów, trochę zanadto różowa?
20. Co tak naprawdę cię motywuje? A teraz pomyśl o zeszłym tygodniu. Ile z tych 168 godzin właśnie na te rzeczy poświęciłeś? Czy możesz się poprawić?

---

* Pink – różowy (ang.).

Drive: Poradnik, jak zacząć dyskusję

Twoje pytania:*

---

* Jeśli chciałbyś, by twoje pytania znalazły się w *Poradniku, jak zacząć dyskusję*, w przyszłych edycjach *Drive*, napisz bezpośrednio do mnie na adres dhp@danpink.com.

DOWIEDZ SIĘ WIĘCEJ O SOBIE
I O TYM TEMACIE

Czy jesteś Typem I czy Typem X?

Zapoznaj się z wyczerpującą, darmową, oceną online na www.danpink.com/drive.html

Interesuje cię regularna aktualizacja informacji na temat nauki i praktyki motywacji ludzkiej?

Zaprenumeruj „Drive Times", darmowy, kwartalny, e-mailowy biuletyn na www.danpink.com/drive.html

PODZIĘKOWANIA

A teraz uchylam kapelusza przed tymi, którzy podtrzymywali moją motywację.

Z umiejętnościami edytorskimi Jake'a Morrisseya z Riverhead Books można porównać tylko jego zdolności jako terapeuty. Doprowadził do tego, że ta książka jest lepsza, nie doprowadzając jej autora do większego szaleństwa. Dziękuję również Geoffowi Kloske, który wcześnie i z entuzjazmem stanął murem za tym projektem, oraz nadzwyczajnemu zespołowi produkcyjnemu Riverhead za jego umiejętności i cierpliwość.

Rafe Sagalyn zrozumiał, jakie nadzieje rokuje ta książka, jeszcze zanim ja to zrozumiałem, i kompetentnie walczył o nią z właściwym sobie podejściem. Wielkie brawa również dla utalentowanej Bridget Wagner, która rozpowszechniła wieść o *Drive* wśród wydawców na całym świecie.

Vanessa Carr wykonała wspaniałą robotę przy wyszukiwaniu mało znanych badań z zakresu psychologii społecznej w zakamarkach Internetu i na zakurzonych półkach bibliotek uniwersyteckich. Rob Ten Pas ponownie wykorzystał swój godny szacunku talent i stworzył rysunki, by ożywić moje mniej godne szacunku słowa. Sarah Rainone udzieliła spektakularnej pomocy, przepychając to dzieło przez linię mety podczas upalnego i ponurego lata. Zapamiętajcie, ludzie, wszystkie te trzy nazwiska. To są gwiazdy.

Jednym z powodów do radości, jakie przyniosła mi praca nad tą książką, było odbycie kilku długich rozmów i przeprowadzenie wywiadów z Mike'em Csikszentmihalyiem, Edem Decim oraz Richem Ryanem, którzy od dawna byli moimi bohaterami. Gdyby na tym świecie istniała jakaś sprawiedliwość, wszyscy trzej otrzymaliby Nagrodę Nobla, a gdyby ta sprawiedliwość miała odrobinę poczucia humoru, nagroda ta byłaby z ekonomii. Winę za wszelkie błędy czy nadinterpretację ich prac ponoszę ja, a nie oni.

Mniej więcej na tym etapie autorzy, którzy są rodzicami, przepraszają swoje dzieci za swoją nieobecność przy kolacjach. Mnie to nie dotyczy. Nie bywam nieobecny przy posiłkach. Ale prawdą jest, że przez kilka miesięcy nie uczestniczyłem niemal w niczym innym, co narzuciło zdumiewającym dzieciom Pinków – Sophie, Elizie oraz Saulowi, którym został zadedykowany *Drive* – egzystencję bez ojca. Przepraszam, dzieciaki. Na szczęście, jak już bez wątpienia odkryliście, ja potrzebuję was dużo bardziej niż wy mnie.

No i jest jeszcze matka tej trójki, Jessica Anne Lerner. Jak zawsze Jessica była pierwszą, ostatnią i najrzetelniejszą doradczynią, na której testowany był każdy pomysł, jaki mi się wykluł. I również jak zawsze Jessica przeczytała co do słowa wszystko, co napisałem – łącznie z tymi wieloma tysiącami słów, które przeczytała na głos, kiedy ja siedziałem w czerwonym fotelu i skręcałem się, słuchając ich. Z tych drobnych powodów i wielu istotniejszych, które was nic nie powinny obchodzić, nie przestaję wychodzić z podziwu nad tą zachwycającą, elegancką kobietą – pełen nabożnej czci i zakochany.

PRZYPISY

WSTĘP: ZAGADKOWE ŁAMIGŁÓWKI HARRY'EGO HARLOWA ORAZ EDWARDA DECI

[1] Harry F. Harlow, Margaret Kuenne Harlow i Donald R. Meyer, *Learning Motivated by a Manipulation Drive*, „Journal of Experimental Psychology" 40 (1950): 231.
[2] Ibid., 233–234.
[3] Harry F. Harlow, *Motivation as a Factor in the Acquisition of New Responses*, w „Current Theory and Research on Motivation" (Lincoln: University of Nebraska Press, 1953), 46.
[4] Pod pewnymi względami Harlow stał się częścią establishmentu. Otrzymał National Science Medal i został prezesem Amerykańskiego Towarzystwa Psychologicznego. Więcej informacji na temat ciekawego życia Harlowa znajdziecie w *Love at Goon Park: Harry Harlow and the Science of Affection* Deborah Bloom (Cambridge, Mass.: Perseus, 2002) oraz w *Wire Mothers: Harry Harlow and the Science of Love* Jima Ottaviani i Dylana Meconisa (Ann Arbor, Mich.: G.T. Labs, 2007).
[5] Edward L. Deci, *Effects of Externally Mediated Rewards on Intrinsic Motivation*, „Journal of Personality and Social Psychology" 18 (1971):114.
[6] Edward L. Deci, *Intrinsic Motivation, Extrinsic Reinforcement, and Inequity*, „Journal of Personality and Social Psychology" 22 (1972): 119–120.

ROZDZIAŁ 1. ROZKWIT I UPADEK MOTYWACJI 2.0

[1] „Important Notice: MSN Encarta to Be Discontinued", oświadczenie prasowe Microsoftu (30 marca 2009); Ina Fried „Microsoft Closing the Book on Encarta", CNET News, 30 marca 2009); „Microsoft to Shut Encarta as Free Sites Alter Market", „Wall Street Journal", 31 marca 2009. Aktualne dane na temat Wikipedii dostępne są na http://en.wikipedia.org/wiki/Wikipedia: About.

223

[2] Karim L. Lakhani i Robert G. Wolf, *Why Hackers Do What They Do: Understanding Motivation and Effort in Free/Open Source Software Projects* w „Perspectives on Free and Open Software", pod redakcją J.Fellera, B. Fitzgeralda, S. Hissama oraz K. Lakhani (Cambridge, Mass. MIT Press, 2005), 3, 12.

[3] Jurgen Blitzer, Wolfram Schrettl i Philipp J. H. Schroeder, *Intrinsic Motivation in Open Source Software Development*, „Journal of Comparative Economics" 35 (2007); 17, 4.

[4] *Vermont Governor Expected to Sign Bill on Charity-Business Hybrid*, „Chronicle of Philanthropy", News Updates, 21 kwietnia, 2008.

[5] Muhammad Yunus, *Creating a World Without Poverty: Social Business and the Future of Capitalism* (Nowy Jork: Public Affairs, 2007), 23; Aspen Institute, Fourth Sector Concept Paper (jesień 2008); „B Corporation", „MIT Sloan Management Review", 11 grudnia 2008 oraz http://www.bcorporation.net/declaration.

[6] Stephanie Strom, *Businesses Try to Make Money and Save the World*, „New York Times", 6 maja 2007.

[7] Colin Camerer, *Behavioral Economics: Reunifying Psychology and Economics*, „Proceedings of the National Academy of Sciences 96" (wrzesień 1999): 10576.

[8] Bruno S. Frey,: *Not Just for the Money: An Economic Theory of Personal Motivation* (Brookfield, Vt.: Edward Elgar, 1997), 118–119, ix. Patrz również Bruno S. Frey i Alois Stutzer: *Happiness and Economics: How the Economy and Institutions Affect Well-Being* (Princeton, N.J.: Princeton University Press, 2002).

[9] Bradford C. Johnson, James M. Manyika, Lareina A. Yee, *The Next Revolution in Interaction*, „McKinsey Quarterly" 4 (2005): 25–26.

[10] Uważni czytelnicy mogą pamiętać, że pisałem na ten ogólny temat w książce *Całkiem nowy umysł: dlaczego przyszłość należy do prawopółkulowców* (Nowy Jork: Riverhead Books, 2006). Poszukajcie tej książki w waszej lokalnej bibliotece. Nie jest zła.

[11] Teresa M. Amabile, *Creativity in Context* (Boulder, Colo.: Westview Press, 1996), 119. Amabile twierdzi również, że zewnętrzne motywatory, jeżeli wykorzystać je w sposób właściwy i ostrożny, mogą sprzyjać kreatywności – sprawą tą zajmę się szerzej w rozdziale 2.

[12] Telework Trendlines 2009, dane zgromadzone przez Dieringer Research group, opublikowane przez World at Work, luty 2009.

ROZDZIAŁ 2. SIEDEM POWODÓW, DLA KTÓRYCH KIJE I MARCHEWKI (CZĘSTO) NIE DZIAŁAJĄ

[1] Mark Twain, *Przygody Tomka Sawyera* (Książka i Wiedza, Warszawa 1949), s. 14, 15, 20.

[2] Mark Lepper, David Greene, Robert Nisbet: *Undermining Children's Intrinsic Interest with Extrinsic Rewards: A Test of the „Overjustification" Hypothesis*, „Journal of Personality and Social Psychology" 28, no.1 (1973): 129–137.

[3] Edward L. Deci, Richard M. Ryan, Richard Koestner, *A Meta-Analytic Review of Experiments Examining the Effects of Extrinsic Rewards on Intrinsic Motivation*, „Psychological Bulletin" 125, no.6 (1999): 659.

[4] Jonmarshall Reeve, *Understanding Motivation and Emotion*, wyd. 4. (Hoboken, N.J.: John Wiley&Sons, 2005), 143.

[5] Dan Ariely, Uri Gneezy, George Lowenstein, Nina Mazar, „Large Stakes and Big Mistakes", Federal Reserve Bank of Boston Working Paper No. 05–11, 23 lipca 2005 (podkreślenie w tekście dodane). Możecie również znaleźć bardzo krótkie streszczenie tego oraz niektórych innych badań w *What's the Value of a Big Bonus?* Dana Ariely, „New York Times", 20 listopada, 2008.

[6] *LSE: When Performance-Related Pay Backfires*, „Financial", 25 czerwca 2009.

[7] Sam Glucksberg *The Influence of Strength of Drive on Functional Fixedness and Perceptual Recognition*, „Journal of Experimental Psychology" 63 (1963): 36–41. Glucksberg otrzymał podobne rezultaty w swoim *Problem Solving: Response Competition Under the Influence of Drive*, „Psychological Reports" 15 (194).

[8] Teresa M. Amabile, Elise Phillips, Mary Ann Collins, *Person and Environment in Talent Development: The Case of Creativity*, w *Talent Development: Proceedings from the 1993 Henry B. and Jocelyn Wallace National Research Symposium on Talent Development*, pod redakcją Nicholasa Colangelo, Susan G. Assouline oraz DeAnn L. Ambroson (Dayton, „Ohio Psychology Press", 1993), 273-74.

[9] Jean Kathryn Carney, *Intrinsic Motivation and Artistic Success* (nieopublikowana praca, 1986, University of Chicago); J. W. Getzels i Mihaly Csikszentmihalyi, *The Creative Vision: A Longitudinal Study of Problem-Finding in Art* (Nowy Jork: Wiley, 1976).

[10] Teresa M. Amabile, *Creativity in Context* (Boulder, Colo.: Westview Press, 1996), 119; James C. Kaufman i Robert J. Sternberg, red. *The International Handbook of Creativity* (Cambridge, UK: Cambridge University Press, 2006), 18.

[11] Richard Titmuss: *The Gift Relationship: From Human Blood to Social Policy*, pod redakcją Ann Oakley oraz Johna Ashtona, wydanie rozszerzone i uaktualnione (Nowy Jork: New Press, 1997).

[12] Carl Mellström, Magnus Johannesson, *Crowding Out in Blood Donation: Was Titmuss Right?*, „Journal of the European Economic Association", 6, no.4 (czerwiec 2008): 845–863.

[13] Podczas innych badań przekonano się, że bodźce pieniężne przynoszą efekt przeciwny do zamierzonego szczególnie w tych przypadkach, kiedy działanie dobroczynne jest jawne. Patrz Dan Ariely, Anat Bracha i Stephan Meier, *Doing Good Or Doing Well? Image Motivation and Monetary Incentives in Behaving Prosocially*, Federal Reserve Bank of Boston Working Paper No. 07-9, sierpień 2007.

[14] Bruno S. Frey: *Not Just for the Money: An Economic Theory of Personal Motivation* (Brookfield, Vt.: Edward Elgar, 1997), 84.

[15] Nicola Lacatera, Mario Macias, *Motivating Altruism: A Field Study*, Institute for the Study of Labor Discussion Paper No. 3770, 28 października 2008.

[16] Lisa D. Ordonez, Maurice E. Schweitzer, Adam D. Galinsky, Max H. Braverman, *Goals Gone Wild: The Systematic Side Effects of Over-Prescribing Goal Setting*, Harvard Business School Working Paper No. 09-083, luty 2009.

[17] Peter Applebome, *When Grades Are Fixed in College-Entrance Derby*, „New York Times", 7 marca 2009.

[18] Uri Gneezy, Aldo Rustichini, *A Fine Is a Price*, „Journal of Legal Studies" 29 (styczeń 2000).

[19] Gneezy, Rustichini, *A Fine Is a Price* (podkreślenie w tekście dodane).

[20] Anton Suvorov, *Addiction to Rewards*, wykład wygłoszony podczas Europejskiej Zimowej Konferencji Towarzystwa Ekonometrycznego, 25 października 2003. Odbitki dostępne pod adresem: http://www.cemfi.es/research/conferences/ewm/Anton/addict_hew6.pdf.

[21] Brian Knutson, Charles M. Adams, Grace W. Fong, Daniel Hommer, *Anticipation of Increasing Monetary Reward Selectively Recruits Nucleus Accumbens*, „Journal of Neuroscience" 21 (2001).

[22] Camelia M. Kuhnen, Brian Knutson, *The Neural Basis of Financial Risk Taking*, „Neuron" 47 (wrzesień 2005): 768.

[23] Mei Cheng, K. R. Subramanyam, Yuan Zhang, „Earnings Guidance and Managerial Myopia", SSRN Working Paper No. 854515, listopad 2005.

[24] Lisa D. Ordonez, Maurice E. Schweitzer, Adam D. Galinsky, Max H. Braverman, *Goals Gone Wild: The Systematic Side Effects of Over-Prescribing Goal Setting*, Harvard Business School Working Paper No. 09-083, luty 2009.

[25] Roland Bènabou, Jean Tirole *Intrinsic and Extrinsic Motivation*, „Review of Economic Studies" 70 (2003).

ROZDZIAŁ 2A. ...ORAZ PEWNE SPECYFICZNE OKOLICZNOŚCI, KIEDY DZIAŁAJĄ

[1] Edward L. Deci, Richard Koestner, Richard M. Ryan, *Extrinsic Rewards and Intrinsic Motivation in Education: Reconsidered Once Again*, „Review of Educational Research" 71, no. 1 (wiosna 2001): 14.

[2] Dan Ariely, *What's the Value of a Big Bonus?*, „New York Times", 20 listopada, 2008.

[3] Teresa M. Amabile, *Creativity in Context* (Boulder, Colo.: Westview Press, 2006), 175.

[4] Deci, Ryan, Koestner, *Extrinsic Rewards and Intrinsic Motivation in Education*.

[5] Amabile: *Creativity in Context*, 117.

[6] Deci, Ryan, Koestner, *Extrinsic Rewards and Intrinsic Motivation in Education*.

[7] Amabile, *Creativity in Context*, 119.

ROZDZIAŁ 3. TYP I ORAZ TYP X

[1] Richard M. Ryan, Edward L. Deci, *Self-Determination Theory and the Facilitation of Intrinsic Motivation, Social Development, and Well-Being*, „American Psychologist", 55 (styczeń 2000): 68.

[2] Meyer Friedman, Ray H. Rosenman, *Type A Behavior and Your Heart* (Nowy Jork: Alfred A. Knopf, 1974), 4.

[3] Ibid., 70.

[4] Douglas McGregor, *The Human Side of Enterprise: 25th Anniversary Printing* (Nowy Jork: McGraw-Hill, 1985), 33-34.

[5] Ryan, Deci, *Self-Determination Theory and the Facilitation of Intrinsic Motivation, Social Development, and Well-Being*.

ROZDZIAŁ 4. AUTONOMIA

[1] Edward L. Deci, Richard M. Ryan, *Facilitating Optimal Motivation and Psychological Well-Being Across Life's Domains*, „Canadian Psychology" 49, no. 1 (luty 2008): 14.

[2] Valery Chirkov, Richard M. Ryan, Youngmee Kim, Ulas Kaplan, *Differentiating Autonomy from Individualism and Independence: A Self-Determination Theory Perspective on Internalization of Cultural Orientations and Well-Being*, „Journal of Personality and Social Psychology" 84 (styczeń 2003); Joe Devine, Laura Camfield, Ian Gough, *Autonomy or Dependence – or Both?: Perspectives from Bangladesh*, „Journal of Happiness Studies" 9, no.1 (styczeń 2008).

[3] Deci, Ryan, *Facilitating Optimal Motivation and Psychological Well-Being Across Life's Domains*, przytaczają wiele innych badań.

[4] Paul P. Baard, Edward L. Deci, Richard M. Ryan, *Intrinsic Need Satisfaction: A Motivational Basis of Performance and Well-Being in Two Work Setting*, „Journal of Applied Social Psychology" 34 (2004).

[5] Francis Green, *Demanding Work: The Paradox of Job Quality in the Affluent Economy* (Princeton, N.J.: Princeton University Press, 2006).

[6] „Atlassian's 20% Time Experiment", Atlassian Developer Blog, wpis Mike'a Cannon-Brookesa, 10 marca 2008.

[7] Przytoczone w „Harvard Business Essentials: Managing Creativity and Innovation" (Boston: Harvard Business School Press, 2003), 109.

[8] Autorem tego spostrzeżenia jest zajmujący kierownicze stanowisko w 3M Bill Coyne, zacytował je Ben Casnocha w *Success on the Side*, „The American: The Journal of the American Enterprise Institute", kwiecień 2009. Sympatyczna relacja o praktykach 3M pojawia się w *Build to Last: Successful Habits of Visionary Companies* Jamesa C. Collinsa i Jerry'ego L. Porrasa (Nowy Jork: HarperBusiness, 2004).

[9] Erin Hayes *Google's 20 Percent Factor*, „ABC News", 12 maja 2008.

[10] V. Dion Hayes, *What Nurses Want*, „Washington Post", 13 września 2008.

[11] Martin Seligman, *Authentic Happiness: Using the New Positive Psychology to Realize Your Potential for Lasting Fulfillment* (Nowy Jork: Free Press, 2004), 178; Paul R. Verkuil, Martin Seligman, Terry Kang, *Countering Lawyer Unhappiness: Pessimism, Decision Latitude and the Zero-Sum Dilemma at Cardozo Law School*, Public Research Paper No. 19, wrzesień 2000.

[12] Kennon M. Sheldon, Lawrence S. Krieger, *Understanding the Negative Effects of Legal Education on Law Students: A Longitudinal Test of Self-Determination Theory*, „Personality and Social Psychology Bulletin" 33 (czerwiec 2007).

[13] William H. Rehnquist, *The Legal Profession Today*, 62 Ind. L.J. 151, 153 (1987).

[14] Jonathan D. Glater, *Economy Pinches the Billable Hour at Law Firms*, „New York Times", 19 stycznia 2009.

[15] Cali Ressler, Jody Thompson, *Why Work Sucks and How to Fix It* (Nowy Jork: Portfolio, 2008).

[16] Tamara J. Erickson, *Task, Not Time: Profile of a Gen Y Job*, „Harvard Business Review" (luty 2008): 19.

[17] Diane Brady, Jena McGregor, *Customer Service Champs*, „BusinessWeek", 2 marca 2009.

[18] Martha Frase-Blunt, *Call Centers Come Home*, „HR Magazine" 53 (styczeń 2007): 84; Ann Bednarz, *Call Centers Are Heading for Home*, „Network World", 30 stycznia 2006.

[19] Paul Restuccia, *What Will Jobs of the Future Be? Creativity, Self-Direction Valued*, „Boston Herald", 12 lutego 2007. Gary Hamel: *The Future of Management* (Boston: Harvard Business School Press, 2007).

[20] Bharat Mediratta, jak to powiedział Julie Bick „The Google Way: Give Engineers Room", „New York Times", 21 października 2007.

[21] Patrz na przykład S. Parker, T. Wall, P. Hackson, *That's Not My Job: Developing Flexible Employee Work Orientations*, „Academy of Management Journal", 40 (1997): 899–929.

[22] Marylene Gagné, Edward L. Deci, *Self-Determination Theory and Work Motivation*, „Journal of Organizational Behavior" 26 (2005): 331–62.

ROZDZIAŁ 5. MISTRZOSTWO

[1] Jack Zenger, Joe Folkman, Scott Edinger, *How Extraordinary Leaders Double Profits*, „Chief Learning Officer", lipiec 2009.

[2] Rik Kirkland, red., *What Matters? Ten Questions That Will Shape Our Future* (McKinsey Management Institute, 2009), 80.

[3] Mihaly Csikszentmihalyi, *Beyond Boredom and Anxiety: Experiencing Flow in Work and Play*, 25. wydanie jubileuszowe (San Francisco: Jossey-Bass, 2000), xix.

Przypisy

⁴ Ann March, *The Work of Art*, „Fast Company", sierpień 2005.
⁵ Źródłem tej relacji jest zarówno wywiad z Csikszentmihalyim z 3 marca 2009 jak i marcowy „The Art of Work".
⁶ Henry Sauerman, Wesley Cohen, *What Makes Them Tick? Employee Motives and Firm Innovation*, NBER Working Paper No. 14443, październik 2008.
⁷ Amy Wrzesniewski, Jane E. Ditton, *Crafting a Job: Revisioning Employees as Active Crafters of Their Work*, „Academy of Management Review" 26 (2001): 181.
⁸ Carol S. Dweck, *Self-Theories: Their Role in Motivation, Personality, and Development* (Filadelfia: Psychology Press, 1999), 17.
⁹ Ibid.
¹⁰ Angela L. Duckworth, Christopher Peterson, Michael D. Matthews, Dennis R. Kelly, *Grit: Perseverance and Passion for Lon-Term Goals*, „Journal of Personality and Social Psychology" 92 (styczeń 2007): 1087.
¹¹ K. Anders Ericsson, Ralf T. Krampe, Clemens Tesch Romer, *The Role of Deliberate Practice in the Acquisition of Expert Performance*, „Psychological Review" 100 (grudzień 1992): 363.
¹² Dwóch doskonałych popularnych relacji z niektórych z tych badań szukaj w *Talented Is Overrated: What Really Separates World-Class Performers from Everybody Else* Geoffa Colvina (Nowy Jork: Portfolio, 2008), oraz w *Outliers: The Story of Success* Malcolma Gladwella (Nowy Jork: Little, Brown, 2008). Obydwie książki zalecane są w pakiecie narzędzi dla Typu I.
¹³ Daniel F. Chambliss, *The Mundanity of Excellence: An Ethnographic Report on Stratification and Olympic Swimmers*, „Sociological Theory" 7 (1989).
¹⁴ Dickworth i in., *Grit*.
¹⁵ Dweck, *Self-Theories*, 41.
¹⁶ Clyde Haberman, *David Halberstam, 73, Reporter and Author, Dies*, „New York Times", 24 kwietnia 2007.
¹⁷ Ten fragment przytaczany jest w *Painting Outside the Lines: Patterns of Creativity in Modern Art* Davida Galensona (Cambridge, Mass.: Harvard University Press, 2001), 53. Patrz również Daniel H. Pink, *What Kind of Genius Are you?*, „Wired" 14.07. (lipiec 2006).
¹⁸ Ta praca wyjaśniona została szczegółowo w rozdziałach 10. i 11. książki Csikszentmihalyia *Beyond Boredom and Anxiety*, która stanowi źródło wszystkich cytatów w tym miejscu.
¹⁹ Csikszentmihalyi, *Beyond Boredom and Anxiety*, 190.

ROZDZIAŁ 6. CEL

[1] United Nations Statistic Division, „Gender Info 2007", Tabela 3a (2007). Dostępna na stronie internetowej http://www.devinfo.info/genderinfo/.

[2] „Oldest Boomers Turn 60", U.S. Census Bureau Facts for Features, No. CB06-FFSE.01-2, 3 stycznia, 2006.

[3] Gary Hamel, *Moon Shots for Management*, „Harvard Business Review" (luty 2009): s. 91.

[4] Sylvia Hewlett, *The „Me" Generation Gives Way to the „We" Generation*, „Financial Times", 19 czerwca, 2009.

[5] Marjorie Kelly, *Not Just for Profit*, „strategy+business 54" (wiosna 2009): 5.

[6] Kelly Holland, *Is it Time to Re-Train B-Schools?*, „New York Times", 14 marca 2009; Katharine Mangan, *Survey Finds Widespread Cheating in M.B.A. Programs*, „Chronicle of Higher Education", 19 września 2006.

[7] Patrz strona MBA Oath, http://mbaoath.org/about/history.

[8] Hamel, *Moon Shots for Management*, s. 93.

[9] Przyznaję się: pracowałem dla Reicha przez kilka lat na początku lat dziewięćdziesiątych. Możecie zapoznać się z krótką relacją na temat tej koncepcji w *The „Pronoun Test" for Success* Roberta B. Reicha, „Washington Post", 28 lipca, 1993.

[10] *Evaluating Your Business Ethics: A Harvard Professor Explains Why Good People Do Unethical Things*, „Gallup Management Journal" (12 czerwca 2008). Dostępny na stronie internetowej: http://gmj.gallup.com/content/107527/evaluating-your-business-ethics.aspx.

[11] Elizabeth W. Dunn, Lara B. Ankin, Michael I. Norton, *Spending Money on Others Promotes Happiness*, „Science" 21 (marzec 2008).

[12] Drake Bennett, *Happiness: A Buyer's Guide*, „Boston Globe", 23 sierpnia 2009.

[13] Tait Shanafelt i in., *Career Fit and Burnout Among Academic Faculty*, „Archives of Internal Medicine" 169, no. 10 (maj 2009): 990–95.

[14] Christopher P. Niemiec, Richard M. Ryan, Edward L. Deci, *The Path Taken: Consequences of Attaining Intrinsic and Extrinsic Aspirations*, „Journal of Research in Personality" 43 (2009): 291–306.

[15] Ibid.

INDEKS

Altruizm 56
Amabile Teresa 38, 52, 54, 71, 72, 74, 80, 123, 173, 224–226
Ariely Dan 35, 48, 49, 69, 225, 226
Aspiracje 88, 212
  wewnętrzne 149
  zewnętrzne 148
Asymptota 132, 134, 212, 214
Atlassian 98–100, 103, 112, 181, 213, 227
Autonomia 20, 46, 57, 71, 79, 80, 88, 91, 93, 95–105, 107–115, 117, 127, 140, 147, 150, 159, 165, 167, 169–173, 180, 181, 183, 186–188, 190, 192, 195, 198, 200, 203, 208, 211, 213, 217, 218, 227
Autonomiczna motywacja 71, 87, 96
Autoteliczne przeżycia 120, 121, 126, 136, 137

Behawioryzm 15, 78, 206
Big Picture Learning 185–187

Carse James P., *Finite and Infinite Games: A Vision of Life as Play and Possibility* 190
Cel 138–157
Collins Jim 201–203
Colvin Geoff, *Talent jest przeceniany. Co odróżnia najlepszych od całej reszty* 191
Csikszentmihalyi Mihaly 39, 80, 116, 117, 119–126, 135–137, 141, 149, 159, 192, 194, 222, 224, 228, 229
Przepływ. Psychologia optymalnego doświadczenia 191
„Czas dwudziestoprocentowy" 103, 148

Dawcy krwi 55, 56
Deci Edward L. 11, 15–19, 25, 39, 43, 45, 47, 69, 73, 74, 77–80, 88, 96, 97, 113, 148–150, 176, 192, 209, 222, 223, 225–228, 230

Why We Do What We Do: Understanding Self-Motivation 192
Dni FedEx 99, 100, 104, 113, 217
Drucker Peter F. 201, 202
Dweck Carol 80, 127–130, 132, 184, 192, 193, 229
Mindset: The New Psychology of Success 128, 192
Dzieci, motywacja 18, 45–47, 127

Efekt Sawyera 45–47, 53, 69, 126, 136, 207, 215, 218

Ferris Joshua, *I tak doczekaliśmy końca* 193

Gardner Howard; Csikszentmihalyi Mihaly; Damon William: *Good Work: When Excellence and Ethics Meet* 194
Gladwell Malcolm, *Poza schematem. Sekrety ludzi sukcesu* 195
Godziny fakturowane 105–107
Goodwin Doris Kearns, *Team of Rivals: The Political Genius of Abraham Lincoln* 195

Halberstam David, *The Amateurs: The Story of Four Young Men and Their Quest for an Olympic Gold Medal* 196
Hamel Gary 94, 141, 145, 204, 205, 228, 230

Kieszonkowe dla dzieci 183
Kohn Alfie, *Punished by Rewards: The Trouble with Gold Stars, Incentive Plans, A's, Praise, and Other Bribes* 197
Komputery 16, 25, 29, 37, 38, 40, 108, 159, 209
Korporacja „B" 32, 143
Kreatywność 38, 43, 45, 48, 50, 52–54, 66, 70, 72, 74, 80, 83, 93, 99, 104, 120, 123, 176, 184, 200, 210, 224

Pakiet narzędzi dla Typu I

McGregor Douglas 28, 82, 83–85, 163, 200, 201, 227
Microsoft 23–25, 29, 123, 223
Mistrzostwo 20, 57, 58, 65–71, 73, 76, 86, 88, 116–118, 122–124, 126–134, 137, 140, 150, 159, 162–166, 172, 173, 180, 181, 183, 184, 188, 190, 191, 195, 197–200, 206–208, 211–215, 217, 218, 228
Model biznesu, opensource'owy 29–31, 33, 112
Motywacja
 1.0 26, 36, 209, 214
 1.0, 2.0, 3.0 214
 2.0 23. 26–29, 31, 33–40, 42, 43, 47, 52, 56, 59, 61, 63, 67, 77, 79, 84, 94, 99, 101, 106, 109, 113, 118, 123, 130, 140, 141, 143, 151, 180, 185, 186, 209–211, 214, 216, 223
 2.1 28, 97
 3.0 84, 95, 99, 103, 106, 109–111, 114, 118, 130, 136, 141, 143–145, 168, 176, 188, 201, 211, 212, 214, 216, 218
 wewnętrzna 13, 14, 18, 30, 31, 36, 38, 43–47, 54, 56, 59, 66, 69, 70, 74, 77–80, 87, 106, 113, 147, 160, 164, 173, 174, 184, 196, 206, 209, 210, 218
 zewnętrzna 30, 43, 53, 147

Nagroda
 „teraz, gdy" 73–76, 169, 179, 207, 210, 214, 217
 „jeśli – to" 46, 47, 52, 54, 57, 61, 64, 66, 69–76, 87, 97, 109, 148, 151, 178–180, 183–185, 207, 210, 213, 214, 217
 warunkowa 46, 52, 54, 62, 66, 70, 76, 213
Nastawienie umysłowe 130, 192, 193
Nierutynowa praca 40, 74, 94, 106, 210, 214, 217
Niskodochodowa spółka z ograniczoną odpowiedzialnością 32, 143

Open source, model biznesu 29–31, 33, 112

Pakiet narzędzi dla Typu I 20, 85, 153, 155
Parker John L., Jr., *Once a Runner* 197
Pokolenie Y 142
Pressfield Steven, *The War of Art: Break Through the Blocks and Win your Inner Creative Battles* 198
Problem świecy 50–52, 54, 64, 67, 68
„Przepływ" (stan umysłu) 31, 121–127, 131, 132, 135–137, 159, 160, 173, 188, 207, 212, 213, 217

Ressler Cali 92, 96, 107, 108, 203, 228
Rezusy 11, 26
Rutynowa praca 37–41, 68, 69, 71, 73, 76, 106, 118, 209, 210, 213, 214, 217, 218
Ryan Richard 69, 77–79, 96, 97, 114, 115, 148–150, 222, 225–227, 229

Semler Ricardo, *Maverick: The Success Story Behind the World's Most Unusual Workplace* 198
Senge Peter M., *Piąta dyscyplina. Teoria i praktyka organizacji uczących się* 199
Sposoby na rozpoczęcie konwersacji 216–219
Szkoła
 Puget Sound Community 186
 Sudbury Valley 186, 187
 The Tinkering 186
Szkoły Montessori 187, 188
Szwecja, eksperyment z dawcami krwi 55

Środowisko pracy zorientowane tylko na wyniki (ROWE) 92, 93, 107, 114, 203, 204, 214, 217

Teoria samookreślenia 78–80, 95
Thompson Jody 92, 98, 107, 203, 228
Twain Mark, *Przygody Tomka Sawyera* 44, 224

Uzależnienie 57, 61, 63, 210

Wikipedia 25, 29, 40, 223
Wynagrodzenie podstawowe 43, 67, 73, 86, 178, 213, 217

Zabawa 17, 18, 31, 44–46, 69, 83, 120, 126, 127, 135, 137, 174, 200, 207, 215
Zachowanie
 Typu A 82, 88
 Typu B 82
 Typu I 20, 77, 84–88, 95, 100, 104–106, 108, 113, 114, 117, 118, 124, 127, 130, 140, 146, 155, 157, 159, 162, 168, 169, 171, 173, 175–177, 180–186, 188, 190–206, 210, 211, 215–218, 220, 227, 229
 Typu X 77, 84–88, 114, 123, 130, 140, 145, 146, 171, 175, 180, 183, 193, 210, 211, 215–218, 220, 227
Zadania
 algorytmiczne 37, 38, 54
 heurystyczne 37, 38
Zadania Złotowłosej 125, 126, 136, 212, 213
Zen wynagrodzenia 176

Daniel H. Pink
Johnny Bunko na drodze do kariery
The Adventures of Johnny Bunko

---

s. 160, oprawa miękka, cena 28 zł I ISBN 978-83-60652-56-5 I przekład Agnieszka Rogalińska

Sześć tajemnic sukcesu, których nikt ci jeszcze nie zdradził.

Poznaj Johnny'ego Bunko. Być może bardzo przypomina ciebie samego. Do tej pory robił to, co mu wszyscy kazali – rodzice, nauczyciele, doradcy. Teraz jednak, kiedy utknął w beznadziejnej pracy, zaczyna podejrzewać, że całkowicie się pomylił w swoich decyzjach i oczekiwaniach. Pewnego zwariowanego wieczoru poznaje Dianę, najdziwniejszego doradcę zawodowego, jakiego w życiu widział. To ona, osóbka przypominająca trochę Cameron Diaz, a trochę Barbarę Eden, odkrywa przed nim sześć najważniejszych tajemnic odnoszenia sukcesu w pracy.

Przygody Johnny'ego Bunko to pierwsza amerykańska książka biznesowa w konwencji japońskich komiksów manga. Pełna mądrych, odmieniających życie porad, których nie znajdziesz nigdzie indziej, to jedyny poradnik w zakresie kariery, którego naprawdę potrzebujesz.

Wydawnictwo Studio EMKA
tel./faks 22 628 08 38 I www.studioemka.com.pl

...
NARUTO
Słuchaj, Jimmy...
Johnny.
Układ jest taki. Widzisz te pałeczki?
Są bardzo specjalne.
Pojawię się i pomogę ci za każdym razem, gdy przełamiesz nową parę.
W czym mi pomożesz?

Pomogę ci nie schrzanić sobie kariery i życia.
Nie potrzebuję twojej pomocy.
Nie? Jesteś tu szczęśliwy?
Zadowolony z tego, jak się sprawy układają?
Jeśli tak, to spływam...

Zaczekaj!
Słucham cię.
Zwiedzam sobie różne biura od pięćdziesięciu lat. Widziałam, jak jedni odnosili sukces, a inni totalną klapę.
I już wiem, od czego to zależy – to najważniejsza lekcja dotycząca satysfakcjonującej kariery i sukcesu.

Taa, pewnie.
Nie wierzysz mi?
No cóż, nauczę cię tego, ale na moich warunkach.
Nie zdradzę ci tych wszystkich sekretów, ale pomogę ci je odkryć samemu.
Więc kiedy będziesz miał jakieś pytanie...
po prostu przełam nowe pałeczki.
Ale uważaj, zostało ci tylko sześć opakowań.